资源集聚、产业集群与区域科技创新效率协调发展研究

——以深圳为例

陈亮　刘顺姬　仪明金◎著

中山大學出版社
SUN YAT-SEN UNIVERSITY PRESS
·广州·

图书在版编目（CIP）数据

资源集聚、产业集群与区域科技创新效率协调发展研究：以深圳为例/陈亮，刘顺姬，仪明金著 . —广州：中山大学出版社，2023.12

ISBN 978 - 7 - 306 - 07960 - 2

Ⅰ. ①资… Ⅱ. ①陈… ②刘… ③仪… Ⅲ. ①区域经济—技术革新—研究—深圳 Ⅳ. ①F127. 653

中国国家版本馆 CIP 数据核字（2023）第 250720 号

出 版 人：王天琪
策划编辑：高惠贞
责任编辑：陈　莹
封面设计：周美玲
责任校对：梁锐萍
责任技编：靳晓虹
出版发行：中山大学出版社
电　　话：编辑部 020 - 84110283，84113349，84111997，84110779，84110776
　　　　　发行部 020 - 84111998，84111981，84111160
地　　址：广州市新港西路 135 号
邮　　编：510275　传　　真：020 - 84036565
网　　址：http：//www. zsup. com. cn　E-mail：zdcbs@ mail. sysu. edu. cn
印 刷 者：广东虎彩云印刷有限公司
规　　格：787mm×1092mm　1/16　18.75 印张　322 千字
版次印次：2023 年 12 月第 1 版　2023 年 12 月第 1 次印刷
定　　价：58. 00 元

自　序

深圳是中国改革开放 40 余年取得的辉煌成绩的缩影，在这片神奇的土地上诞生了华为、腾讯、大疆、平安、华大基因、比亚迪等每个中国人都耳熟能详又为之自豪的科技型、创新型民营企业，它们共同燃起了今天深圳的创新之光，也见证着中国探索构建社会主义现代化强国的奇迹。深圳是一座年轻的城市，是与我国的现代化建设一路成长起来的，凭借着敢为人先、勇于追求的开拓创新精神，一跃成为继北京、上海和广州之后的又一个特大型城市。今天，站在改革开放 40 余年的新征程新起点上，深圳又被党和国家赋予了新的使命——社会主义先行示范区和粤港澳大湾区"双区"建设核心引领城市。

当我们回顾历史，用一个个镜头去找寻深圳 40 余年发展的历程，"创新"这两个字眼无论如何都扮演着十分重要的角色，科技创新与体制创新始终伴随着深圳这座年轻城市的成长。改革开放初期，来自全国各地的年轻人都热衷于南下深圳"淘金"，一时间各行各业大量的具有真才实学和踏实苦干精神的年轻人都汇聚于此，形成了"百花齐放，百家争鸣"的大好局面，人才红利释放，使得科技型企业蓬勃发展。在市场化经济体制改革、国际化开放合作与法制化营商环境的不断驱动下，深圳的科技创新与经济发展水平均取得了巨大成就。基于此，本书系统梳理了近些年深圳科技人才与科技创新发展现状，重点围绕深圳科技人才集聚与科技创新之间的关系进行研究，并就下一步深圳如何实现科技人才集聚与科技创新耦合协调发展给出具体的对策。

为了高质量完成本书，我们查找了许多文献资料，包括北京、上海、广州、深圳四个城市各年度的统计年鉴以及《中国火炬统计年鉴》等，并实地调查与走访了深圳一些"小而精"的新兴科技型企业。在本书中，我们使用了大量的统计图与统计表，力图用更加科学和直观的数据给大家呈现深圳的科技人才发展现状、科技创新发展现状、经济水平发展现状。同时，运用比较分析法将深圳与广东省内其他城市进行比较，并将深圳与北京、上海和广州进行比较，以确保论证的严谨性。此外，我们还应用因子分析客观赋权法、面板数据回归分析法、耦合协调度模型法等计量经济学方法，力图让本书的研究基础与研究结论更加扎实可靠，这也是本书的核心价值所在。

本书从 2021 年 10 月开始着手撰写，写作过程历时两年。本书由深圳信息职业技术学院财经学院陈亮总体负责，刘顺姬和仪明金参与撰写。特此感谢教育部人文社会科学研究课题 2021 年度青年基金项目"粤港澳大湾区科技资源集聚与科技创新协调发展研究"（21YJC790013）、广东省哲学社会科学"十四五"规划 2023 年度学科共建项目"粤港澳大湾区产业集聚与区域创新效率耦合协调发展研究"（GD23XYJ89）、广东省教育厅普通高校科研创新团队 2023 年度项目"社会资本、文化习俗与农村家庭金融行为科研创新团队"（2023WCXTD038）、国家自然科学基金课题 2018 年度青年基金项目"社交网络下的集体行动：基于领导者及其权力配置的公共品实验研究"（71803136）、广东省哲学社会科学"十四五"规划 2022 年度学科共建项目"基于人工智能的粤港澳大湾区重大卫生突发事件联动决策研究优化研究"（GD22XYJ33）、深圳市教育科学规划课题 2023 年度人工智能专项项目"数智化转型赋能财经类职业教育高质量发展研究"（rgzn23007）、广东省青少年研究课题 2021 年度重点项目"粤港澳大湾区青年创业融合式发展研究"（2021WT0014）、深圳市教育科学规划课题 2022 年度一般项目"青年社会责任感培育协同双创育人模式探索——以深圳市大学生创业活动为例"（dwzz22156）、企业委托开发 2023 年度横向研究项目"深圳市中小微企业数字化改造现状、挑战与解决方案"（HX－0637）、深圳信息职业技术学院人文社科研究基地 2023 年度项目"大湾区小微企业调查与研究中心"（SZIIT2023SK007）、深圳信息职业技术学院人文社科研究团队 2021 年度项目"社会资本、文化习俗与农村家庭金融行为科研创新团队"（TD2021E002）对本研究的资助。

陈亮、刘顺姬、仪明金
2023 年 10 月于深圳信息职业技术学院

前　言

　　科学技术是第一生产力，科技创新是推动一国（地区）经济发展的核心要义，正因为人类社会对科技创新推动经济社会发展内生动力的普遍认知，各国（地区）都把科技创新作为经济工作的主要抓手。科技创新成果的取得由很多因素决定，其中最直接的因素便是科技人才资源与科技资金的持续投入。此外，社会创新氛围、科技创新环境、创新文化氛围以及社会信用体系等均对科技创新成果的取得具有显著的影响。深圳是我国的"科技之城""创客之都"，创新是深圳过去、现在与未来发展的基石。深圳现有的科技创新平台对科技人才具有一定的虹吸效应，科技人才集聚态势明显，而大量的科技人才集聚又为进一步的科技创新提供了要素动力。如何让科技人才集聚与科技创新耦合协调，实现良性循环发展，是非常重要且具有现实价值的课题。

　　本书是对深圳近些年科技人才、资金投入以及科技创新成果数据的整体梳理。其中，重点对深圳科技人才集聚、产业集群与科技创新协调发展进行了实证研究，通过与省内外的其他城市进行比较分析，立体展示了当前深圳科技人才集聚与科技创新协调发展的现状、面临的问题与解决对策。具体而言，本书首先在引言部分对研究背景与意义、研究方法与思路、研究目标、内容与创新之处进行了阐述和梳理，在此基础上，对科技人才集聚与科技创新的理论内涵进行了系统的梳理和界定。接着，本书根据深圳近些年经济、科技与人口的统计数据制作了大量的图表，分析了深圳经济发展现状、科技发展现状以及人才发展现状，同时聚焦深圳科技人才集聚这一主题，分别从广东省与全国两个维度对深圳人口与科技人才集聚进行比较分析，系统梳理了深圳现行的科技人才政策，并分别从"评才""引才""留才""保才"四个视域对深圳科技人才政策进行了评价。然后，本书聚焦深圳科技创新这一主题，从深圳科技创新主体、创新活动与创新成果三方面进行比较分析，探讨深圳科技创新的优势与不足。

在上述研究的基础上，本书从不同视角分别进行了大量实证研究。

首先，通过分别构建科技人才集聚与科研经费支出对科技创新和经济增长影响的回归模型，应用 2014—2019 年广东省各地市的面板数据，实证分析了科技人才集聚与科研经费支出对科技创新和经济增长的影响。结果表明：广东省科技人才集聚规模与数量以及科研经费支出均对科技创新和经济增长具有明显正向作用，并且科技人才相较科研经费支出对科技创新与经济增长的作用更加显著。通过进一步调节变量控制分析，发现科研经费支出削弱了广东省科技人才集聚规模与数量对科技创新的正向作用，而科研经费支出与科技人才集聚对经济增长的影响则是相互独立的，并不存在交互影响的现象。

其次，基于 Griliches-Jaffe 知识生产函数模型的扩展模式，本书利用面板数据构建了产业集群、科技资源集聚对区域科技创新效率影响的回归模型，并利用 2010—2020 年北京、上海、广州和深圳人才、产业与科技创新等宏观面板数据进行实证研究。研究结果表明：北京、上海、广州、深圳的制造业均出现过度集聚现象，并引起拥挤效应，抑制了区域创新发展；而生产服务业处于集聚发展阶段，对区域创新能力具有促进作用；制造业集聚与生产服务业集聚的"双轮驱动"产生的产业关联效应远大于拥挤效应，能够显著推动区域科技创新发展，科技人才集聚与科技资金集聚对北京、上海、广州、深圳的区域创新效率提升有正向积极效应，并且不存在所谓的拥挤效应。

最后，本书将科技人才集聚分解为科技人才集聚规模、结构、质量与潜力，将科技创新系统分解为载体系统、投入系统、产出系统与环境系统，用因子分析客观赋权法建立了 2015—2020 年北京、上海、广州、深圳科技人才集聚与科技创新系统评价指标体系，同时进行了信度检验与效度检验，分别给出了 2015—2020 年北京、上海、广州、深圳科技人才集聚与科技创新综合评分结果，并在此基础上应用物理学中的耦合协调度模型，对 2015—2020 年北京、上海、广州、深圳科技人才集聚与科技创新之间的耦合协调度指标进行了计算和评价。

在本书最后一章，我们回归问题的本源，分别从"评才""引才""留才""保才"四个方面给出了深圳科技创新与科技人才政策协调发展的具体对策。

目　　录

第一章 引　言

第一节　研究背景与意义

深圳是我国改革开放的窗口与前沿阵地，是经济发展与科技创新的集聚地，是社会主义先行示范区与粤港澳大湾区"双区"建设的核心城市。深圳经济发展过去获得的成功，包括诞生了华为、腾讯、比亚迪、大疆等一大批高科技企业，也吸引了来自全国，甚至全世界一大批科技领军人才。未来，深圳要想继续保持当前的发展势头，唯有进一步解放思想，释放科技、人才与制度红利。因此，通过体制机制创新汇聚科技人才，筑牢科技产业，实现科技人才集聚与科技创新协调发展，十分重要。基于此，本研究兼具学术意义与应用价值。

本研究的学术意义主要体现在以下三个方面。

一是分析科技人才的内涵、科技人才集聚的内涵以及深圳科技人才成长的历程、现状与特征，阐述科技创新理论及其内涵，重点对近些年深圳围绕科技创新提出的科技人才政策进行理论分析，从"评才""引才""留才""保才"四个方面评价深圳现行科技人才政策存在的问题。

二是分析科技人才集聚、科技资金、科技产业集群对区域科技创新效率的影响（集聚效应、关联效应与拥挤效应），以及区域科技创新效率对科技人才集聚、科技资金、科技产业集群的影响（虹吸效应、反噬效应与框架效应）。结合北京、上海、广州、深圳（以下简称"北上广深"）宏观面板数据以及空间地理学与区域经济学基本理论框架，分析产生这种现象的逻辑原因、传导机制、作用路径及可能后果。

三是科技人才集聚与科技创新效率耦合协调度理论研究。深圳市政府提出的以极点带动和轴带支撑构建科技创新共同体的做法，与本研究耦合协调的思想是一致的。耦合协调度是物理学中的一个概念，是指两

1

个事物互为因果关系，并且能够彼此和谐共生、相互促进，形成相互驱动、共赢共生的发展态势。基于此，本研究在理论上，从"评才""引才""留才""保才"四个方面给出了深圳科技创新与科技人才政策协调发展的具体对策。

本研究的应用价值则主要体现在以下三个方面。

一是通过深圳近些年的经济、科技与人口统计数据，分析深圳经济发展现状、科技发展现状以及人才发展现状，并在此基础上，聚焦深圳科技人才集聚，分别从广东省和全国两个维度对深圳人口与科技人才集聚进行比较分析。

二是应用面板数据回归模型实证分析2014—2019年广东省内21个地级市科技人才集聚与科研经费支出对科技创新和经济增长的影响，基于Griliches-Jaffe知识生产函数模型的扩展模式，构建产业集群、科技资源集聚对区域科技创新效率影响的面板数据回归模型，并利用2010—2020年北上广深的人才、产业与科技创新等宏观面板数据进行实证研究。

三是将科技人才集聚分解为科技人才集聚规模、结构、质量与潜力，将科技创新系统分解为载体系统、投入系统、产出系统与环境系统，应用因子分析客观赋权法建立2015—2020年北上广深科技人才集聚与科技创新系统评价指标体系；同时，进行信度检验与效度检验，分别给出2015—2020年北上广深科技人才集聚与科技创新综合评分结果；并在此基础上，应用物理学中的耦合协调度模型，对2015—2020年北上广深科技人才集聚与科技创新之间的耦合协调度指标进行计算和评价。

第二节　研究方法与思路

一、研究方法

本研究在理论分析部分主要使用了文献综述法、理论分析法、统计分析法和比较分析法，而在实证部分则主要使用了实证分析法，包括区位熵分析法、因子分析法等现代统计学方法。此外，还使用了对数随机前沿函数法、联立方程法以及耦合协调度方法等现代计量经济学模型。

第一，文献综述法。在文献综述部分，为了研究产业集群、区域创新效率以及二者之间的理论关系，本研究从新古典学派创始人、英国近代经济学家马歇尔在1890年出版的著作《经济学原理》（*Principles of Economics*）中关于产业集群理论研究的文献开始整理，对相关研究按照历史维度进行总结与述评，结合人才、产业与科技创新理论研究成果，分析当前该领域研究的现状、不足以及可以突破的方向。

第二，理论分析法。在理论分析部分，研究人才集聚、产业集群对区域创新效率产生集聚效应、关联效应与拥挤效应的逻辑原因、传导机制、作用路径及可能后果；同时研究区域创新效率对产业集群产生虹吸效应、反噬效应与框架效应的逻辑原因、传导机制、作用路径及可能后果，分析深圳人才集聚、产业集群与区域科技创新效率现状。

第三，统计分析法和比较分析法。本研究对深圳下辖各区的科技人才与科技创新数据进行统计分析；通过统计大数据图表展现深圳下辖各区的人才状况、区域分布、集聚密度、质量、潜力等；对深圳科技创新成果、高新技术企业、科技研发实力等进行统计分析，采用横向比较与纵向比较两个维度进行综合评分对比，对深圳下辖各区的科技人才集聚与科技创新实力进行排名比较。

第四，实证分析法。在实证分析部分，本研究使用的具体实证方法比较多：在计量产业集群现状时，应用区位熵分析法；在评价区域科技人才集聚与创新效率时，采用因子分析法；在分析深圳产业集群对区域创新效率的影响时，应用Griliches-Jaffe知识生产函数模型的扩展模式构建对数线性回归模型；在对科技人才集聚与科技创新协调度评价时，则采用耦合协调度模型。

二、研究思路

本书研究思路框架如图1-1所示。

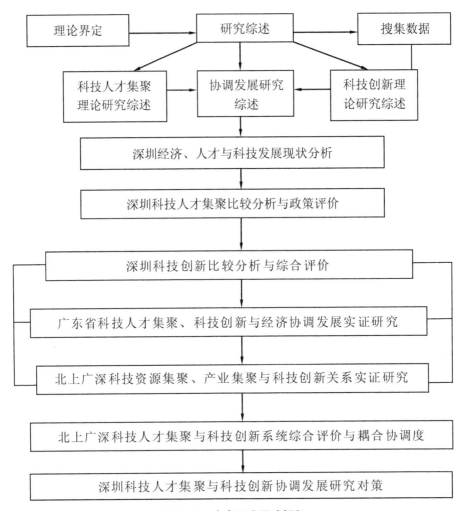

图 1-1 本书研究思路框架

第一部分，理论研究。这一部分主要对科技人才集聚及科技创新的理论内涵分别进行理论界定，搜集与整理国内外相关研究文献以及后期实证研究所需要的变量数据，查询国内经济实力较强的城市、广东省内除深圳外的 20 个地级市、深圳全市及其下辖各区的统计数据，并在此基础上通过统计图表、结构比较与区位分类，对深圳的经济发展水平、人才发展现状、科技人才集聚与科技创新现状进行统计和比较分析。

第二部分，实证研究。这一部分需要构建面板数据的对数线性回归模型、应用 Griliches-Jaffe 知识生产函数模型的扩展模式构建对数线性回归模型、因子分析模型与耦合协调度模型，分别分析广东省内 21 个地级市科技资源集聚对科技创新与经济增长的影响，北上广深的科技人才集聚、产业集群与区域科技创新之间的相互影响和交叉效应，以及北上广深科技人才集聚与科技创新系统综合评价和耦合协调度计算，这是本研究的难点，也是本研究的核心部分。

第三部分，对策研究。这一部分是本研究的落脚之地，在此，我们立足深圳科技人才政策现状以及科技人才集聚与科技创新相互影响的实证分析和区域之间的比较，对下一步如何推动深圳人才政策的落地，如何最大限度地激发科技创新潜力以促进科技创新的人、财、物的协调流动，如何最大限度地激发深圳科技市场主体活力、体制机制等问题进行对策研究。

第三节 研究目标、内容与创新之处

一、研究目标

本书是对深圳科技人才集聚与区域科技创新协调发展关系的实证研究及对策研究。首先，对深圳人才发展现状、科技人才集聚、经济发展水平、科技水平等进行回顾与总结，并将深圳与国内其他城市、广东省其他地级市以及深圳下辖各区分别进行比较分析；在此基础上，通过广东省 21 个地级市的面板数据对数线性回归模型，实证分析广东省科技人才集聚、科技资金集聚以及二者的交互项对区域科技创新效率与经济增长的影响。然后，通过应用 Griliches-Jaffe 知识生产函数模型的扩展模式构建对数线性回归模型，对北上广深科技人才集聚、产业集群与区域科技创新效率之间的内在关系进行实证研究，应用因子分析模型和模糊聚类评价法对北上广深科技人才集聚与科技创新系统进行综合评价，并应用耦合协调度模型计算科技人才集聚与科技创新系统的耦合协调度。最后，分别从"评才""引才""留才""保才"四个方面提出了深圳科技人才集聚与科技创新耦合协调发展的对策。本书的研究目标包括如下四点。

第一，分析深圳人才与科技创新现状。将深圳与国内其他城市、广东省其他地级市以及深圳下辖各区的科技人才与科技创新数据进行统计分析、结构比较和区域对比，为深圳后续的人才政策制定、科技创新培育提供较好的数据支撑。

第二，构建北上广深的科技人才集聚与科技创新水平综合评价指标体系。分别选取科技人才集聚与科技创新水平综合评价指标，应用因子分析评估模型，对北上广深的城市科技人才集聚与科技创新水平进行综合评价。

第三，对广东省21个地级市、北上广深的科技人才集聚与科技创新的内在关系进行实证研究，尤其是对科技人才集聚与科技创新相互协调的耦合关系进行实证研究，对北上广深科技人才集聚与科技创新协调发展的历史水平与现实情况进行深入研究，对北上广深进行横向比较，为深化改革提供科学证据。

第四，对进一步促进深圳人才与科技创新协调发展的体制创新给出具体、可行的对策。主要围绕人才集聚、科技资金流动、科技产品共建共享以及科技企业的区域分布、优势互补等领域进行体制创新，从政策出发点着力进行布局，以推动更深层次改革，这也是本研究的最终目的与意义。

二、研究内容

本书是对深圳近些年科技人才、资金投入以及科技创新成果数据的一次整体梳理，重点对深圳科技人才集聚、产业集群与科技创新协调发展的关系进行实证研究，通过把深圳与广东省内、国内其他城市进行比较，立体展示当前深圳科技人才集聚与科技创新协调发展的现状及其存在的问题，并提出解决对策。本书由九章内容构成，具体如下。

第一章，引言。该部分对研究背景与意义、研究方法与思路、研究目标、内容与创新之处进行了阐述。

第二章，科技人才集聚与科技创新政策的内涵。该部分对科技人才集聚与科技创新的理论内涵进行了系统梳理与界定。

第三章，深圳经济、人才与科技发展现状分析。主要包括：深圳经济发展现状分析、深圳人才发展现状分析和深圳科技发展现状分析。

第四章，深圳科技人才集聚比较分析与政策评价。主要研究内容包括：深圳人口集聚与广东省内其他城市比较分析、深圳人口集聚与国内其他城市比较分析、深圳科技人才集聚与广东省内其他城市比较分析、深圳科技人才集聚与国内其他城市比较分析、深圳现行的科技人才政策及其评价。

第五章，深圳科技创新比较分析与综合评价。主要研究内容包括：深圳三大科技创新主体（科技企业、高等院校和科研机构）的比较分析、深圳两大科技创新活动（基础研究经费及研究与试验发展经费）的比较分析、深圳两大科技创新成果产出即直接经济产出效果与专利商标产出的比较分析。

第六章，科技人才集聚、科技创新与经济协调发展——基于广东省面板数据的实证分析。主要研究内容包括：文献回顾，变量定义、数据来源与实证研究模型设计，数据描述性统计分析，科技资源集聚对科技创新的影响实证分析，科技资源集聚对经济增长的影响实证分析。

第七章，科技资源集聚对区域科技创新效率影响的实证分析——基于北上广深的面板数据。主要研究内容包括：资源集聚、产业集群与区域创新效率研究述评，产业集群对区域创新效率的影响实证分析，科技资源集聚对区域创新效率的影响实证分析。

第八章，科技人才集聚与科技创新系统的评价体系及耦合协调度研究——基于北上广深的面板数据分析。主要研究内容包括：科技人才集聚评价指标体系构建、科技创新系统评价指标体系构建、科技人才集聚与科技创新系统评价指标体系检验、科技人才集聚与科技创新系统评价模型构建、科技人才集聚与科技创新系统评价结果分析、科技人才集聚与科技创新之间耦合关系研究。

第九章，深圳科技人才集聚与科技创新协调发展对策研究。主要研究内容包括：深圳科技创新与科技人才"评才"政策协调发展、深圳科技创新与科技人才"引才"政策协调发展、深圳科技创新与科技人才"留才"政策协调发展以及深圳科技创新与科技人才"保才"政策协调发展。

本书的重点主要体现在以下两个方面。

第一，北上广深科技人才集聚与科技创新耦合协调实证分析。这里需要对北上广深科技人才集聚与科技创新互动协调度进行定量研究，应用物理学中的耦合协调度模型测度二者的耦合协调度，并对科技人才集聚与科技创新的协调度进行整体评价和结构分析，尤其是对北上广深的耦合协调度进行比较。

第二，深圳科技人才集聚与科技创新耦合协调发展对策研究。这是本书在分析历史数据的实证基础上提出的重要对策，即深圳要创建先行示范区，就需要通过制度创新实现各区产业优势互补与科技人才集聚，实现科技创新营商环境与国际一流水平接轨。

本书的难点主要体现在以下两个方面。

第一，北上广深科技人才集聚与科技创新系统综合评价。这里有两个难点需要解决：一是如何科学选取深圳科技人才集聚与科技创新系统综合评价的指标变量；二是在选择因子分析评估模型与区位熵模型进行测量评估前，如何对模型的适应性问题进行深入研究。

第二，北上广深科技人才集聚对科技创新影响的实证分析。这里需要解决的两个难点是：究竟该选择哪个模型来计量科技人才集聚与科技创新之间的关系？参考国内外文献选择的对数知识生产函数模型是否适合本研究的实证检验？

三、创新之处

当前与科技创新相关的研究主要集中于提出对策，且以理论研究为主。而本书则就深圳人才与科技创新这一微观层面进行研究，以数据事实为基础，以实证模型为背景，研究结果与过程相较已有文献更加扎实。具体而言，本书的创新之处主要体现在以下三个方面。

第一，研究视角新颖。本书跳出既定的政策框架，首先从某个行业的发展历史、现状与未来发展动态着手进行研究，然后提出在某一领域能落地、可实操、重细则的对策建议，最后再以点带面，形成更扎实的对策研究群。本书主要是围绕深圳人才与科技创新协调发展进行研究的，提出的对策也基于这一主线展开。

第二，研究方法创新。传统的关于深圳的研究多以宏观规范研究为主，较少使用实证研究。本书不仅使用了实证研究，而且应用了现代统计学的分析方法如因子分析法、区位熵分析法，还使用了三个实证模型——Griliches-Jaffe 知识生产函数模型的扩展模式、联立方程模型以及耦合协调度模型。本书的研究结论均建立在对历史客观数据研究的基础上，这也使得本书的研究结论将更加扎实可靠。

第三，研究观点鲜明。深圳要想真正实现跨越发展，建设先行示范区，绝不仅仅要在人口、国内生产总值（GDP）体量方面取胜，还要在人才素质、经济质量、科技水平等方面实现超越。为此，本书首先提出了一

个观点：深圳科技人才集聚与科技创新能协调发展对深圳建设意义重大，协调度越高的地区，其科技发展水平就越高，综合发展实力也越强；然后，通过耦合协调度模型对北上广深进行排名，最后结合实证结果排名检验这一观点。

第二章 科技人才集聚与科技创新政策的内涵

科技人才政策旨在从制度层面规范科技人才管理，以此激发科技人才创新创造活力，进而推动科技事业的发展。随着科技革命的深入发展，科技人才在社会经济中的地位不断提升，学界对科技人才政策创新的讨论也日益增多，并提出了许多极具启发性的见解和可行的措施。本书在对深圳科技创新与科技人才政策协调发展展开研究之前，首先对相关概念的内涵进行梳理，以便引出后续的相关问题与作用路径分析。

第一节 科技人才集聚与政策的内涵

一、科技人才

科技人才的产生和发展是与人类创新、创造活动分不开的。马克思在论述科技创新劳动时指出，"比社会平均劳动较高级较复杂的劳动，是这样一种劳动力的表现，这种劳动力比普通劳动力需要较高的教育费用，它的生产需要花费较多的劳动时间，因此，它具有较高的价值，既然这种劳动力的价值较高，它也就表现为较高级的劳动，也就在同样长的时间内物化为较多的价值"。可见，由于科技人才对科技发展的作用较为明显，因此马克思十分肯定科技人才的价值。

中华人民共和国成立初期，党中央提出建立独立完整的工业体系的方针，科技人才发展成为我国工业发展的核心要求。党的十一届三中全会后，邓小平明确提出"科学技术是第一生产力"的科学论断，进一步厘清了科学技术发展与社会发展的关系，即科学技术发展是社会发展的主要推动力。1998 年 11 月 24 日，江泽民在新西伯利亚科学城会见科技界人士时发表讲话，指出："要迎接科学技术突飞猛进和知识经济迅速兴起的挑战，最重要的是坚持创新。"① 2006 年 1 月 9 日，胡锦涛在全国科学技术大会上提出："到 2020 年，使我国的自主创新能力显著增强，科技促进经济社会发展和保障国家安全的能力显著增强，基础科学和前沿技术研究综合实力显著增强，取得一批在世界具有重大影响的科学技术成果，进入创新型国家行列，为全面建设小康社会提供强有力的支撑。"② 此时，科技创新发展已成为推动我国社会发展的主要动力之一。党的十八大以来，以习近平同志为核心的党中央高度重视创新发展。2016 年，中共中央、国务院印发《国家创新驱动发展战略纲要》。在党的二十大报告中，习近平强调，必须坚持"人才是第一资源"，深入实施"人才强国战略"，坚持"人才引领驱动"。③ 随着马克思主义中国化理论的深入发展，国家对人才的认识不断深化。科技人才因其在科技发展方面的创造性和能动性，成为推动社会发展的主要动力之一，科技人才的地位和价值不断得到提升。

但是，我国学者对科技人才还没有形成统一的概念。吴贻谷和刘花元（1985）提出："所谓创造型人才，是指富于独创性，具有创造能力，能够提出、解决问题，开创事业新局面，对社会物质文明和精神文明建设作出创造性贡献的人。"1987 年出版的《人才学辞典》对"科技人才"做出如下界定："科学人才和技术人才的略语。是在社会科学技术劳动中，以自己较高的创造力、科学的探索精神，为科学技术发展和人类进步做出较大贡献的人。"④

对于科技人才来说，其作为高层次的科研以及知识创新工作人员，是具备较强独创性、自我驱动力的人才。他们不仅要拥有丰富的专业知识和技能储备，而且要拥有良好的道德素质，只有这样才能更好地展现自己在科技创新方面的能力，为国家和地区科技创新的发展贡献应有的力量。科技人才的基本素质主要体现在以下八个方面。一是具备扎实的专业知识及

① 《江泽民在新西伯利亚科学城会见科技界人士时的讲话》，见央视网（http：//news.cntv. cn/china/20111222/111368. shtml？x = 9&y = 7）。

② 《坚持走中国特色自主创新道路 为建设创新型国家而努力奋斗——在全国科学技术大会上的讲话（2006 年 1 月 9 日）》，见中华人民共和国科学技术部网站（https：//www. most. gov. cn/ztzl/qgkjdh/qgkjdhzywj/200601/t20060110_ 27805. html？eqid = 809014ee00104d9a00000002646cc1a0）。

③ 《人才是第一资源》，见新华网（http：//www. xinhuanet. com/politics/20230112/f34be65c507b42d297b9f55b47d743d1/c. html）。

④ 刘茂才主编：《人才学辞典》，四川省社会科学院 1987 年版。

较强的学习能力。科技人才普遍有着较高的学历，他们都是在某一科技领域有着较高能力与研究成果的人才。因此，科技人才必须具备扎实的专业知识储备以及优秀的专业技术能力。同时，学习能力强也是科技人才的标签。这是因为科技人才需要不断探索和发现新的知识与技术，在这一过程中如果没有非常强的学习能力，则很难实现有效的科技成果产出。二是具备正确的价值观以及较强的成就动机。对于广大科技人才来说，科研类的工作不仅仅是谋生的手段，更是在社会中要做的一番事业。如果没有正确的价值观以及较强的成就动机，则很难获得成就与发展。在现实中，很多科技人才都有着极为明确的研究目标和发展目标，他们常常将克服研究中遇到的困难当作一种有趣的活动。同时，他们也有着较强的精益求精的精神、成就自我的追求和愿望。在很多科技人才看来，完成自身的科研任务比获得报酬更具有成就感。三是具备较强的创新能力。结合现实情况来看，在科技领域中，只有敢于向权威提出挑战、拥有打破陈规的精神的人，才更有可能有一番作为。科技人才从事的工作大多与脑力劳动有关，尤其需要他们进行反复、持久的思维创新。在这种情况下，如果缺乏创新意识、创新精神及创新能力，则难以获得好的发展与成就。四是流动意愿比较强烈。科技人才对自身价值的实现有着极高的重视度，他们往往会坚定地追求、探索真理，而不受某些权威的束缚。因此，如果遇到待遇不公或者其期望无法得到实现的情形，他们就很可能会心生流动思想。这也启示我们，若想保证科技人才的稳定性，就必须结合其实际需求及意愿为其搭建一个适宜其生活和发展的环境，以此助力其长久和稳定地发展。五是具备良好的信息检索能力。科技人才在推进自身工作时，经常需要去搜集一些与研究目标或工作内容相关的信息，如文献资料、电子信息等，这些信息都关乎其实际工作成效。因此，一名优秀的科技人才必须拥有较强的信息检索能力，如此才能更好地落实自身的研究工作。六是具备良好的实践操作能力。我们都知道，科研工作本身就是一种实践探索。因此，对于科技人才来说，拥有良好的实践操作能力，才能更好地结合自身的经验储备和研究计划来进行实践探索。七是具备吃苦耐劳的精神。科技人才的工作往往需要投入大量的精力与体力，这就要求科技人才具备一定的奋斗精神和吃苦耐劳精神。因此，一名优秀的科技人才通常拥有不屈不挠、顽强拼搏和吃苦耐劳的精神。八是具备良好的团队协作意识。在科技人才的工作实践中，其往往需要跟随团队一起完成某一个项目或任务，在这一过程中，要做好和同事之间的交流以及合作工作，就必须具备良好的团队协作意识。

黄培伦和李鸿雁（2007）对我国的科技人才激励因素进行了实证研究，认为排在前四位的激励因素分别是金钱财富、个体发展、业务成就、工作自主。首先，在金钱财富方面，科技人才是通过高成本的教育和培训培养出来的具有创新素质的特殊人力资源。收入不仅是他们工作的驱动力之一，还是衡量他们自我价值的标准之一。技术专家认为，他们比普通员工投入更多的时间、金钱和精力来获取知识。因此，科技人才获得与其业绩相称的报酬是重要的激励因素。其次，在个体发展方面，科技人才如果想要跟上专业发展的步伐，在工作中取得一定的成绩，就需要不断更新知识，及时掌握新技能，为从事更复杂、更高层次的工作做好准备。因此，与其他类型的员工相比，科技人才更注重能够促进自身发展的具有挑战性的任务，对个人成长有着不断的追求。再次，在业务成就方面，科技人才有在事业方面追求创造和超越、争取获得卓越成就的需求。成就需求是科技人才最为看重的需求。最后，在工作自主方面，科技人才往往需要较为宽松的工作环境，他们对工作自主的需求较高，这也是科技人才重要的需求特征之一。除了以上四点激励因素，本书认为还存在第五种激励科技人才的因素，也就是社会需求。这一点主要基于科技人才的工作的特殊性，如希望个人努力取得的成果能得到行业或学界的认可，故而社会互动的需求特征也越来越突出。结合现实情况来看，科技人才对金钱等方面的需求程度并不是最高的，这也是他们与其他类型的人才不一样的地方。同时，科技人才更看重业务成就、工作自主以及个体发展等方面需求的满足，这也是他们最主要的需求特征结构体现。

二、新时代对科技人才的发展要求

科技人才集聚，是指科技人才在市场化行为的驱动下，在某个物理空间范围内形成集聚的态势。科技人才集聚不是简单的指科技人才数量的增加，而是指科技人才在数量、质量、规模与结构方面全方位的集聚，是整体的集聚效应。进入新时代，我国对科技人才发展提出更高的要求，科技人才的质量和数量及创新性要求亟须不断向更高质量方向迈进。为此，厘清新时代对科技人才的发展要求十分必要。

首先是对科技人才数量的要求。进入知识经济时代，人才资源成为推动社会发展的战略性资源，而科技人才因与现代经济生产力直接"捆绑"，成为现代生产力发展的开拓者，一定数量的科技人才是推动创新发展的基础。从美国科技创新发展经验来看，第二次世界大战（以下简称"二战"）后，美国通过"移民政策""留学政策"等吸引世界各地优秀的科技人才，同时加大基础教育经费投入，重点支持数理学科及理工科院校发展，从而迅速聚集了一批科技人才，科技创新实力随之迅速提升，以此奠定了美国在全球高科技发展中的领先地位。而我国科技创新事业发展起步晚，早期科技人才培养载体较为缺失，科技人才在数量上存在弱势。此外，改革开放初期，我国科技人才发展还存在着科技人才和产业衔接不紧密的问题，部分科技人才在实际工作中兼任行政管理工作，科技人才的利用率偏低。随着我国对科技事业重视程度不断提高，通过人才制度和高等教育改革等措施，我国科技人才数量逐年提升。但我国人口基数大，科技研发人员密度依然偏低。立足新时代，保证拥有一定数量的科技人才对于推动科技发展至关重要，拥有较大数量的科技人才是促进我国科技事业发展的基础。而科技人才数量的提升，不仅要注重其绝对数量的提升，还要保证其相对数量的提升，确保科技人才的主要时间和精力都放在科研创新工作中。此外，还要强化科技人才覆盖密度，使科技人才相对数量得到提升。

其次是对科技人才质量的要求。科技创新实力日益成为综合国力竞争的主要指标之一，科技创新实力提升有赖于人才质量水平的提升，高质量科技人才是推动科技持续发展的核心动力。一般说来，科技人才因其工作具有创造性和挑战性等特质，是知识经济时代下推动社会生产力发展的核心要素，科技人才的质量水平影响生产力发展水平，进而影响社会经济发展。以高层次人才为代表，其因在科技创新成果方面作用突出，成为世界各国抢夺的核心资源。当前，推动我国科技人才质量提升是科技人才制度改革主要关注的问题。我国科技水平虽然获得了较大提升，但是具备前瞻性、战略性的核心技术成果仍较为匮乏，高质量科技人才占比偏低。此外，我国科技领域还存在着重应用轻理论研究的现象，这导致我国长期缺乏理论研究方面的科技人才。理论研究发展的落后，致使关键性核心技术研发难以取得突破。提升科技人才质量，不仅是新时代对科技持续发展和创新较为重要的要求，而且是提升综合国力的必然要求，尤其是当前贸易保护主义抬头，关键性核心技术的取得关乎国家科技的独立。

14

最后是对科技人才的创新要求。创新是科技人才的本质属性要求，也是推动科技发展的关键。对科技人才的创新要求，首先要求正确理解创新的内涵。当前，部分科技人才对创新的理解出现偏差，在工作中追求"概念创新""求新求特""伪创新"等现象时有发生，而忽略了创新需要遵循事物发展的一般规律、需要建立在创新要素客观性和完备性的基础上，一味地追求没有充足理论支撑的"概念创新""求新求特"只会阻碍科技人才和科技创新事业的发展。从追求"伪创新"的现象可以看出科技人才对创新性成果的渴望，但其创新理念的"走偏"无形中助长了无实质内涵的创新产生，在一定程度上影响着科技创新氛围的健康发展。此外，科技人才创新性成果的产生，应扎根社会实际。科技人才应能长期对科研工作保持兴趣和热情，依据创新要素完备程度，发挥自己的聪明才智取得成果。这也就要求科技人才在创新性发展方面，要脚踏实地、埋头苦干，最终取得实实在在的创新成果。随着我国科技事业的发展，进一步在国际性、前沿性、颠覆性领域取得科技创新成果是对科技人才创新要求的核心，在关键领域、核心领域取得创新性成果，才能确保我国科技创新事业良性发展。为此，创新要求不仅要突出科技人才的实干，还要突出强调更高层次的创新成果产出。

三、深圳科技人才的类型

深圳是以科技创新著称的城市，科技人才虹吸效应明显，是全国电子信息产业与高端制造业科技人才集聚地，各级各类科技人才数量位居全国前列。深圳科技人才归纳起来主要包括五大类。

一是创新人才。成长为创新人才需要经历一个过程，这个过程是漫长的、痛苦的，同时也是快乐的。因为创新是变革，是打破原有的框架思维，是推翻现有的模式。创新者不仅要有理想、有梦想，还要有实现梦想与理想的行动；在付诸行动时，需要有毅力、有动力。而这种动力便是支持、理解、包容、激励。总之，创新人才有精神和物质两方面的需求。创新人才的成长，需要载体给予其成长的机制、条件和环境。而创新机制的建立、创新氛围的营造都需要社会、政府、企业共同发力。在物质需求和精神需求的区分上，有以下两个特点。第一，精神需求是第一推动力。但如果物质需求没有得到满足，创新是不可能持久的。因此，创新人才成长的持久的、永恒的动力仍然是物质需求。第二，需求是有层次的。根据马斯洛的需求层次理论，越是涉及国家、社会、民族等高目标的创新，对精神需求的要求越高，这包括鼓励、信任、荣誉等。创新人才的成长需要舞台，这个舞台也就是载体。深圳创新人才的科技载体又可以分为六大类，包括重点实验室、工程（技术）研究中心、工程实验室、企业技术中心、公共技术服务平台、科技企业孵化器。创新载体作为创新人才的聚散地，在培养人才与培训人才方面发挥了重要的作用。经过多年的创新实践，截至 2019 年末，深圳已建设了初具规模和创新实力的创新载体：重点实验室 322 个，其中国家级重点实验室 15 个；工程（技术）研究中心 795 个，其中国家级工程（技术）研究中心 7 个、省级工程（技术）研究中心 542 个、市级工程（技术）研究中心 246 个。[①] 根据《深圳统计年鉴 2020》，截至 2019 年末，深圳市重点实验室科研人员超过 5000 人，其中两院院士达 30 人以上，长江学者达 10 人以上，这些高端人才、科技领军人才都是重点实验室科研团队的核心力量。研发与产业结合日趋紧密，有效支撑了企业自主创新能力的提升，创新载体作为一个区域乃至国家创新的源头，政府必须确保持续稳定的资金投入，以保证科研创新工作的顺利进行。

二是科技领军人才。各种创新形式的特点与需求不同。创新人才的需求由谁来满足，是社会、政府、企业、社会组织，还是创新的组织者？在此，我们需要了解创新人才的组织形式。目前，创新人才的组织形式大致有组织创新、团队创新、个人创新三种。组织创新适宜在科技领军人才带领下，在载体或者平台上进行集体活动。科技领军人才包括国家级科技领军人才、地方级科技领军人才、后备级人才等高层次人才。其成长特点是在一定的创新起点下工作，需要保障其工作条件，如实验室、实验设备、实验条件、工作团队和助手，这些都是首要需求。引进科技领军人才首先要具备上述条件。而有些地方在引进科技领军人才时则首先会开出设备清单和团队清单。在满足上述条件的情况下，资金和时间尤为重要。重点实验室、工程实验室成员能够在科技领军人才的带领下从事各种重大课题的研究工作，其中集体的分工合作起到重要作用，其前提就是要取得创新项目的经费。例如，深圳华大基因杨焕明院士带领的团队、深圳大学光机电研究团队、暨南大学中药及天然药物研究所所长姚新生院士带领的药物产品开发团队，他们能在研发平台顺利地开展工作，就是因为有团队、有经

---

① 数据来源：《深圳统计年鉴 2020》。

费、有载体。反之，若没有与之相匹配的工作条件和工作环境，则无法顺利引进科技领军人才。

三是国际化专业人才。深圳每年接收大量留学回国人员，这批人才从海外带回知识、技术，是创新人才的主力军。近年来，深圳引进海外高层次人才的项目——"孔雀计划"，着重引进海外人才团队，效果很好。此外，深圳还建立了创新驿站暨深港澳台技术转移联盟。创新驿站是以企业技术需求为导向，以信息化手段为支撑，跨地区、跨行业、跨领域的技术转移服务体系及中小企业创新支持系统。它以国家、地区和部门（行业）共建共享、联合推动为原则。深圳是11个试点地区中唯一的计划单列市，共设区域站点1个，基层站点2个。深圳创新驿站的启动，对加速构建区域创新体系，提升深圳企业的技术创新能力和国际竞争力具有深远的意义，同时也标志着深圳开始着力建设新型技术转移体系，这将进一步促进企业之间、企业与大学和科研院所之间的知识流动及技术转移，推进技术转移资源向深圳集聚，将使更多企业的技术需求得到满足，也将使更多的科技成果在深圳转化成现实生产力。深港澳台技术转移联盟由深圳、香港、澳门、台湾四地高校、科研机构、技术转移机构和研发型企业等单位联合发起成立，以推动深港澳台科技产业融合，实现跨机构、跨区域、多层次、全方位的技术转移协同合作，构建较为完善的、可持续的长效技术转移合作机制。该联盟的成立旨在借助创新驿站在深圳试点的契机，与创新驿站进行有效结合，促进大学与企业之间、科研院所与企业之间，以及行业与领域间、区域间、国际的知识流动和技术转移更活跃，集聚外部资源并融合本地创新人才以实现再创新，完善深圳区域创新体系，为深圳建设国家创新型城市提供有力支撑。

四是青年科技人才。在人才环境的硬件建设和软件建设方面，政府的积极作为也至关重要。对此，政府的作用是给予创新人才的载体以支持，对建立实验室、创新平台给予资金扶持、政策优惠，用这些方式向企业传递信号，支持其创新平台的发展，从而鼓励创新人才发挥积极性。深圳建立了具有一定规模与实力的各种创新载体，在服务全市经济社会发展中发挥了重要作用。创新载体总体发展势头良好，但也存在资金、人才、发展空间不平衡的问题。针对各类不同的创新载体，政府的政策支持体系还有一定的改善空间，如存在经费不能及时到位、资金管理较为复杂、税收优惠力度不足、补贴政策不到位等问题。目前，政府的政策支持体系主要包括各类人才引进政策与人才安居政策，以吸引并留住各类优秀人才。各类科技企业孵化器可以为青年创新创业者提供创业和管理技能培育的基础载体，也能为企业计划、财经问题咨询提供有公共服务设施的场所，并提供良好的创业环境、小企业交流机会，简化高新技术企业的创办程序，提供政策优惠，等等。此外，政府还提供创业资金，为大多企业孵化器提供金融服务以及价格较低的设备、办公空间等。如今，深圳的各类孵化器、创新工场正如雨后春笋般迅速成长起来。

五是高技能创新人才。高技能创新人才是创新人才的重要组成部分。在科技产品向市场转化的过程中，在科技研发的实践过程中，在新技术的历练成熟过程中，在新设备的运行实践中，高技能创新人才有着其他人才所不可替代的作用。深圳在统计技能人才时通常采用的标准是高级工、技师、高级技师，而国内有些地方统计人才的起点则是初级职称或者中专学历。在深圳的公共技术服务平台中，高技能创新人才发挥了巨大作用。公共技术服务平台是指在产业集中度较高或具有一定产业优势的地区，构建的为中小企业提供技术开发、试验、推广及产品设计、加工、检测等公共技术支持的系统。公共技术服务平台的建设定位围绕高新技术创新产业发展需求，以深圳优势行业、重点行业及相关技术领域企业为主要服务对象，以研发服务、资源保障、设备共享、检测认证、技术转移、信息服务等为主要功能，促进各类创新资源集成、开放、共建、共享，服务于企业技术创新活动，协助企业降低创新成本，提升自主创新能力，推动高新技术产业发展。

第二节 科技创新理论的内涵

在现代汉语中，"创新"有多种含义，既可以指一种新思想的出现和萌发，也可以是一种新的发现，又或者是一项新发明创造的诞生，等等。近代以来，马克思在《资本论》一书中就对创新相关的理论进行了细致深入的研究。1912 年，经济学家熊彼特首次提出"创新"的概念，并系统开展创新理论研究，后来许多学术理论或多或少都基于其理论展开。熊彼特在《经济周期》（*Business Cycles*）中指出，"对于创新，在我们看来，可以把其看作是基于新技术或新发明，而推动在现有生产过程中的融合应用，或者可以理解为，在生产体系中引进的一种新的技术融合与组合"。科技创新是引领发展的第一动力，其中，"科技"二字既包含科学的范畴，也包含技术的范畴。这里谈的科技创新，指的不仅仅是科学的创新，还包括技术的创新，是二者相辅相成的整体的创新，从而有效阐释和解决了技术层面不能解释的涉及科学知识的问题。究竟什么是科技创新？从逻辑的角度看，科技创新可被认为是以基础研究为基本研究理论，进而将技术深度融合到应用研究，当技术方案可行后再进行试验探索，最后将成果进行商业化运用的全过程。科技创新的实际意义在于对各种生产要素进行最优的排列组合，并通过提高生产效率追求利润的最大化。

科技创新活动的开展，总会受到诸多不确定因素的制约。一方面是客观因素，即当下科技、经济发展水平的高低，所处环境生产要素投入水平及能力的大小，亦包括政府的科技、经济政策及企业的生产经营环境等；另一方面是主观因素，如企业的产权、分配、组织管理制度等能够影响创新活动的企业内部因素，以及参与创新活动者的知识水平的高低。

1912 年，熊彼特在《经济发展理论——对于利润、资本、信贷、利息和经济周期的考察》（*The theory of economic development: An inquiry into profits, capital, credit, interest, and the business cycle*）中提出创新理论并指出"发展不是立足人口、经济的累积所带来数量的增加，而是经济生活所体现的本质的自主突破。这样的改变是经济社会逐渐落实的'新组合'，表明新组合在与旧组合的竞争过程中消灭了旧组合"。

创新理论的本质不是具体要素的创新，而是要素发挥影响的方式的创新。首先，创新不是一个技术概念，而是一个经济范畴；创新不是一项技术或技术发明，而是一个持续的操作体系。同时，科技创新行为必须有一个载体，即创新主体，它是企业家或受企业家影响的结构或组织。创新主体的驱动力包括对利益的追求以及特殊的创业精神。归根结底，技术创新的实施离不开具体的社会经济条件，包括现代金融体系、健全的信用体系以及其他配套环境和设施，如市场范围、市场体系、市场需求、信息整合、社会政治环境和结构、法律观念等。其次，技术创新的本质特征是不确定性、风险性和高收益性并存。完善的激励机制和操作体系是实施创新的关键保证。在竞争机制和价格体系的帮助下，市场体系具有提供信息、调节收入分配和经济激励三大功能。同时，它还可以在市场运作过程中自主创新和发展。究其原因，一是市场体系体现了优胜劣汰的原则，市场本身就是一个自主创新的发展过程。二是市场刺激竞争和分散经营。技术创新本身就是一种具有不确定性的经济行为。抓住创新在市场竞争中的优势，有助于提高社会宏观创新的效率。三是市场能够自主地推动个人和企业创新，为技术创新提供动力。四是市场赋予消费者决定科技创新是否成功的权利。一方面，消费者可以获得创新服务；另一方面，他们可以实现自己的创新目标。因此，维护市场秩序、完善市场体系对提高发展中国家的创新实力和效益具有极其重要的影响。另外，社会需求可以利用市场作为媒介，影响创新的规模和速度；社会需求构成的变化将利用市场作用于技术创新的内容、方向和构成。因此，企业把握市场需求，可以从自身创新中受益；国家对市场需求的适当管理，可以推动企业的高效创新。

科技是国家强盛之基，创新是民族进步之魂。科技发展水平影响着世界政治经济力量的演变，也决定着世界各民族的兴衰命运。围绕"科技创新"，习近平总书记提出了以下观点：一是面向世界科技前沿。"虽有智慧，不如乘势。"加快科技创新，建设世界科技强国，必须审时度势，面向世界科技前沿，开展前瞻性的研究，加强对有望成为今后主流的科技的研究和开发。习近平总书记指出："我国科技界要坚定创新自信，坚定敢为天下先的志向，在独创独有上下功夫，勇于挑战最前沿的科学问题，提出更多原创理论，作出更多原创发现，力争在重要科技领域实现跨越发展，跟上甚至引领世界科技发展新方向，掌握新一轮全球科技竞争的战略主动。"[1] 二是面向经济主战场。"穷理以致其知，反躬以践其实。"科技要发展，必须要使用。科技水平已经成为影响世界经济周期最主要的变量之一，也是决定经济总量提升的最主要因素。每一次科技革命都会扩大经济总量，为经济发展带来一个黄金发展期。因此，要面向经济主战场，推动科技和经济社会发展的深度融合，打通从科技强到产业强、经济强、国家强的通道。习近平总书记指出："科学研究既要追求知识和真理，也要服务于经济社会发展和广大人民群众。广大科技工作者要把论文写在祖国的大地上，把科技成果应用在实现现代化的伟大事业中。"[2] 三是面向国家重大需求。当前，国家对战略科技支撑的需求比以往任何时期都更加迫

---

① 《习近平指出科技创新的三大方向》，见人民网（http：//politics.people.com.cn/GB/n1/2016/0602/c1001 - 28406379.html）。

② 《习近平指出科技创新的三大方向》，见人民网（http：//politics.people.com.cn/GB/n1/2016/0602/c1001 - 28406379.html）。

切。科技创新必须把国家重大战略需求放在首位，为国家发展和民族复兴做出卓越贡献。习近平总书记指出："党中央已经确定了我国科技面向2030年的长远战略，决定实施一批重大科技项目和工程，要加快推进，围绕国家重大战略需求，着力攻破关键核心技术，抢占事关长远和全局的科技战略制高点。"①

科技创新既要"顶天"，面向世界科技前沿，致力于未来发展；又要"立地"，面向国家战略需求，赢得战略主动；还要"惠民"，面向经济发展主战场，为人民创造更多财富。坚持上述"三个面向"，加快各领域科技创新，世界科技强国的建设才能行走在正确而宽广的道路上。总之，新时代，深圳的发展应从社会经济发展的角度讨论科技创新，科技创新需要理论与实践相结合；要紧密围绕习近平总书记关于科技创新的基本理念分析，做好科技人才政策的优化工作，以科技人才带动科技创新，实现可持续的现代化发展目标。

第三节 科技创新视域下科技人才政策的发展方向

当前，国际社会抢夺科技人才的竞争日趋激烈。同时，包括深圳在内，国内各地科技人才政策与科技人才发展不协调、不相适应的问题进一步凸显，调整科技人才政策成为破解当前科技人才发展难题的关键。新时代科技创新的发展，为我国科技人才政策改革指明了方向，因此，有必要围绕科技创新来厘清科技人才政策的发展要求。

第一，适度调配资源以加大基础科学研究的比重。纵观科技发达国家的发展历史，重视基础科学是推动科技创新事业持续发展的关键。特别是近年来重大科技的发展都与基础科学的发展有关，加强基础科学研究是新时代对科技创新发展提出的要求之一，也为科技人才制度改革提供方向指引。基础科学研究领域投入经费少、吸引力较弱，是制约我国基础科学人才发展的主要原因。我国在基础科学研发领域处于弱势地位，投入经费比例少，对人才的吸引力较低，这在一定程度上加剧了我国科技人才重应用

---

① 《习近平指出科技创新的三大方向》，见人民网（http://politics.people.com.cn/GB/n1/2016/0602/c1001-28406379.html）。

研究轻理论研究的倾向。习近平总书记指出:"我国基础科学研究短板依然突出,企业对基础研究重视不够,重大原创性成果缺乏,底层基础技术、基础工艺能力不足,工业母机、高端芯片、基础软硬件、开发平台、基本算法、基础元器件、基础材料等瓶颈仍然突出,关键核心技术受制于人的局面没有得到根本性改变。"① 党的十八大以来,我国基础科学研究持续快速发展,但仍是我国科技领域的短板,数学、物理等基础学科仍是发展最薄弱的环节,重大原创性成果缺乏,顶尖人才、团队匮乏,科研环境不够优化等问题依然突出。在这种情况下,我国部分高新科技企业仍依赖国外核心技术。2018 年的"中兴事件"敲响了我国基础科学研究薄弱的警钟,如果只注重应用研究开发,而缺少关键性、基础性科学研究成果,则不利于企业和国家的长远发展。为此,加大对基础科学研究投入力度,补齐人才数量短板,培养和打造具有国际前沿性的基础科学研究领域的人才、团队、实验室,是当前深圳乃至我国科技人才政策改革的重点。

第二,引导科技人才向前瞻性、战略性研究布局。2016 年,中共中央、国务院发布的《国家创新驱动发展战略纲要》明确指出,到 2050 年我国要建成世界科技创新强国。科技强国战略的提出,对我国的发展特别是科技的发展提出了新的要求,即创新发展不能再单纯地依靠模仿学习,而要在含金量上下"功夫",切实在自主创新发展方面,以及前瞻性、战略性、颠覆性科学技术研究方面取得实质性突破。当前,科技发达国家普遍强化了战略性、前瞻性科学技术发展的部署,并加大了对高精尖人才的支持力度,以保持创新发展的引领地位。习近平总书记指出:"实践反复告诉我们,关键核心技术是要不来、买不来、讨不来的。"② 培养和集中前瞻性、战略性科学领域科技人才,是我国在新一轮产业变革中占据制高点、掌握主动权的关键。当前,抓住和用好新一轮科技革命和产业变革机遇,关键在于对人才资源的开放和利用,特别是前瞻性、战略性科技人才的发展。在某种程度上,这种人才是进入世界先进科学技术研究领域的"通行证"。习近平总书记指出:"新一轮科技革命带来的是更加激烈的科技竞争,如果科技创新搞不上去,发展动力就不可能实现转换,我们在全

---

① 习近平:《努力成为世界主要科学中心和创新高地》,载《求是》2021 年第 6 期,第 4 -11 页。

② 习近平:《努力成为世界主要科学中心和创新高地》,载《求是》2021 年第 6 期,第 4 -11 页。

球经济竞争中就会处于下风。"① 从"中兴事件"可以看出前瞻性、战略性核心技术已经成为西方发达国家发号施令的"指挥棒",科技落后就要挨打已成为国际社会竞争的潜规则。2018 年 5 月 28 日,习近平总书记在中国科学院第十九次院士大会、中国工程院第十四次院士大会上讲道:"加快构筑支撑高端引领的先发优势,加强对关系根本和全局的科学问题的研究部署,在关键领域、卡脖子的地方下大功夫,集合精锐力量,作出战略性安排,尽早取得突破。"② 习近平总书记的讲话为我国科技人才向前瞻性、战略性科学技术领域布局指明了方向和目标。引领科技人才向前瞻性、战略性研究布局,推动科技人才取得实质性、关键性核心成果,是关系我国科技发展乃至国家发展命运的战略安排。

第三,评价制度应强调"科学共同体"人才德性标准。《资治通鉴》记载"才者,德之资也;德者,才之帅也"。人才德性,是我国人才考核的重要标准。但是,当前在我国科技人才考核中,德性规范标准内容不全面,基于"科学共同体"方面的德性标准要求缺失。"科学共同体"是指由科学观念相同的科学家所组成的集合体,其强调把科学创新发展看成一个有机系统,在这个系统内的成员共同遵守和使用共同的范式。"科学共同体"要求科学研究者遵循共同的关于科学发展研究的基本道德,如科学伦理、科学精神、科学规范、科学理想等。在西方科技发达国家,"科学共同体"对科学从业者提出的道德规范已成为科研领域共识。在科技人才评价中,我国以行政指导为主,这在一定程度上导致了"科学共同体"观念的缺位,致使"科学共同体"在德性方面的要求对我国科技人才队伍道德养成和引导的作用较小。"科学共同体"道德规范的缺失,使部分科技创新人才无视科学价值、科学追求、科学伦理等底线问题,在科技创新工作中求名求利、走捷径,在研究内容上一味迎合大众口味,"什么新研究什么,什么热研究什么"。为此,在科技人才评价中,应尽快完善"科学共同体"相关评价标准,引导科技人才养成注重科学伦理、遵守科学规范、诚信研究等职业素养,自觉抵制学术"造假""腐败""失范"等行为。我国是一个发展中大国,科技发展关乎民族复兴大业。新时代下,科

---

① 《系统把握高水平科技自立自强的深刻内涵》,载《光明日报》2023 年 6 月 14 日 06 版。

② 习近平:《努力成为世界主要科学中心和创新高地》,载《求是》2021 年第 6 期,第 4 - 11 页。

技人才还应具备"爱国、能担当、有理想、敢创新"的基本要求。2013年7月，习近平总书记在中国科学院考察时强调，具有强烈的爱国情怀，是对我国科技人员第一位的要求。① 我国科技事业的起步，离不开老一辈科学家对祖国无私的奉献。新时代下，推动科学事业持续发展，依然需要科技人才抱有对国家发展、民族振兴的责任感和使命感，自觉投身到我国科技创新事业发展大业中。

第四，分配制度应更合理地体现科技人才的价值。在我国科研经费分配制度方面，存在着行政化干预过强、科研经费报销不合理、科研成果转化分配比例低等问题。科研工作者的价值得不到合理体现，影响了科技人才发展的活力，因此，改革科技人才分配制度是当前人才制度改革的主要内容之一。近年来，科技人才成果价值分配比例不断提高，但在科研经费申报中仍存在着预算过细、报销烦琐、重复审批等问题，过多的申报手续挤占了科技人才大量的时间和精力，消磨了科技人才研发的积极性。习近平总书记指出："要着力改革和创新科研经费使用和管理方式，让经费为人的创造性活动服务，而不能让人的创造性活动为经费服务。"② 政策的出发点是为科研人员"松绑"，增加其在经费使用上的自主性。但科研经费难"松绑"以及科研人员难静心、难安心的现象依然突出。为减少麻烦、规避风险，一些高校、科研院所的部分科技人员不愿申请科研项目。同时，我们也应看到，如果科研经费管理过于松散，则会在某种程度上助推部分科技人才围着科研经费转，只把创新研发作为谋生赚钱的手段。可见，要解决"有钱没法花，不花还不行"以及"一切向钱看"的科研经费分配问题，需在经费分配机制中寻求"过"与"不过"、"细"与"不细"之间的平衡，以保证价值分配制度合理性与公平性并存。

第五，优化机制，提升政府、企业协同攻关能力。随着市场经济发展，企业成为经济发展最活跃的主体。企业以市场为导向的运行模式，使其天然地将科技人才创新成果与市场应用有机结合起来，这也有利于最大限度地挖掘人才和市场潜力，推动科技人才和科技创新事业发展。然而，正是因为企业以市场为导向、以营利为目的，在一些关键核心技术方面，

① 《习近平考察中国科学院：爱国情怀是对科技人员第一要求》，见新华网（http://www.71.cn/2013/0717/752276.shtml）。

② 习近平：《努力成为世界主要科学中心和创新高地》，载《求是》2021年第6期，第4-11页。

企业的投入意愿反而较低。要进一步推动我国科技创新事业向高层次迈进，需要借助政企"合力"，协同攻关突破重大科技发展难题。当前，西方科技发达国家对我国高新技术的封锁没有放松，如何调配优势资源，尽快补齐我国核心技术领域的短板是我国科技发展必须解决的问题。习近平总书记强调："在推进科技体制改革的过程中，我们要注意一个问题，就是我国社会主义制度能够集中力量办大事是我们成就事业的重要法宝。我国很多重大科技成果都是依靠这个法宝搞出来的，千万不能丢了！要让市场在资源配置中起决定性作用，同时要更好发挥政府作用，加强统筹协调，大力开展协同创新，集中力量办大事，抓重大、抓尖端、抓基本，形成推进自主创新的强大合力。"① 借助制度优势，集中力量，攻克难题，是新中国成立初期取得科技发展的有益经验。时至今日，面临高科技竞争日益激烈的境况，最大限度地调动、整合科技创新资源，仍需要采用"集中力量办大事"的方式。

当前，科技人才是推动科技创新事业发展的核心资源，从制度层面激发科技人才整合优势，推动科技人才队伍革新，是"集中力量办大事"推动科技创新发展的关键。当然，随着我国工业体系的独立以及市场经济深入发展，在科技人才资源的调配中要尊重市场经济规律，在人才引进、人才奖励、人才保障、人才评价等方面要尊重市场规律，加强政企合作，整合多方资源，推动科技人才资源优化。以上是深圳在推进科技创新过程中，需要着重思考的科技人才政策改革方向。

---

① 《人民日报解码：充分发挥社会主义制度优势》，见人民网（http://opinion.people.com.cn/GB/n1/2019/0816/c1003 – 31298482. html）。

第三章 深圳经济、人才与科技发展现状分析

第一节 深圳经济发展现状分析

深圳被誉为"科技之城""创客之都"。长期以来，深圳一直将科技创新作为经济高质量发展的核心引擎。改革开放 40 余年来，深圳人始终秉持"敢为人先"的拼搏精神，不断将这片改革试验田推向新的高度。在深圳这片不足 2000 平方千米的土地上，不仅诞生了华为、腾讯、平安等世界 500 强企业，还孵化了华大基因、比亚迪等新兴科技龙头企业。站在社会主义先行示范区的新高度，深圳要继续深化科技创新引领，通过"内引外培"，不断优化科技资源投入，在粤港澳大湾区实现人才要素、资金要素、技术要素、信息要素跨境自由流动，依托科技龙头企业的虹吸效应，不断聚集人、财、物资源，形成规模效应，完善产业链结构，形成具有全球竞争力的科技创新产业集群，最终实现深圳经济高质量引领示范。

近年来，国际国内经济发展形势发生重大变化，习近平总书记将当前的国际国内形势总结为"百年未有之大变局"。2019 年以来，在贸易摩擦与疫情蔓延双重压力下，深圳更是依赖持久的科技创新能力，保持经济在合理区间运行，维持了经济社会稳定繁荣的现状。尽管经济增量出现一定程度的下滑，但是经济增长的韧劲还在，高质量的经济体效益以及高新技术产业产值仍然保持着高速增长的态势，实体经济更加壮实，虚拟经济与落后产能逐渐被淘汰，新业态、高效能产业稳步向上。对于人才，深圳提出了"深爱人才，圳等你来"的口号，通过改善创新环境、提升服务型政府功能，制定科学合理的人才引进政策，构建创新主体配套政策，建设人才公园，吸引全国科技人才集聚深圳。其中，深圳龙岗区提出了"双核引领"战略，即重点打造以华为技术为龙头的世界数字经济产业基地以及大

运片区的大学城创业园；南山区则依托腾讯、优必选打造世界人工智能经济高地。

图3-1展示了2015—2019年深圳GDP及第二、第三产业规模与增长率。2015年，深圳GDP达18436.84亿元，到2016年首次超过20000亿元大关，达到20685.74亿元。深圳GDP主要依赖第二产业和第三产业，两大产业的GDP总占比超过99%。2015—2017年深圳经济发展形势较好，经济总量不仅大幅提升，而且平稳增加。受中美贸易摩擦影响，加之深圳外向型经济特征明显，自2017年起深圳经济增速开始放缓。2017年，深圳GDP增速为12.54%，2018年增速下降为8.53%，2019年进一步下降为6.57%，增速下降主要是由第二产业增速大幅下降造成的。

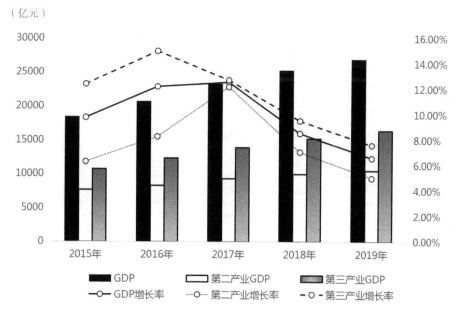

（亿元）

图3-1 2015—2019年深圳GDP及第二、第三产业规模与增长率
数据来源：《深圳统计年鉴2020》。

得益于强大的科技创新能力，深圳的经济呈现高质量持续增长态势。根据中国社会科学院发布的经济蓝皮书，对2020年我国主要大中城市的综合经济竞争力、经济密度竞争力和经济增长竞争力进行了指数计算和排名。在此，我们选取了我国15个最具代表性的大中城市（北京、上海、深圳、广州、香港、重庆、成都、武汉、杭州、苏州、南京、宁波、郑州、长沙、合肥）进行经济竞争力分析，具体如表 3 – 1 所示。就综合经济竞争力而言，深圳排名第一，接下来依次是香港（0.982）、上海（0.975）和北京（0.894）。而就经济密度竞争力而言，考虑到香港的土地面积大致相当于深圳的 60%，香港经济密度竞争力排名第一，深圳（0.852）排名第二，上海（0.705）排名第五，广州（0.685）排名第六，北京（0.619）排名第十六。最后，就经济发展态势的重要指标——经济增长而言，经济增长竞争力排名第一的是上海，接下来依次是北京（0.968）、深圳（0.790）和广州（0.690）。通过比较国内大中城市经济竞争力，不难发现，深圳经济具有如下两个特征：一是深圳经济体量大，单位土地面积创造的 GDP 和人均 GDP 在国内名列前茅，具有较好的发展基础；二是由于土地资源瓶颈，深圳经济发展的动力在后期有弱化的趋势，经济增长后劲不及北京和上海。

表 3 – 1　2020 年我国 15 个大中城市经济竞争力排名

城市	综合经济竞争力		经济密度竞争力		经济增长竞争力	
	指数	排名	指数	排名	指数	排名
上海	0.975	3	0.705	5	1.000	1
北京	0.894	4	0.619	16	0.968	2
深圳	1.000	1	0.852	2	0.790	3
广州	0.825	5	0.685	6	0.690	4
重庆	0.558	30	0.349	104	0.686	5
成都	0.670	12	0.528	35	0.617	6
武汉	0.704	9	0.587	21	0.590	7
杭州	0.685	11	0.566	26	0.585	8
苏州	0.749	6	0.649	8	0.581	9
南京	0.708	8	0.634	11	0.515	10
香港	0.982	2	1.000	1	0.479	11
宁波	0.661	13	0.597	19	0.471	12
郑州	0.604	20	0.532	31	0.459	13

续表 3-1

城市	综合经济竞争力		经济密度竞争力		经济增长竞争力	
	指数	排名	指数	排名	指数	排名
长沙	0.639	16	0.577	24	0.457	14
合肥	0.600	21	0.531	32	0.452	15

数据来源：中国社会科学院。

城市竞争力是衡量与评价一个城市的重要综合指标，深圳在国际舞台的竞争力也是不容小觑的。在全球化背景下，评估一个城市的竞争力需要构建含经济综合水平、资源可持续性、文化内涵潜力、科技创新动力、政府管理效力、开放包容能力、社会保障水平等在内的多维度指标的综合评价体系。在 GUCP 全球城市竞争力研究官网上公布的《GN 全球城市竞争力评价指标体系》，由包括城市经济实力指数、资源潜力指数、文化内涵指数、科技动力指数、创新能力指数、开放张力指数、管理效力指数、民生保障指数在内的 8 项一级指标、32 项二级指标构成，我们将这些指标计算结果绘制成条形图，如图 3-2 所示。图 3-2 展示了全球最具竞争力的 23 个城市的排名，其中排名第一的是美国纽约，得分为 93.67，其次是日本东京（93.42）、英国伦敦（93.05）。中国城市排名最靠前的是上海（92.03），全球排名第七，接下来是香港（91.18），排名第九。深圳得分为 87.71，排名全球第十九。这个排名充分表明，深圳作为一个全新城市被世界所认可，深圳的综合竞争力名列全球第一方阵。

深圳在全球竞争力方面展现了其作为社会主义先行示范区的底气，在国内竞争力方面也是排头兵。GUCP 全球城市竞争力研究官网上公布的《GN 中国城市综合竞争力评价指标体系》涵盖经济、社会、环境、文化四大系统，由包括综合经济竞争力、产业竞争力、财政金融竞争力、商业贸易竞争力、基础设施竞争力、社会体制竞争力、环境/资源/区位竞争力、人力资本教育竞争力、科技竞争力和文化形象竞争力在内的 10 项一级指标、50 项二级指标、216 项三级指标构成，我们列出了 2017 年我国城市综合竞争力排名前三十的城市，具体如表 3-2 所示。不难发现，深圳综合得分为 10049.67，国内排名仅次于上海（12985.17）和香港（12846.38），高于北京（9947.95）和广州（8355.25）。

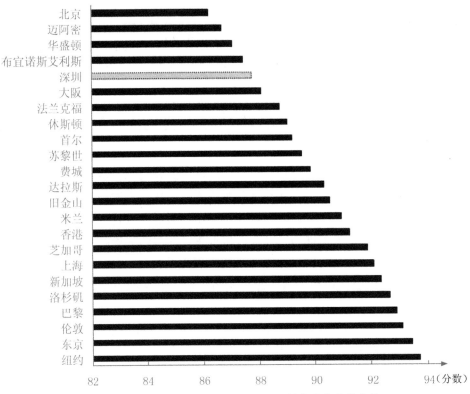

图3-2 全球最具竞争力的23个城市综合竞争力排名榜

数据来源：GUCP全球城市竞争力研究官网。

表3-2 2017年我国城市综合竞争力排名

排名	城市	分数	排名	城市	分数	排名	城市	分数
1	上海	12985.17	11	武汉	5303.22	21	无锡	3621.96
2	香港	12846.38	12	成都	4881.49	22	厦门	3466.08
3	深圳	10049.67	13	台北	4265.31	23	郑州	3385.58
4	北京	9947.95	14	宁波	4213.63	24	长沙	3334.59
5	广州	8355.25	15	青岛	4201.75	25	东莞	3030.07
6	重庆	7435.39	16	澳门	4141.89	26	佛山	3013.39
7	天津	7163.94	17	大连	3783.89	27	昆明	2975.62
8	杭州	6959.41	18	沈阳	3764.23	28	南通	2965.98

续表 3-2

排名	城市	分数	排名	城市	分数	排名	城市	分数
9	苏州	6447.76	19	济南	3716.62	29	烟台	2929.85
10	南京	5721.07	20	西安	3704.48	30	福州	2912.09

数据来源：GUCP 全球城市竞争力研究官网。

　　成长竞争力是指城市在动态发展的过程中，充分挖掘其潜能，不断完善其社会组织体制，展示其创新活力并依据城市可持续发展的内在规律逐步提升自身综合竞争力的能力。从统计数据看，深圳的竞争力无论是在国内还是在国际，都是名列前茅的，但这都只是过去的成绩。展望未来，一个城市的成长竞争力才是更加关键的指标，为此，中国城市竞争力研究团队还给出了我国主要大中城市成长竞争力排名。《GN 中国城市成长竞争力评价指标体系》由实力指数、潜力指数、活力指数、能力指数四大指标综合而成，包括 4 项一级指标、29 项二级指标、70 项三级指标。据此，我们列出了 2017 年我国城市成长竞争力排名前三十的城市，具体如表 3-3所示。不难发现，深圳综合得分为 2175.81，国内排名第一，广州（1287.57）排名第六，上海（1178.16）排名第八，香港（958.27）排名第十，北京（876.05）排名第十一。

表 3-3　2017 年我国城市成长竞争力排名

排名	城市	分数	排名	城市	分数	排名	城市	分数
1	深圳	2175.81	11	北京	876.05	21	郑州	667.94
2	天津	1531.01	12	武汉	842.86	22	南通	666.94
3	重庆	1475.76	13	成都	838.54	23	福州	635.76
4	杭州	1378.78	14	东莞	818.64	24	佛山	627.35
5	苏州	1294.86	15	厦门	796.32	25	无锡	606.94
6	广州	1287.57	16	宁波	755.20	26	西安	603.24
7	南京	1251.64	17	合肥	754.58	27	南昌	572.45
8	上海	1178.16	18	济南	746.01	28	烟台	572.05
9	青岛	1136.79	19	长沙	724.57	29	常州	568.20
10	香港	958.27	20	贵阳	693.62	30	泉州	494.44

数据来源：GUCP 全球城市竞争力研究官网。

深圳这些年经济飞速发展，外贸是一个重要的贡献点。图3-3展示了2015—2019年深圳进出口总额、进口总额、出口总额、进出口总额增长率、进口总额增长率和出口总额增长率。2015年深圳进出口总额达4424.59亿美元，尽管在之后的5年内受到中美贸易摩擦的影响，上下起伏，但基本保持平稳，与2019年的4314.76亿美元大体相当。2015年深圳出口总额达2640.39亿美元，并且在之后的5年内基本保持平稳，其中2015年出口总额增长率为-9.28%，2018年出口总额增长率为9.56%，2019年出口总额增长率为-4.9%。2015年深圳进口总额达1784.20亿美元，并且在之后的5年内基本保持平稳，其中2015年进口总额增长率为-12.27%，2018年进口总额增长率为22.32%，2019年进口总额增长率为-8.83%。从统计数据来看，深圳在2015—2019年出口总额大于进口总额，长期保持贸易顺差的状态，但是贸易差额在逐年缩小，这可能与中美贸易摩擦有关。

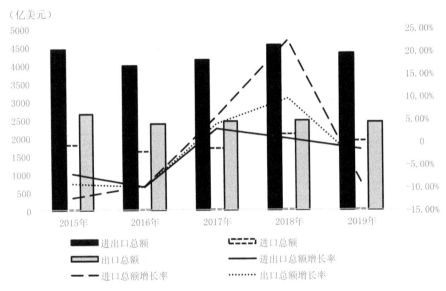

图3-3　2015—2019年深圳进出口总额及其增长率

数据来源：《深圳统计年鉴2020》。

经济总量规模并不能完全用以衡量一个城市的经济发展现状，人均水平才是相对科学的指标。为此，我们选取了人均GDP、居民人均可支配收入、人均社会消费品总额以及规模以上企业人均产值作为主要参数进行评价。如图 3-4 所示，2015 年，深圳规模以上企业人均产值为 230552 元，比当年的人均 GDP（166415 元）高出 38.54%，表明规模以上企业对深圳经济的贡献相对较高。2015 年，深圳居民人均可支配收入相比人均 GDP 而言较低，仅为 44633 元，占人均 GDP 比重仅为 26.82%；2019 年，深圳居民人均可支配收入 62522 元，占人均 GDP 比重仅为 30.73%，尽管比 2015 年有所提高，但是整体占比还是不足三分之一。2015 年，深圳居民人均社会消费品总额相比 GDP 而言较低，仅为 57977 元，占人均 GDP 比重仅为 34.84%；2019 年，深圳居民人均社会消费品总额为 69105 元，占人均 GDP 比重仅为 33.96%，不仅没有提高，还呈现下降趋势，可见消费不足成为制约深圳经济未来发展的潜在隐患，这可能与近些年深圳过度繁荣的房地产和金融业对居民收入和实体经济的碾压有关。因此，深圳需要出台相关政策，积极通过科技创新做大做强制造业，完善产业配套，发展和培育新兴产业。针对规模以上企业人均产值占 GDP 比重较高的现状，应大力扶持中小微企业，在政策优惠方面给予税收倾斜、贷款倾斜以及技术倾斜。

图 3-4 2015—2019 年深圳主要宏观经济数据

数据来源：《深圳统计年鉴 2020》。

经营成本是衡量城市竞争力的重要指标。2013 年我国经营成本名列前三的城市分别是北京、上海、天津，而深圳则排名第十。到 2017 年，如表 3-4 所示，深圳的经营成本快速上升，已经跃居全国第二，这可能与深圳房价快速上涨有关，但房价大幅上涨给实体经济经营带来了一定的困难，而经营成本的大幅提升则降低了城市对企业与人才的吸引力。

表 3-4　2017 年我国 15 个大中城市经营成本排名

排名	城市	省/直辖市
1	北京	北京
2	深圳	广东
3	上海	上海
4	杭州	浙江
5	天津	天津
6	南京	江苏
7	珠海	广东
8	广州	广东
9	厦门	福建
10	苏州	江苏
11	温州	浙江
12	昆山	江苏
13	大连	辽宁
14	宁波	浙江
15	武汉	湖北

数据来源：福布斯中国官网。

近年来，深圳紧紧围绕调结构、促转型的要求，大力发展高效能、低污染、高附加值的产业，产业结构更加科学合理。随着低碳经济全球化，发展绿色产业成为全社会的共识，"节能减排"成为企业追求效益必不可少的环节。图 3-5 展示了 2015—2019 年深圳单位 GDP 能耗以及其增长率。由图可知，2015 年深圳单位 GDP 能耗为 0.396，下降幅度为 3.26%；2016 年深圳单位 GDP 能耗下降至 0.379，下降幅度为 4.30%；2017 年下降至 0.363，下降幅度为 4.22%；2018 年下降至 0.348，下降幅度为 4.13%；到 2019 年下降至 0.336，下降幅度为 3.45%。

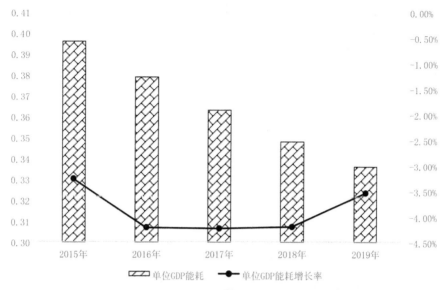

图 3 - 5 2015—2019 年深圳单位 GDP 能耗及其增长率
数据来源:《深圳统计年鉴 2020》。

第二节 深圳人才发展现状分析

人才是推动科技创新最重要的要素,其重要性远高于资金和信息这类要素。引进、培养科技人才对科技创新成果的产生意义重大,无论是"二战"后美国的崛起,还是近些年我国改革开放取得的成就,都离不开人才的贡献。深圳向来重视人才引进,尤其是高层次人才、高技能人才引进,出台了一系列鼓励创新与吸引人才的政策。深圳对科技人才的虹吸效应非常显著,科技人才的大量聚集为深圳科技企业的腾飞奠定了坚实的基础,深圳经济的高质量起飞也依赖人才的贡献。深圳下辖福田、罗湖、盐田、南山、宝安、龙岗、龙华、坪山、光明 9 个行政区和大鹏新区 1 个功能区,另外,还有一个"飞地经济"合作区——深汕特别合作区,总面积不超过 2000 平方千米(不包括深汕特别合作区),2019 年年末统计的常住人口为 1343.88 万人,如果算上流动人口,则总人口超过 2000 万人,说是中国特大城市名副其实。图 3 - 6 展示了深圳全市及其下辖各区 2019 年年末常住人口总量及人口密度。从图中我们可以发现,深圳常住人口主要集中在宝安区和龙岗区，其中宝安区人口最多，为 334.25 万人，龙岗区次之，为 250.86 万人，两区人口合计 585.11 万人，约占全市总人口的43.54%。人口密度最高的则是福田区和罗湖区，其中福田区人口密度最高，每平方千米近 20000 人。

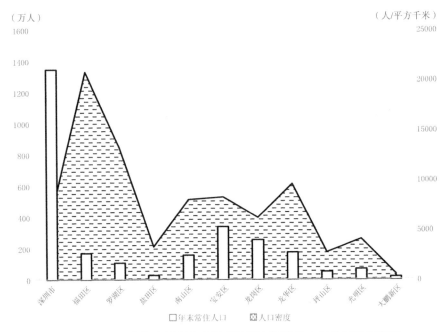

图 3-6 2019 年年末深圳全市及其下辖各区常住人口总量及其密度

数据来源：《深圳统计年鉴 2020》。

根据第七次全国人口普查数据，截至 2020 年 11 月 1 日零时，深圳全市常住人口为 1756 万人。与 2010 年第六次全国人口普查的 1042.39 万人相比，10 年间共增加了 713.61 万人，增长了 68.46%，年平均增长率为5.35%；全市共有家庭户 642.46 万户，集体户 106.26 万户，家庭户人口为 1448.07 万人，集体户人口为 307.94 万人；平均每个家庭户的人口为2.25 人，比 2010 年第六次全国人口普查的 2.12 人增加 0.13 人。男性人口为 966.52 万人，占 55.04%；女性人口为 789.48 万人，占 44.96%。图3-7 展示了深圳历次人口普查性别比值，男女比例由 1982 年的 0.9∶1 逐渐提高到 2020 年的 1.22∶1。

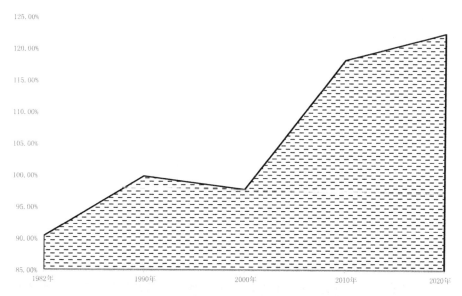

图3-7　深圳历次人口普查性别构成比值

数据来源：深圳第七次全国人口普查官网。

表3-5展示了2020年深圳全市及其下辖各区的人口性别比值，全市男女性别比为1.22∶1。其中，罗湖区、福田区和南山区的男女性别比接近，分别为1.04∶1、1.07∶1和1.14∶1；光明区、坪山区和大鹏新区男女性别比值位列前三，分别为1.41、1.37和1.37。

表3-5　2020年深圳全市及其下辖各区的人口性别比值

区域	常住人口男性占比/%	常住人口女性占比/%	常住人口男女比值
深圳市	55.04	44.96	1.22
福田区	51.75	48.25	1.07
罗湖区	50.95	49.05	1.04
盐田区	54.30	45.70	1.19
南山区	53.23	46.77	1.14
宝安区	56.40	43.60	1.29
龙岗区	54.32	45.68	1.19

续表 3 - 5

区域	常住人口男性占比/%	常住人口女性占比/%	常住人口男女比值
龙华区	56.70	43.30	1.31
坪山区	57.88	42.12	1.37
光明区	58.55	41.45	1.41
大鹏新区	57.73	42.27	1.37
深汕特别合作区	55.03	44.97	1.22

数据来源：深圳第七次全国人口普查官网。

图 3 - 8 展示了 2020 年深圳常住人口年龄结构分布。在全市常住人口中，0～14 岁人口为 2653381 人，占比 15.11%；15～59 岁人口为 13965964 人，占 79.53%；60 岁及以上人口为 940716 人，占 5.36%，其中 65 岁及以上人口为 565217 人，占 3.22%。与 2010 年第六次全国人口普查相比，2020 年深圳 0～14 岁人口的比重提高了 5.14 个百分点，15～59 岁人口的比重下降了 7.5 个百分点，60 岁及以上人口的比重提高了 2.36 个百分点，65 岁及以上人口的比重提高了 1.39 个百分点。

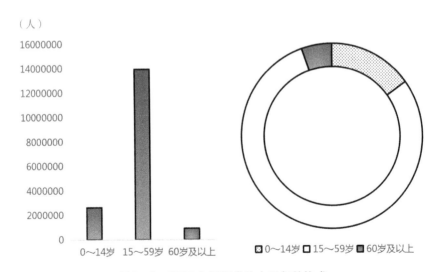

图 3 - 8 2020 年深圳常住人口年龄构成

数据来源：深圳第七次全国人口普查官网。

表3-6展示了2020年深圳全市及其下辖各区的人口年龄分布情况。由表可知，深圳人口主要以中青年人为主，老龄化现象并不突出。其中，光明区和宝安区15～59岁人口占比最大，分别为83.48%和82.45%；深汕特别合作区在这一年龄阶段的人口占比最小，仅为63.21%，其次是罗湖区（74.47%）和福田区（75.63%）。

表3-6　2020年深圳全市及其下辖各区的人口年龄占比

区域	0～14岁人口占比/%	15～59岁人口占比/%	60岁以上人口占比/%
深圳市	15.11	79.53	5.36
福田区	15.94	75.63	8.43
罗湖区	16.96	74.47	8.57
盐田区	16.32	76.09	7.59
南山区	14.77	78.00	7.23
宝安区	13.72	82.45	3.83
龙岗区	16.68	78.07	5.25
龙华区	14.31	81.60	4.09
坪山区	16.17	79.39	4.44
光明区	13.09	83.48	3.43
大鹏新区	15.31	77.69	7.00
深汕特别合作区	23.25	63.21	13.54

数据来源：深圳第七次全国人口普查官网。

　　2020年，深圳常住人口中，拥有大学（指大专及以上）文化程度的人口为5065927人，拥有高中（含中专）文化程度的人口为3634058人，拥有初中文化程度的人口为5482194人，拥有小学文化程度的人口为2021505人（以上各种受教育程度的人口包括各类学校的毕业生、肄业生和在校生）。表3-7为2020年深圳全市及其下辖各区每10万人口中拥有的各类受教育程度人数。与2010年第六次全国人口普查相比，2020年深圳每10万人中拥有大学文化程度的由17545人上升至28849人；拥有高中文化程度的由23799人下降至20695人；拥有初中文化程度的由44107人下降至31220人；拥有小学文化程度的由9036人上升至11512人。

表3-7　2020年深圳全市及其下辖各区每10万人口中拥有的各类受教育程度人数

单位：人

区域	大学 （大专及以上）	高中 （含中专）	初中	小学
深圳市	28849	20695	31220	11512
福田区	40507	20133	21006	10865
罗湖区	32153	23313	24453	12351
盐田区	29595	24737	26170	11870
南山区	46175	18593	18187	9889
宝安区	24203	19955	37939	10767
龙岗区	25849	20860	31835	12794
龙华区	29380	22117	30731	9939
坪山区	19663	20163	37079	14960
光明区	16106	21507	42634	12657
大鹏新区	20142	20698	35386	15491
深汕特别合作区	7788	9313	37537	31558

数据来源：深圳第七次全国人口普查官网。

图3-9展示了深圳第六次及第七次全国人口普查中15岁及以上人口受教育年限。不难看出，近年来深圳全市及其下辖各区受教育年限明显增加，与2010年第六次全国人口普查相比，2020年全市常住人口中，15岁及以上人口的平均受教育年限由10.91年提高至11.86年。2020年，深圳平均受教育年限在12年以上的区有4个，平均受教育年限在10年至12年的区有6个，平均受教育年限在10年以下的区有1个。

截至2020年年末，深圳各级各类学校总数达2713所，比2019年增加了71所。表3-8展示了2020年深圳各级各类学校学生数，其中毕业生54.42万人，招生66.21万人，在校学生242.16万人，较2019年分别增长了5.7%、3.5%和4.3%。与2019年相比，截至2020年年末，深圳共有幼儿园1881所，增加45所；在园幼儿55.97万人，增长率为2.7%。有小学347所，增加7所；在校学生109.12万人，增长率为2.1%。有普通中学435所，增加18所；在校学生51.76万人，增长率为8.4%。有普

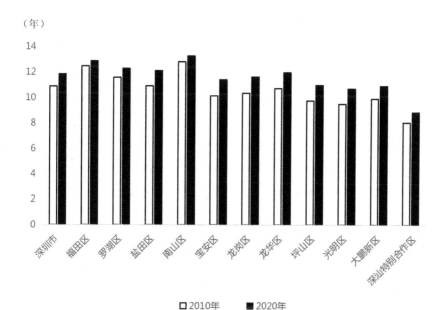

图3-9 深圳第六次及第七次全国人口普查中15岁及以上人口受教育年限

数据来源：深圳第七次全国人口普查官网。

通高等学校14所；在校学生13.62万人，增长率为20.3%。2020年深圳普通本专科招生4.16万人，在校生11.00万人，毕业生2.23万人；成人高等学校招生1.11万人，在校生3.32万人，毕业生1.13万人；普通高等学校研究生教育招生1.08万人，在校研究生2.28万人，毕业研究生0.54万人。

表3-8 2020年深圳各级各类学校学生数

指标	招生数		在校生数		毕业生数	
	绝对数/万人	增长率/%	绝对数/万人	增长率/%	绝对数/万人	增长率/%
普通高等学校	5.24	37.70	13.62	20.30	2.80	8.10
成人高等学校	1.11	−27.00	3.32	−8.70	1.13	42.30
中等职业学校	1.25	−9.60	3.91	−0.85	1.21	−6.30
技工学校	1.48	3.40	4.27	5.40	0.79	−15.00
普通中学	19.32	11.00	51.76	8.40	14.20	6.80

续表3-8

指标	招生数		在校生数		毕业生数	
	绝对数/万人	增长率/%	绝对数/万人	增长率/%	绝对数/万人	增长率/%
小学	19.07	-6.50	109.12	2.10	15.07	7.70
特殊教育学校	0.0343	-19.10	0.1873	28.10	0.0132	-41.10
工读学校	0.0002	-33.30	0.0024	-40.00	0.0021	10.50
幼儿园	18.71	4.10	55.97	2.70	19.20	3.30

数据来源:《深圳市2020年国民经济和社会发展统计公报》。

图3-10展示了2015—2019年深圳就业人员人数及其构成情况。2015年,深圳的在岗职工人数为447.41万人:其中国有企业的职工为43.18万人,占比9.65%;集体企业的职工为2.46万人,占比0.55%;其他类型企业的在岗职工人数为401.77万人,占比89.80%。多数职工来自非公有制经济单位,这也与深圳的市场化程度有关。此后深圳就业人员人数开始缓慢提升,到2019年深圳的在岗职工人数为475.04万人:其中

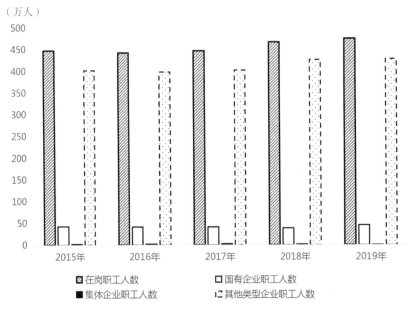

图3-10 2015—2019年深圳就业人员人数及其构成情况

数据来源:《深圳统计年鉴2020》。

国有企业的职工为 46.12 万人，占比 9.71%；集体企业的职工为 0.74 万人，占比 0.16%；其他类型企业的在岗职工人数为 428.18 万人，占比 90.14%。同样地，多数职工来自非公有制经济单位，非公有制经济体成为深圳就业市场的生力军。

图 3-11 展示了 2010—2019 年深圳私营个体就业人员人数。2010 年，深圳私营个体就业人员人数为 376.6 万人，此后稳步逐渐上升，到 2019 年深圳私营个体就业人员人数达到 782.42 万人，10 年间增长率超过 1 倍，年平均增长率接近 10%。

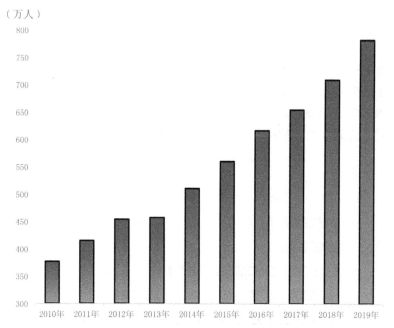

（万人）

图 3-11　2010—2019 年深圳私营个体就业人员人数
数据来源：《深圳统计年鉴 2020》。

深圳经济主要依赖第二产业和第三产业，第一产业产值较低，就业人员也较少。图 3-12 展示了 2019 年年末深圳就业人员与在岗职工的人数在三大产业中的占比。从年末就业人员数据来看，深圳第三产业就业人员人数高于第二产业，第三产业就业人员占比 60.21%，第二产业就业人员占比 39.69%；从在岗职工数据来看，深圳第三产业与第二产业的在岗职工人数大体相当，第三产业在岗职工占比 50.06%，第二产业在岗职工占比 49.93%。

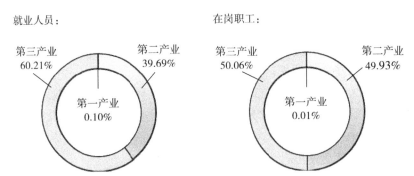

图3-12 2019年年末深圳就业人员与在岗职工在三大产业中的占比

数据来源：《深圳统计年鉴2020》。

图3-13展示了2019年年末深圳下辖各区在岗职工人数。其中，南山区在岗职工人数最多，为948947人；福田区和宝安区在岗职工人数分别为896666人和898667人；深汕特别合作区属于跨越深圳与汕尾两市的"飞地"，还处于起步阶段，在岗职工人数最少，仅有4270人。

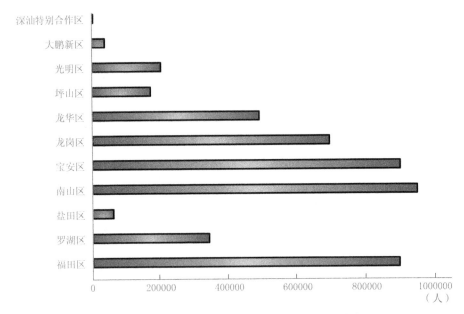

图3-13 2019年年末深圳下辖各区在岗职工人数

数据来源：《深圳统计年鉴2020》。

各级各类专业技术人才是科技创新的主体。深圳向来重视对专业技术人才的引进与培养，始终大力推进实施人才强市战略，不断健全人才政策体系，为人才在深圳创新创业提供全方位、大力度支持和扶持。例如，出台中长期人才发展规划纲要、高层次专业人才的"1＋6"政策、引进海外高层次人才和团队的"孔雀计划"、《关于促进人才优先发展的若干措施》、"十大人才工程"，实施全国首个人才条例《深圳经济特区人才工作条例》，建成全国首个人才公园、人才研修院，等等。这些强有力的人才政策和环境支撑使得各类人才数量快速增长，高层次人才加快集聚。图3－14展示了2015—2020年深圳专业技术人才、具有中级技术职称及以上的专业技术人才的数量及其增长率。2015年，深圳拥有专业技术人才共135.3万人，此后人数逐年稳步增加，到2020年深圳专业技术人才数量达到198万人，年平均增长率为7.91%。2015年深圳专业技术人才中具有中级职称及以上的专业技术人才数量为41.5万人，2020年该数量达到57.6万人，年平均增长率为5.32%。

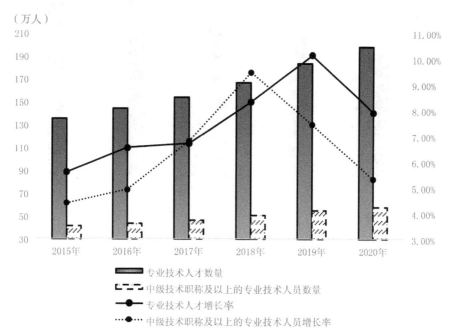

图3－14 2020年深圳专业技术人才、具有中级职称以上专业技术人员的数量及其增长率

数据来源：深圳国民经济和社会发展统计公报（2015—2020）。

深圳紧跟产业转型升级，围绕产业链、创新链打造人才链，构建起了较为完备的人才发展生态体系，集聚了一批具有国际水平的人才，激发了深圳创新发展的活力。截至 2020 年年末，深圳人才总量超过 600 万人，高层次人才总量超 1.7 万人，留学回国人员超 15 万人，成为推动深圳科技创新高质量发展的关键动力。图 3 - 15 展示了 2015—2019 年深圳研究与开发（R&D）人员的基本情况。2015 年，深圳 R&D 人员共 206327 人，R&D 全时人员共 172608 人，R&D 研究人员共 86351 人；此后逐年增加，到了 2019 年，深圳 R&D 人员达 377937 人，R&D 全时人员达 311428 人，R&D 研究人员达 146868 人。

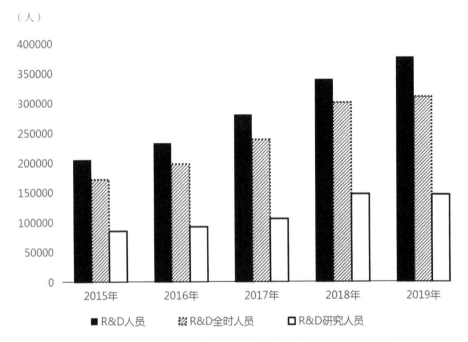

图 3 - 15 2015—2019 年深圳研究与开发（R&D）人员数量

数据来源：《深圳统计年鉴 2020》。

第三节 深圳科技发展现状分析

根据深圳市科技创新委员会公布的最新统计数据，深圳高新技术企业主要集中于八大领域：电子信息技术、生物与新医药技术、航空航天技术、新材料技术、高技术服务业、新能源及节能技术、资源与环境技术、先进制造与自动化。表3-9和图3-16分别展示了2014—2018年深圳八大领域的高新技术企业数量及其变化。不难看出，2014—2018年，深圳高新技术企业整体是稳步提升的，2014年深圳全部高新技术企业共2063家，到了2018年，深圳全部高新技术企业达到5370家，总增幅高达160.30%，年平均增长21.09%。从表中数据来看，在深圳八大领域的高新技术企业中，电子信息技术领域的企业具有明显的优势，占比长期超过50%。2018年，电子信息技术领域的企业共2864家，占深圳全部高新技术企业数量的53.33%；其次是先进制造与自动化技术领域的企业共1186家，占深圳全部高新技术企业数量的22.09%。二者之和占比高达78.42%，这表明深圳高新技术企业领域的分布较集中，发展不够平衡。

表3-9 2014—2018年深圳八大领域高新技术企业数量

单位：家

企业领域	2014年	2015年	2016年	2017年	2018年
电子信息技术	1298	1277	2080	2915	2864
生物与新医药技术	96	102	144	209	179
航空航天技术	6	1	21	35	36
新材料技术	138	136	220	271	285
高技术服务业	79	88	329	449	405
新能源及节能技术	163	155	224	267	266
资源与环境技术	47	42	88	145	149
先进制造与自动化	236	382	673	959	1186
总计	2063	2183	3779	5250	5370

数据来源：深圳市科技创新委员会官网。

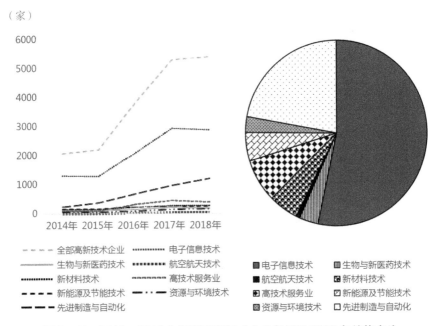

图 3-16　2014—2018 年深圳高新技术企业数量及 2018 年结构占比

数据来源：深圳市科技创新委员会官网。

高新技术企业数量只能表明量的方面，要想真正提升经济水平，就必须注重质的飞跃，重点提升高新技术企业的产值。表 3-10 展示了 2016—2019 年深圳全部高新技术行业产值，并且按照电子信息行业、生物医药行业、先进制造行业、新能源行业、新材料行业和其他高新技术行业进行了划分。可以看出，电子信息行业是深圳高新技术行业中的绝对优势行业。2016 年，深圳高新技术行业产值为 19222.06 亿元，其中电子信息行业产值 17096.48 亿元，占比 88.94%；此后二者均稳步持续增长。到了 2019 年，深圳高新技术行业产值达 26277.98 亿元，其中电子信息行业产值为 23723.11 亿元，占比高达 90.28%。图 3-17 则展示了 2017—2019 年深圳高新技术行业产值结构占比。

表 3–10　2016—2019 年深圳高新技术行业产值

行业类别		2016 年		2017 年		2018 年		2019 年	
		产值/亿元	占比/%	产值/亿元	占比/%	产值/亿元	占比/%	产值/亿元	占比/%
全行业		19222.06	—	21378.78	—	23871.71	—	26277.98	—
其中	电子信息行业	17096.48	88.94	19110.44	89.39	21445.74	89.84	23723.11	90.28
	生物医药行业	367.07	1.91	376.36	1.76	401.38	1.68	416.44	1.58
	先进制造行业	844.31	4.39	921.40	4.31	1007.45	4.22	1080.49	4.11
	新能源行业	548.76	2.85	560.61	2.62	573.96	2.40	584.80	2.23
	新材料行业	255.88	1.33	279.39	1.31	288.02	1.21	291.65	1.11
	其他高新技术行业	109.94	0.57	130.59	0.61	155.16	0.65	181.49	0.69

数据来源：深圳市科技创新委员会官网。

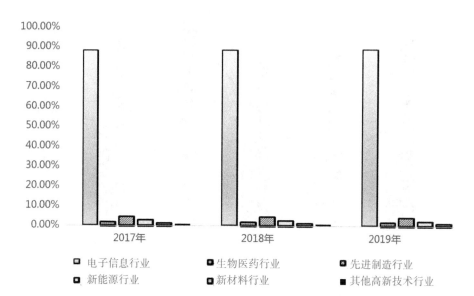

图 3–17　2017—2019 年深圳高新技术行业产值结构占比
数据来源：深圳市科技创新委员会官网。

49

深圳是我国改革开放的窗口，高新技术产品贸易非常活跃，进出口额较大。2015年，深圳高新技术产品进出口总额为2542.48亿美元。其中，出口总额为1403.38亿美元，进口总额为1139.10亿美元，高新技术产品进出口总额增长率为2.68%，出口总额增长率为2.63%，进口总额增长率为2.73%。2016年，由于中美贸易摩擦，深圳高新技术产品进出口总额出现下滑，为2276.45亿美元，下滑率为10.36%。其中，出口总额下滑到1215.43亿美元，下滑率为13.39%；进口总额下滑到1061.02亿美元，下滑率为6.86%。随后2017年和2018年深圳高新技术产品贸易总额均有所提升。2019年，受疫情影响，深圳高新技术产品进出口总额又出现了一定程度的回落。2019年深圳高新技术产品进出口总额为2498.67亿美元，其中出口总额为1171.62亿美元，进口总额为1327.05亿美元，净出口总额为−155.43亿美元，高新技术产品进出口总额减少7.03%，出口总额减少5.97%，进口总额减少7.94%。

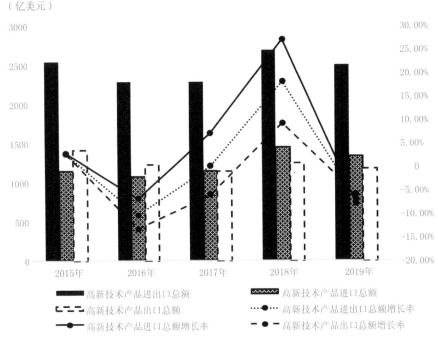

图3−18　2015—2019年深圳高新技术产品进出口总额及增长率

数据来源：《深圳统计年鉴2020》。

技术专利是推动企业技术改良与产品创新的重要手段，发明专利对推动科技产品的诞生至关重要。表 3 - 11 展示了 2015—2019 年深圳专利申请总量、专利授权总量、发明专利申请总量、发明专利授权总量、PCT 国际专利申请总量。2015—2019 年深圳专利申请总量、发明专利申请总量及其授权总量均稳步增长。其中，2015 年专利申请总量为 105481 件，最终授权 72120 件，专利授权率为 68.37%；发明专利申请总量为 40028 件，最终授权 16957 件，授权率为 42.36%。2019 年专利申请总量为 261502 件，最终授权 166609 件，专利授权率为 63.71%；发明专利申请总量为 82852 件，最终授权 26051 件，授权率为 31.44%。PCT 国际专利申请量高是深圳的优势，其主要来自深圳电子信息产业世界级龙头公司华为和中兴。2015 年 PCT 国际专利申请量为 13308 件，此后稳步增加，到 2017 年达到巅峰 20457 件；随着中美贸易摩擦的深入，2018 年和 2019 年的 PCT 国际专利申请量逐年下降，其中 2019 年为 17459 件。图 3 - 19 展示了 2015—2019 年深圳专利授权率情况。2015 年，深圳专利总授权率为 68.37%，于 2016 年急转直下，降到 51.65%，随后虽然开始缓缓提升，但授权率仍然没有达到 2015 年的水平。而深圳发明专利总授权率则远低于专利总授权率，2015 年最高峰时为 42.36%，2016 年下降至 31.36%，此后一直稳定在该水平上，2019 年为 31.44%。

表 3 - 11　2015—2019 年深圳专利申请与授权情况

单位：件

年份	专利申请总量	专利授权总量	发明专利申请总量	发明专利授权总量	PCT 国际专利申请量
2015	105481	72120	40028	16957	13308
2016	145294	75043	56336	17666	19648
2017	177103	94250	60258	18926	20457
2018	228608	140202	69969	21309	18081
2019	261502	166609	82852	26051	17459

数据来源：《深圳统计年鉴 2020》。

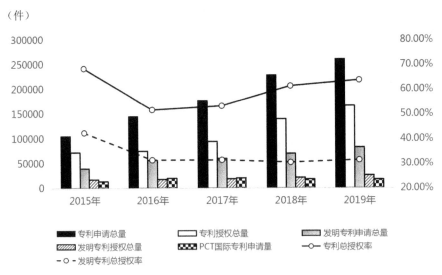

图 3-19 2015—2019 年深圳专利申请与授权情况

数据来源：《深圳统计年鉴 2020》。

创新载体是组建创新团体、协同创新的重要场所。为更好地完善基础研究体系，深圳近年来围绕国家和广东省的战略需求，尤其是新兴产业需求，部署重点实验室和重大科研基础设施，以增强基础研究硬实力。工程（技术）研究中心依托研发实力较强的骨干企业组建，以形成具有自主知识产权的新产品和技术为目标，通过核心技术研发应用及科技成果转化，提高企业自主创新能力。工程实验室主管部门是发展和改革委员会，是技术开发创新体系的重要组成部分，依托企业、科研机构、科研院所或高校等设立，对提高产业自主创新能力和核心竞争力，推动产业结构调整和重点产业发展，尤其对突破关键技术装备制约提供了重要的技术支撑和保障。企业技术中心的主管部门是经济和信息化委员会，隶属于企业的技术研究和开发机构，是企业技术创新的基地，其不仅具备新产品、新工艺等的研究开发职能，还承担着建设企业技术创新体系、制定技术创新和发展战略、进行技术人才培训、开展技术交流等职责。对于暂时无法组建工程中心的企业来说，企业技术中心有助于企业技术进步，占据市场优势，提高核心竞争力。公共技术服务平台属于创新服务支撑体系的范畴，主要服务于中小微企业，为其提供委托研发服务、科技资源共享、检测认证、技术转移、信息咨询等服务。不同于基础研究体系和技术开发创新体系，公共技术服务平台具有公共性质，尤其需要政府主动担当起组建的职责。对于公共技术服务平台的组建，除了依托高校和科研机构外，在科技创新日益走向精细、高端的过程中，从事科技服务业的专业的第三方机构在组建方面日渐发挥不可替代的作用。在"大众创业、万众创新"的浪潮下，公共技术服务平台对有效降低创新成本，促进各类科技资源集成、开放、共建、共享起着重要作用。深圳的企业孵化器发展历史悠久，快速发展则是在1999年后——大量民营资本进入该领域。它虽然成长历程短，但是发展速度快，承载着孵化企业、科技转化、协同发展等使命，其发展逐步走向成熟、专业。在保证孵化企业物理空间的前提下，提升孵化器的服务质量对企业更有效用，初创型企业尤其需要资金、市场、管理、政策、人力资源、财务等方面的综合服务，以帮助其降低成本，度过艰难的起步期。经过多年发展，深圳的孵化服务体系已日臻完善。

表3-12、图3-20均展示了截至2019年年末深圳科技创新载体数量及其具体情况：重点实验室总计322家，其中国家级重点实验室15家、省级重点实验室47家、市级重点实验室260家，国家级重点实验室占比4.66%；工程（技术）研究中心总计795家，其中国家级工程（技术）研究中心7家、省级工程（技术）研究中心542家、市级工程（技术）研究中心246家，国家级工程（技术）研究中心占比0.88%；工程实验室总计470家，其中国家级工程实验室9家、省级工程实验室12家、市级工程实验室449家，国家级工程实验室占比1.91%；企业技术中心总计322家，其中国家级企业技术中心33家、省级企业技术中心0家、市级企业技术中心289家，国家级企业技术中心占比10.25%；孵化器总计128家，其中国家级孵化器15家、省级孵化器0家、市级孵化器113家，国家级孵化器占比11.72%；公共技术服务平台总计179家，其中国家级公共技术服务平台0家、省级公共技术服务平台1家、市级公共技术服务平台178家，国家级公共技术服务平台占比为0。

表3-12 截至2019年年末深圳创新载体数量

单位：家

创新载体	总数	国家级	省级	市级
重点实验室	322	15	47	260
工程（技术）研究中心	795	7	542	246
工程实验室	470	9	12	449

续表 3 - 12

创新载体	总数	国家级	省级	市级
企业技术中心	320	33	0	289
孵化器	128	15	0	113
公共技术服务平台	179	0	1	178

数据来源：《深圳统计年鉴2020》。

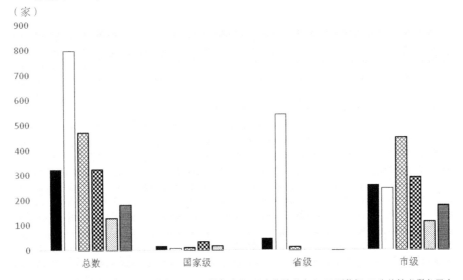

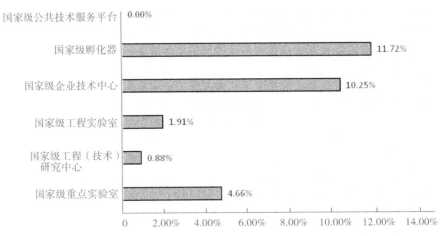

图 3 -20　截至 2019 年年末深圳创新载体数量及国家级创新载体占比情况

数据来源：《深圳统计年鉴2020》。

技术合同作为技术服务的载体至关重要，技术合同成交额在一定程度上代表了技术领域的创新成果。表 3－13 列举了 2015—2019 年深圳技术合同登记数量。其中，2015 年深圳技术合同登记数量为 10287 件，同比增长 1.51%。随后在 2016 年和 2017 年连续两年出现下降：2016 年深圳技术合同登记数量为 9826 件，同比下降 4.48%；2017 年深圳技术合同登记数量为 9048 件，同比下降 7.92%。直到 2018 年和 2019 年，该数据才开始转而上升：2018 年深圳技术合同登记数量为 9751 件，同比上升 7.77%；2019 年深圳技术合同登记数量为 10217 件，同比上升 4.78%。图 3－21 展示了深圳下辖各区在 2019 年的技术合同登记数量，其中南山区总计 6042 件，占全部技术合同登记数量的 59.14%。

表 3－13　2015—2019 年深圳技术合同登记数量

类别	2015 年	2016 年	2017 年	2018 年	2019 年
技术合同登记数量/件	10287	9826	9048	9751	10217
年增长率/%	1.51	−4.48	−7.92	7.77	4.78

数据来源：深圳市科技创新委员会官网。

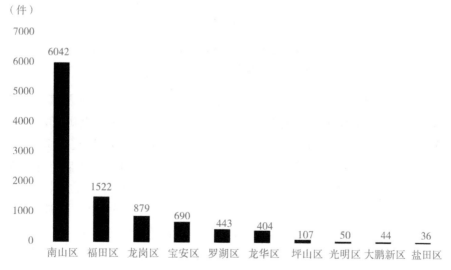

图 3－21　截至 2019 年年末深圳下辖各区技术合同登记数量

数据来源：深圳市科技创新委员会官网。

据《深圳市科技技术转移及服务机构发展研究报告（2019年度）》可知，从技术合同类别构成来看，技术开发合同无论是合同数量还是合同成交额，均高居首位，并呈现持续稳步增长态势。2019年深圳技术开发合同数达8031项，平稳增长2.19%，占全市合同总量的78.60%；技术开发合同成交额为457.52亿元，快速增长25.65%，占全市合同成交总额64.89%；技术转让合同数达650项，同比小幅下降4.27%；技术转让合同成交额达232.33亿元，同比增长10.76%，占全市合同成交总额32.95%（见图3-22）。

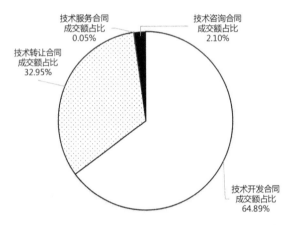

图3-22 2019年深圳技术合同成交额分类型占比情况

数据来源：深圳市科技创新委员会官网。

图3-23展示了2015—2019年深圳技术合同成交总额及其分别占GDP与R&D经费支出的比重。2015年，深圳技术合同成交额432.21亿元，GDP总额18436.84亿元，技术合同成交额占GDP比重为2.34%；R&D经费支出732.39亿元，技术合同成交额占R&D经费支出比重为59.01%。技术合同成交额占GDP比重呈迂回上升的趋势，而技术合同成交额占R&D经费支出比重则呈现迂回下降的态势。2019年，深圳技术合同成交额705.02亿元，GDP总额26927.09亿元，技术合同成交额占GDP比重为2.62%；R&D经费支出1328.28亿元，技术合同成交额占R&D经费支出比重为53.08%。

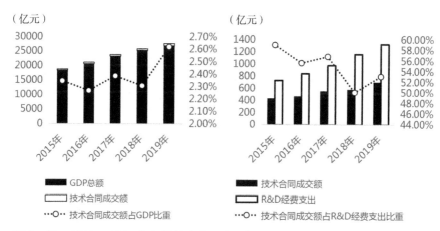

图 3 – 23　2015—2019 年深圳技术合同成交额及其占 GDP 与 R&D 经费支出比重

数据来源：深圳市科技创新委员会官网。

图 3 – 24 展示了 2015—2019 年深圳全市及其下辖各区技术转移交易指数。2015 年，深圳市技术转移交易指数为 60.9；2019 年，深圳市技术转移交易指数为 73.6，较前三年的平均交易活跃程度有较大幅度提升。从深圳下辖各区技术转移交易指数来看，除盐田区外，其他各区的技术转移交易指数均在 50 以上。其中，南山区和福田区表现较好；罗湖区的交易活跃程度与前三年的平均值基本持平，略微下降；盐田区、龙岗区和宝安区的交易活跃程度均低于前三年的平均水平，处于下降的通道，且由于这三个区技术交易整体交易规模较小，因此波动较为显著。

图 3 – 25 展示了 2015—2019 年深圳技术转移交易的行业指数。电子信息行业作为深圳的优势行业，其技术转移交易指数在 2015—2018 年呈逐渐向下态势，2015 年深圳电子信息行业的技术转移交易指数为 60.2，2018 年该指数下降到 56.2，但在 2019 年电子信息行业的技术转移交易指数大幅提升至 60.9。计算机软件行业技术转移交易指数走势与电子信息技术行业基本保持一致。2015 年深圳计算机软件行业技术转移交易指数为 63.5，2018 年该指数下降到 55.3，但在 2019 年计算机软件行业技术转移交易指数提升至 59.9。生物、医药和医疗器械行业技术转移交易指数也与电子信息行业、计算机软件行业基本一致，2015 年深圳生物、医药和医疗器械行业技术转移交易指数为 63.7，2018 年该指数下降到 44.3，但在 2019 年生物、医药和医疗器械行业技术转移交易指数大幅提升至 57.0。

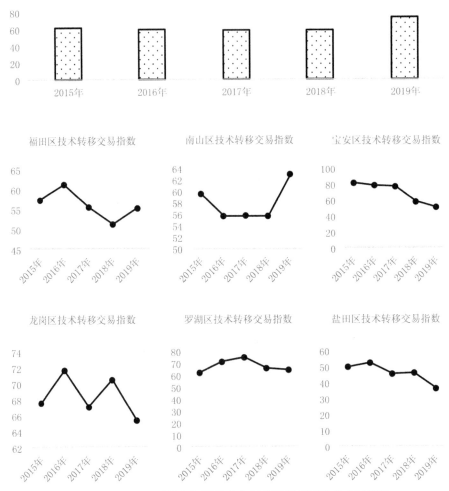

图 3-24　2015—2019 年深圳全市及其下辖各区技术交易指数

数据来源：深圳市科技创新委员会官网。

而新能源与高效节能行业技术转移交易指数则是先降低后升高。2015 年深圳新能源与高效节能行业技术转移交易指数为 46.2，2016 年该指数下降到 32.7，随后持续上升，于 2019 年该指数达到 100。

电子信息行业技术转移交易指数

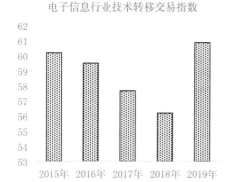

计算机软件行业技术转移交易指数

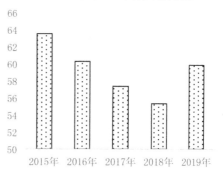

生物、医药和医疗器械行业技术转移交易指数

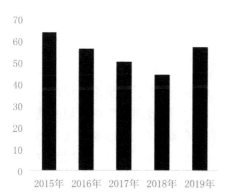

先进制造业技术转移交易指数

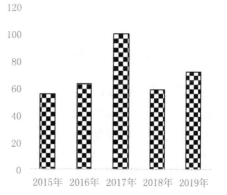

新材料及其应用行业技术转移交易指数

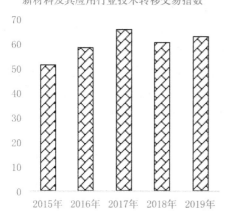

新能源与高效节能行业技术转移交易指数

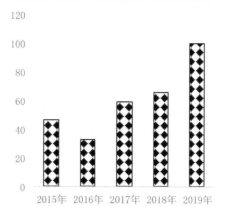

图3-25 2015—2019年深圳技术转移交易行业指数
数据来源：深圳市科技创新委员会官网。

第四章　深圳科技人才集聚比较分析与政策评价

第一节　深圳人口集聚比较分析

一、与省内其他地级市比较分析

广东省是我国的经济大省，粤港澳大湾区聚集了大量来自四面八方的人口，与长江三角洲（以下简称"长三角"）区域和环渤海区域共同构成了全国主要人口聚集区。图4-1展示了广东省内21个地级市（广州、深圳、珠海、汕头、佛山、韶关、河源、梅州、惠州、汕尾、东莞、中山、江门、阳江、湛江、茂名、肇庆、清远、潮州、揭阳和云浮）2017—2019年年末常住人口数。不难看出，广州和深圳的常住人口均比广东省其他地级市多。广州是广东省省会，常住人口总数常年位居全省第一。2017年年末广州常住人口1449.84万人，比排名第二的深圳（1252.83万人）多197.01万人；2018年年末广州常住人口1490.44万人，比排名第二的深圳（1302.66万人）多187.78万人；2019年年末广州常住人口1530.59万人，比排名第二的深圳（1343.88万人）多186.71万人。由此可见，近年来深圳常住人口数基本保持在全省第二的位置，但是，与全省第一的广州人口数差距逐年减少，这表明人口在深圳不断聚集并成为常住人口。

户籍人口是指具有本地户籍身份的人员。在人口净流入地区，户籍人口是该地区较为稳定的人员。深圳是移民城市，不仅省内大量人口涌入深圳，而且来自全国各地的外来人口也愿意到深圳工作。如图4-2所示，2019年年末，深圳户籍人口仅541.79万人，在广东省省内排名并不高；广州户籍人口953.72万人，在全省排名第一；湛江户籍人口854.15万

（万人）

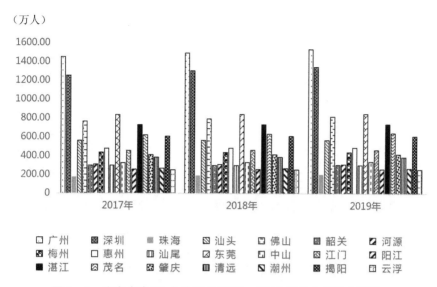

图4-1 广东省内21个地级市2017—2019年年末常住人口数

数据来源：《广东统计年鉴2020》。

人，在全省排名第二；茂名户籍人口817.71万人，在全省排名第三；揭阳户籍住人口707.07万人，在全省排名第四；汕头户籍人口571.70万人，在全省排名第五；梅州户籍人口545.85万人，在全省排名第六。而深圳在全省仅名列第七，这表明深圳户籍人口数量还比较低，有待进一步放宽入户门槛，吸引更多常住人口落户。

从图4-1和图4-2中，我们可以看到，2019年年末，广州常住人口为1530.59万人，户籍人口为953.72万人，年末常住人口比户籍人口多576.87万人；深圳常住人口为1343.88万人，户籍人口为541.79万人，常住人口比户籍人口多802.09万人，这表明深圳是人口净流入的主要城市。随着越来越多来自粤东西北城市的户籍人口流入深圳，深圳需要进一步完善户籍政策，使更多人安居乐业。

（万人）

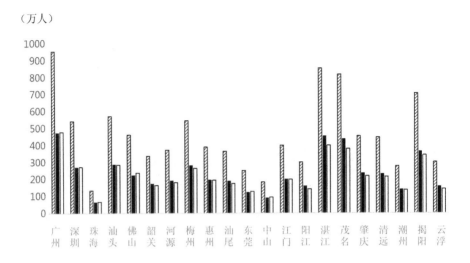

图4-2　广东省21个地级市2019年年末户籍人口数

数据来源：《广东统计年鉴2020》。

人口迁入数量是一个城市竞争力与吸引力的重要评价尺度，单从广东省内而言，人口迁徙路径比较明确，即从非珠江三角洲（以下简称"珠三角"）地区流向珠三角地区。图4-3展示了2019年广东省21个地级市户籍人口迁出、迁入情况。其中，户籍人口净迁入的城市有广州、深圳、珠海、佛山、惠州、东莞和中山，都是珠三角城市；户籍人口净迁出的城市有汕头、韶关、河源、梅州、汕尾、江门、阳江、湛江、茂名、肇庆、清远、潮州、揭阳、云浮，除江门和肇庆外，都是非珠三角城市。就广东省内而言，深圳户籍人口净迁入量远大于其他城市。从图4-3可以看出，深圳2019年户籍人口净迁入115825人，在全省排名第一，接下来依次是佛山（104819人）、广州（80415人）、东莞（60768人）、惠州（48039人）、中山（17852人）、珠海（17607人）。户籍人口净迁出最多的是广东省户籍人口大市——梅州。2019年梅州户籍人口净迁出总量为58070人，接下来依次是揭阳（53250人）、湛江（41877人）、茂名（35953人）。

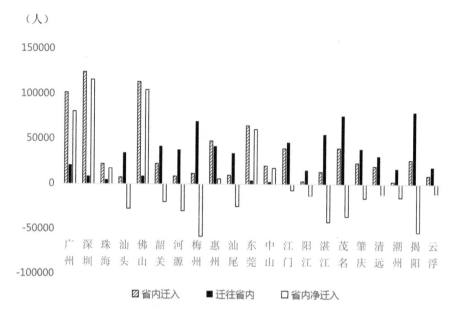

图4-3 2019年广东省21个地级市户籍人口迁出、迁入情况

数据来源：《广东统计年鉴2020》。

中国城乡二元经济特征明显且持续多年，解决"三农"问题也一直是中央与地方决策层的头等大事。得益于改革开放的快速发展，相对其他省而言，广东省城市化进程的推进速度明显更快。图4-4展示了广东省及其下辖21个地级市2017—2019年年末城镇人口占常住人口比例。不难看出，2017—2019年广东省及省内各地级市城市化率变化不大。2019年广东省城镇常住人口占全省常住人口比重为71.40%，其中城镇常住人口占全省常住人口比重最高的是深圳，占比高达99.52%；接下来依次是佛山（95.00%）、东莞（92.10%）、珠海（90.72%）、中山（88.40%）。而作为广东省省会城市的广州，其城镇常住人口占全省常住人口比重只有86.46%。非珠三角欠发达地区，其城市化率相对较低，河源、云浮、湛江、茂名、清远等地区城镇人口占常住人口比重甚至低于50%。由此可见，城镇人口比重决定了一个地区的城市化水平，城镇人口比重越大，该地区工商业相对更加发达，也更加具有人才的虹吸效应。

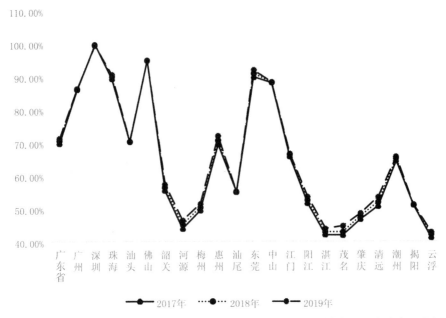

图4-4　广东省及其下辖21个地级市2017—2019年年末城镇人口占常住人口比例

数据来源：《广东统计年鉴2020》。

　　人口总量并不能客观地描述一个地区的人才吸引力与集聚力，更加重要而客观的是结合地区的区域面积计算出单位面积人口数，这样才更加具有可比性。图4-5展示了珠三角9市的土地面积以及2019年常住人口与户籍人口密度。从土地面积来看，深圳的面积并不大，仅1997.47平方千米，和珠海（1736.46平方千米）、中山（1783.67平方千米）接近，与广州的土地面积相差甚远，广州的面积为7249.27平方千米，是深圳的3.63倍。在珠三角9市中，土地面积最大的是肇庆，为14891.23平方千米，大体相当于深圳土地面积的7倍。从2019年年末每单位国土面积的常住人口指标来看，深圳常住人口密度为0.67万人/平方千米，户籍人口密度为0.27万人/平方千米，均在全省排名第一。由此可见，深圳是广东省内人口聚集程度最高的城市；其次是东莞，2019年年末其常住人口密度为0.34万人/平方千米，户籍人口密度为0.10万人/平方千米；广州2019年年末常住人口密度为0.21万人/平方千米，户籍人口密度为0.13万人/平方千米；佛山2019年年末常住人口密度为0.21万人/平方千米，户籍人口密度为0.12万人/平方千米。珠三角9市中土地面积最大的3个城市是肇庆、惠州和江门，其人口密度都相对较低，人口聚集不显著。

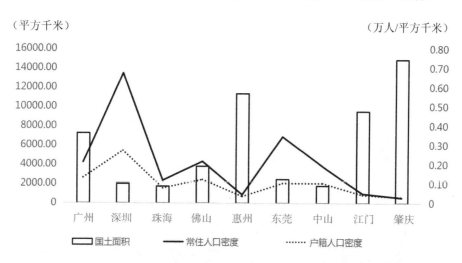

图 4 - 5　2019 年珠三角 9 市的土地面积、常住人口与户籍人口密度
数据来源：《广东统计年鉴 2020》。

　　人口总量与人口密度并不能完全反映人口集聚与经济发展的直接关系，一个更加重要的指标是就业人口。就业人口是衡量一个城市吸引力的重要指标。也就是说，一个城市只有提供更多更好的就业岗位，才能吸引更多人才流入。深圳作为国际化大都市，正是因其不断聚集的创新型企业对人才形成虹吸效应，才使得大量就业人口聚集于此。图 4 - 6 展示了广东省 21 个地级市 2018 年年末与 2019 年年末就业人口。其中，深圳 2019 年年末就业人口总量为 1283.37 万人，在全省排名第一；而广州 2019 年年末就业人口总量为 1125.89 万人。如果考虑土地面积，很明显，深圳的单位面积就业人口数量远远超过广州，这充分表明了深圳对人才的吸引力。接下来依次是东莞（就业人口总量为 711.11 万人）、佛山（就业人口总量为 531.43 万人）、湛江（就业人口总量为 391.78 万人）。对比 2018 年年末与 2019 年年末就业人口数据，深圳就业人口有一个潜在的隐患：广州 2019 年年末就业人口比 2018 年年末有所增加，而深圳 2019 年年末就业人口比 2018 年年末却有所减少，这可能是由多个方面的原因造成的，如中美贸易摩擦对较依赖外贸经济的深圳造成冲击、房价泡沫造成深圳人才流失等。

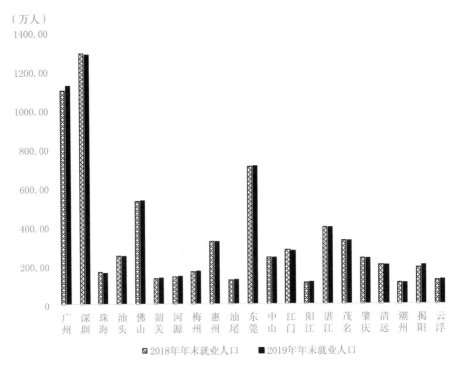

（万人）

图4－6　广东省21个地级市2018年年末与2019年年末就业人口

数据来源：《广东统计年鉴2020》。

二、与国内其他大中城市比较分析

要对深圳人口数据进行比较，不仅要在广东省内进行比较，还要与北京、上海、重庆、武汉、南京、杭州等大中城市进行比较才更加科学。图4－7展示了国内部分大中城市（北京、上海、广州、深圳、天津、重庆、武汉、南京和杭州）2019年年末常住人口与户籍人口。由图可知，2019年年末常住人口与户籍人口最多的城市是重庆，其常住人口为3124.32万人，而户籍人口为3416.29万人，常住人口比户籍人口少了291.97万人，这表明重庆为人口净流出城市。接下来是上海，2019年年末其常住人口2428.12万人，户籍人口1447.57万人，常住人口比户籍人口多980.55万人。2019年年末北京常住人口2154.00万人，户籍人口1375.80万人，常住人口比户籍人口多778.20万人。2019年年末深圳常住人口1343.88万人，户籍人口541.79万人，常住人口比户籍人口多802.09万人；2019年年末广州常住人口 1530.59 万人，户籍人口 953.72 万人，常住人口比户籍人口多 576.87 万人。很明显，北京、上海、广州和深圳都是人口净流入城市，虽然深圳人口净流入总量不是最多的，但考虑到人口基数，无疑深圳的人口虹吸效应在国内也是数一数二的。

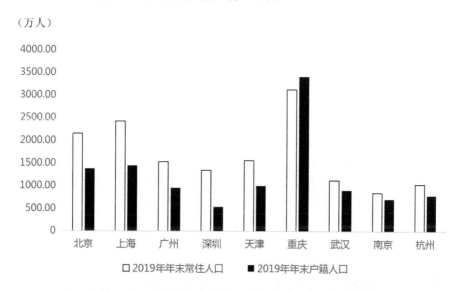

（万人）

图 4 – 7　国内部分大中城市 2019 年年末常住人口与户籍人口

数据来源：各市统计年鉴。

要衡量一个地区的人口聚集程度，更为科学合理的指标应为单位面积的人口数量。图 4 – 8 展示了国内部分大中城市 2019 年年末土地面积、常住人口密度与户籍人口密度。从土地面积来看，在图中列举的 9 个大中城市中，重庆的面积最大，为 82402.00 平方千米，约为深圳面积（1997.47平方千米）的 41 倍；仅就北上广深而言，则北京的面积最大，为 16410.54 平方千米，约为深圳面积（1997.47 平方千米）的 8.2 倍，上海和广州的面积均约为深圳的 3 倍。因此，深圳面积狭窄是现实问题。从单位面积常住人口计算结果来看，无论是单位面积常住人口还是单位面积户籍人口，深圳在所列举的大中城市中均名列第一。2019 年年末，深圳常住人口密度 0.67 万人/平方千米，排名第一；上海常住人口密度 0.38 万人/平方千米，排名第二；广州常住人口密度 0.21 万人/平方千米，排名第三。2019 年年末，深圳户籍人口密度 0.27 万人/平方千米，排名第一；上海常住人口密度 0.23 万人/平方千米，排名第二；广州户籍人口密度

0.13 万人/平方千米，排名第三。从常住人口密度与户籍人口密度的对比中可以看出，深圳具有较强的人口集聚能力。当然，这也隐藏了一个问题，即土地资源匮乏未来可能制约深圳经济的发展，从而造成瓶颈效应。

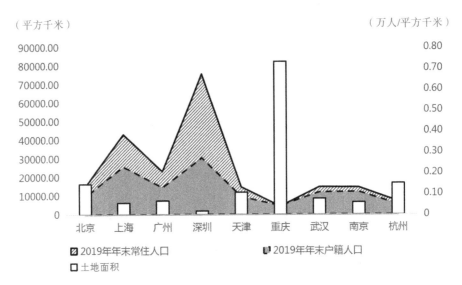

图 4-8　国内部分大中城市 2019 年年末土地面积、常住人口密度与户籍人口密度
数据来源：各市统计年鉴。

从就业数据来看，无论是就业人口总量还是就业密度，深圳在国内大中城市中均名列前茅。图 4-9 展示了国内部分大中城市 2019 年年末就业人口及就业密度。由图可见，2019 年年末就业人口最多的城市为重庆，就业人口总计 1704.54 万人；但是，如果用更加科学的就业密度来衡量，则重庆 2019 年年末就业密度仅为 0.02 万人/平方千米，在所列举的大中城市中排末位。深圳 2019 年年末就业人口 1283.37 万人，低于重庆以及上海（1376.20 万人），与北京就业人口（1273.00 万人）接近；而如果用就业密度衡量，深圳就业密度为 0.64 万人/平方千米，则这一指标远远超过其他大中城市，如上海（0.22 万人/平方千米）、广州（0.15 万人/平方千米）、北京（0.08 万人/平方千米）。由此可见，北上广深的就业密度比天津、重庆、武汉、杭州等城市更高。深圳就业人口无论是绝对数还是相对数，均排在全国前列，这与深圳的经济发展水平不无关系。深圳是国家高新技术企业集聚地，华为、中兴、腾讯等企业总部都在深圳，这对就业人口吸纳具有明显的助推作用，而就业人口聚集又进一步促进了深圳的经济发展，形成了良性互动的局面。

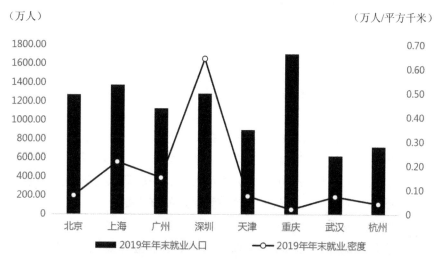

图4-9 国内部分大中城市2019年年末就业人口及就业密度
数据来源：各市统计年鉴。

第二节 深圳科技人才集聚比较分析

一、与省内其他地级市比较分析

人口数据，无论是常住人口、户籍人口还是就业人口都只说明了人的"量"的问题，更为重要且更为核心的应是人的"质"的提高。知识积累与技术深化，可以极大地提高劳动者的工作效率，因此，人才战略才是一个城市竞争力的核心与灵魂。深圳是"科技之城""创业之都"，对高素质技术技能型人才有较强的吸引力。2016年，深圳出台了一系列措施鼓励人才发展。激励人才到深圳工作的重大措施，包括高校毕业生留深租房补贴、深圳高层次人才创新创业激励办法、深圳技术技能人才激励办法，举办高精尖人才创新创业大赛，等等，这些措施的背后，无一不彰显着深圳爱惜人才、尊重人才的务实精神。当前，新一轮科技革命和产业变革交

69

汇发展，我们面临前所未有的历史机遇和严峻挑战。习近平总书记指出，"加快建设世界重要人才中心和创新高地"，"综合考虑，可以在北京、上海、粤港澳大湾区建设高水平人才高地，一些高层次人才集中的中心城市也要着力建设吸引和集聚人才的平台"。①

人才集聚是科技创新发展的要素，而科技创新发展又进一步助推人才集聚，二者协调发展、共同进步，是一个城市经济发展与科技进步的内在要求。随着粤港澳大湾区和社会主义先行示范区的落地，深圳人才总量与人才结构均有较大幅度的提升与完善，无论是各类人才集聚的绝对数量还是相对数量，都在全省甚至全国数一数二，这给深圳科技创新带来了前所未有的机遇。引进人才，充分发挥人才的智力作用，虚心听取人才在专业领域的宝贵意见，最大限度激发人才的活力，一切都以提高生产效率、提升品质服务为前提，这是深圳人才政策制定的核心要义。

深圳的企业无论是在技术创新、规模总量上还是在上市数量上，都有着比较明显的优势，这就使得深圳在人才虹吸效应方面优势明显。图4-10展示了2019年年末珠三角9市技能人才总数与专业技术人才总数。2019年年末，深圳拥有各类技能人才357万人，在珠三角9市中排名第一，比广州（269万人）多88万人；接下来依次是东莞（146万人）、佛山（130万人），其他城市技能人才数量较少。就专业技术人才的总数而言，2019年年末广州专业技术人才为186万人，深圳专业技术人才为183.5万人，二者相差不大。除广州和深圳外，专业技术人才数量较多的是东莞，其拥有各类专业技术人才共65.8万人。

科技人才是科技创新的生力军，是高新技术企业发展的第一要素资源。R&D人员绝对数量及其占比是衡量一个城市科技实力的重要指标。图4-11展示了2018年年末广东省21个地级市县级以上政府部门属R&D机构科技人员及其占比。从政府部门属R&D机构就业人员绝对数来看，广州遥遥领先其他城市，这可能与广州为省会城市有一定关联。广州聚集了广东省省内最好的教育资源和医疗资源，高校、研究所和医院则是政府研发机构的主要机构，很显然，广州在这些方面有着得天独厚的优势。2018年年末，广州政府部门属R&D机构就业人员17664人，科技人员

---

① 《加快建设高水平人才高地》，见光明日报网（https：//baijiahao. baidu. com/s？id = 1765346104129392790&wfr = spider&for = pc）

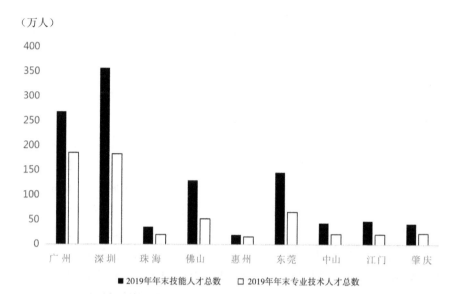

图 4－10　2019 年年末珠三角 9 市技能人才总数与专业技术人才总数

数据来源：各市人力资源与社会保障统计公报。

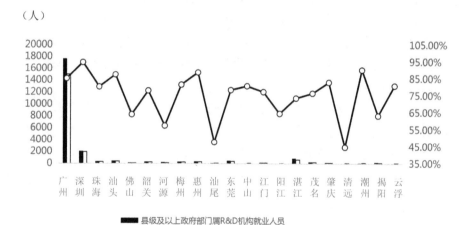

图 4－11　2018 年年末广东省 21 个地级市县级以上政府部门属 R&D 机构

科技人员及其占比

数据来源：《广东统计年鉴 2020》。

15021 人，科技人员占机构总就业人员的比重为 85.04%；深圳政府部门属 R&D 机构就业人员 2067 人，科技人员 1955 人，科技人员占机构总就业人员的比重为 94.58%，可见深圳政府部门属 R&D 机构科技人员数尽管在规模上并不占优势，但是，其在科技人员配置比例上更高，机构运行效率更高，行政效率更高。此外，潮州政府部门属 R&D 机构科技人员占机构总就业人员比重高达 90.18%，仅次于深圳。

深圳是改革开放的前沿阵地，现在正处于建设社会主义先行示范区的重要战略机遇期。深圳要建设社会主义市场经济示范区，需要更多地依靠非国有企业推动科技创新，走市场化、法制化和国际化路线。深圳大企业如华为、腾讯、大疆、比亚迪等都是规模以上大企业，这些企业为了实现全产业链覆盖，都走上了研发的道路，非常重视研发人员的投入，图 4-12 给出了 2017—2019 年广东省 21 个地级市规模以上企业 R&D 人员数量。从 2019 年的数据来看，深圳规模以上企业 R&D 人员数量具有绝对优势，达到 302042 人，而广州仅有 99979 人。这也表明了深圳的科技创新以科技企业带动为主。很显然，深圳规模以上企业科技创新给深圳科技创新的持续性带来了契机。东莞规模以上企业 R&D 人员从 2017 年到 2018 年有明显的飞跃，这可能与华为研发部门整体从深圳龙岗华为总部基地搬迁至东莞松山湖高新技术产业开发区有一定的关系。依托松山湖高新技术产业开发区，东莞规模以上企业 R&D 人员在 2019 年达到 124459 人，超越广州，在全省排名第二，广州位列第三，接下来依次是佛山、惠州、中山和江门等城市。

科技人才集聚除考虑绝对数量外，还必须考虑科技人才的集聚规模。本书借鉴国内学者孙红军等（2019）、杨明海等（2020）、张欢（2021）的方法，用人才区位熵来定义科技人才集聚规模，具体表述如下：

$$scale_{it} = \frac{\dfrac{K_{it}}{E_{it}}}{\dfrac{K_t}{E_t}}$$

$$\text{其中 } K_t = \sum_{i=1}^{n} K_{it}, E_t = \sum_{i=1}^{n} E_{it} \qquad (4-1)$$

式中，$scale_{it}$ 表示第 i 个城市（地区）在第 t 年的科技人才集聚规模程度，K_{it} 表示第 i 个城市（地区）在第 t 年的科技人才数量，E_{it} 表示第 i 个城市

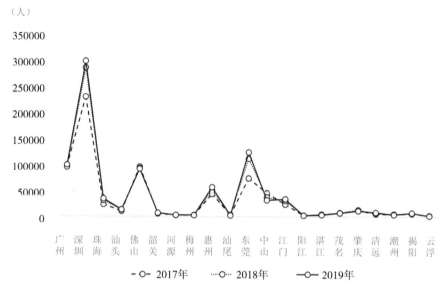

（人）

图4-12　2017—2019年广东省21个地级市规模以上企业R&D人员数量
数据来源：《广东统计年鉴2020》。

（地区）在第t年的全部就业人口数量，K_t表示全部城市（地区）在第t年的科技人才数量，E_t表示全部城市（地区）在第t年的就业人口数量。通常而言，$scale_{it}=1$表明该城市（地区）的科技人才集聚规模接近平均水平，$scale_{it}>1$表明该城市（地区）的科技人才集聚规模超过平均水平，$scale_{it}<1$表明该城市（地区）的科技人才集聚规模低于平均水平。

图4-13展示了2017—2019年广东省21个地级市规模以上企业R&D人员集聚规模，使用式（4-1）计算而得。从2019年的数据来看，深圳规模以上企业科技人才集聚规模为2.01，位居广东省第一，是广东省规模以上企业人才集聚平均水平的2倍；高于广东省平均水平的城市还有：珠海（1.81）、惠州（1.51）、东莞（1.49）、佛山（1.48）、中山（1.12）、江门（1.04）；广州的科技创新主体为科研院所，科技人才主要集聚于国有单位，规模以上企业科技人才集聚规模低于平均水平，仅为0.76。其他非珠三角城市规模以上企业本就不多，科技人才集聚规模均低于平均水平。

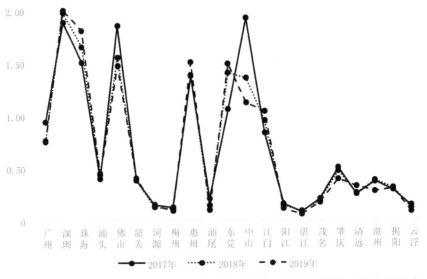

图4-13 2017—2019年广东省21个地级市规模以上企业R&D人员集聚规模

数据来源：《广东统计年鉴2020》。

很显然，科技人员应该包括两大类：一类是以科研院所、高等学校和公立医院等政府部门主导机构的R&D人员，一类是来自科技型企业的R&D人员。由于中小企业通常不具备技术研发能力，因此科技型企业R&D人员的主体为规模以上企业。对于人才集聚数量与集聚规模而言，更加科学合理的计算方法是将两类人群加总，然后再进行计算。图4-14展示了2018年广东省21个地级市政府主导机构及规模以上企业的科技人员数量与集聚规模，其中科技人员数量由两类科技人员加总计算而得，科技人员集聚规模依据式（4-1）计算而得。不难发现，深圳科技人员总体数量遥遥领先广东省内其他城市，接近广州的2倍。广东省21个地级市按科技人员数量排名，顺序依次是：深圳、广州、东莞、佛山、惠州、中山、珠海、江门、汕头、肇庆、茂名、揭阳、韶关、清远、潮州、湛江、梅州、河源、汕尾、阳江、云浮，而按科技人才集聚规模排名则顺序为：深圳、珠海、佛山、东莞、惠州、中山、江门、广州、肇庆、汕头、韶关、潮州、揭阳、清远、茂名、阳江、汕尾、河源、梅州、云浮、湛江。可见，深圳科技人员数量和集聚规模在广东省均名列第一，并且比省会城市广州以及东莞、佛山、珠海等城市高出很多。此外，深圳在高科技研发人才引进力度方面也远超广东省内其他城市，通过在政策层面出台各种优惠办法，吸引和鼓励科技人才集聚深圳。

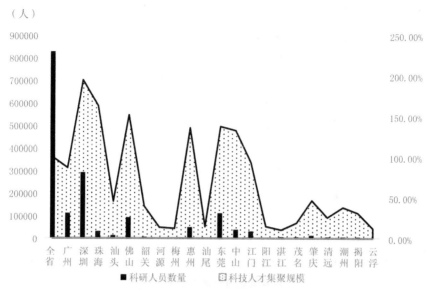

图4-14 2018年广东省21个地级市政府主导机构及规模以上企业的科技人员数量与集聚规模

数据来源：《广东统计年鉴2020》。

广东省长期存在区域经济发展不平衡、不协调的现象，珠三角地区与其他地区在经济总量、科技发展实力方面差距较大。如图4-15所示，从科技人员数量与科技人才集聚规模来看，珠三角地区占据了绝对优势，2018年全省科研人员共827095人，其中珠三角地区科研人员为750505人，占比高达90.74%。东翼、西翼和山区的科技人员严重不足，其中东翼地区科研人员数量为25806人，占比3.12%；西翼地区科研人员数量为12658人，占比1.53%；山区科技人员集聚数量为17462人，占比2.11%。科技人才的缺乏，进一步制约了非珠三角地区科技创新水平和实力的提高，也导致其经济发展水平落后于珠三角地区。就科技人才集聚规模来说，珠三角地区略高于全省平均水平，为102.72%，这主要是因为科技人才大多聚集于珠三角地区；东翼地区科技人才集聚规模为12.81%，西翼地区科技人才集聚规模为6.74%，山区科技人才集聚规模为8.93%。

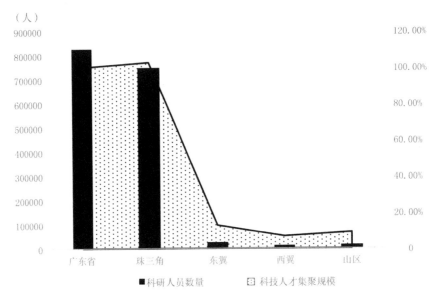

图 4 – 15　2018 年广东省及省内各区域政府主导机构及规模以上企业的科技人员数量与科技人才集聚规模

数据来源：《广东统计年鉴 2020》。

二、与国内其他大中城市比较分析

高新技术企业是指在国家重点支持的技术领域内，如新能源、新材料、信息技术等，持续进行研究与开发，将科技成果转化为现实生产力，具有企业自主知识产权和核心技术的知识密集与技术密集企业。高新技术企业是衡量一个地区科技实力的重要指标，是科技创新的主要来源之一，企业创新是在市场化推动下的创新，且创新的效力较好。高新技术企业是科技人才集聚的载体，因而每个地区都非常重视高新技术企业的发展，其不仅关系到当地经济发展水平、高素质人才就业水平，而且与该地区科技创新实力有较强的正相关关系。为此，各地陆续成立了高新技术产业园、高新技术区等。图 4 – 16 展示了 2019 年我国高新技术企业按行业分类的从业人员占比。从统计结果来看，存在信息服务业一家独大的现象，这与近年来互联网企业蓬勃发展不无关系。其中，信息服务业从业人员占比 71.89%，居于首位，接下来依次是专业技术服务业高新技术服务业（9.83%）、研发与设计服务业（7.64%）、科技成果转化服务业（5.52%）、检验检测服务业（2.87%）、

环境监测及治理服务业（1.43%）、电子商务服务业（0.45%）、知识产权
及法律服务业（0.36%）。

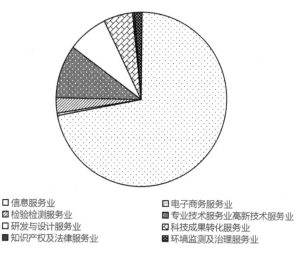

图4-16 2019年我国高新技术企业按行业分类的从业人员占比

数据来源：《中国火炬统计年鉴2020》。

图4-17展示了我国部分大中城市（北京、上海、广州、深圳、天津、重庆、大连、宁波、厦门、青岛、南京、杭州和武汉）高新技术企业从业人员中留学归国人员和具有大专及以上学历人员比重。不难看出，深圳高新技术企业从业人员相对较多，总计达到2425439人，仅次于北京的高新技术企业从业人员（2565435人），约为上海（1784780人）的1.36倍，约为广州（1104003人）的2.20倍；接下来依次是杭州（885373人）、重庆（692590人）、天津（644967人）、武汉（582969人）、宁波（550631人）、南京（516135人）、青岛（382175人）、厦门（324894人）、大连（212039人）。从学历结构来看，深圳高新技术企业从业人员中大专及以上学历人员占比仅为53.50%，而北京则为80.75%，上海为72.17%，广州为61.03%，深圳在北上广深中的排名最末；不仅如此，深圳这一指标数据也低于武汉的75.34%、南京的72.23%、杭州的63.12%、天津的60.88%、大连的56.55%、青岛的54.10%，这其中一个重要原因可能是深圳的高等学校数量较少。在深圳，高等职业院校只有深圳职业技术学院（现改名为深圳职业技术大学）和深圳信息职业技术学

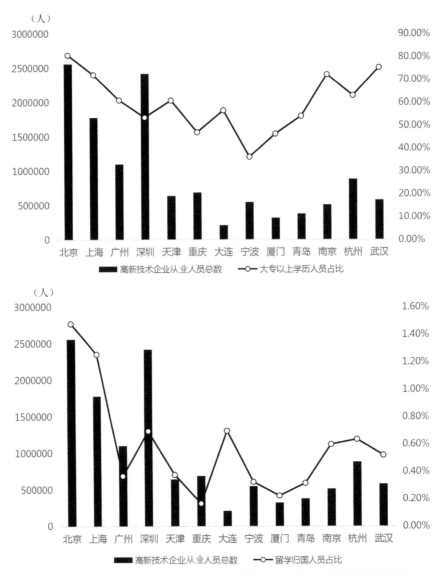

图4－17　2019年我国部分大中城市高新技术企业从业人员总数及其结构

数据来源：《中国火炬统计年鉴2020》。

院，本地建设的高等学校只有南方科技大学、深圳大学和深圳技术大学。深圳高新技术企业在人才招聘上主要依赖从外面引入，虽然可以在高层次高素质人才方面取得效果，但是在大专层次的高技能技术应用人才方面，对人才的吸引力相对较弱，这是深圳人才政策需要倾斜的地方。从留学归国人员占比来看，深圳（0.70%）具有明显的竞争力，仅次于北京（1.48%）和上海（1.26%），比广州（0.37%）要高出接近1倍。

高新技术企业就业人员中科技活动人员与科技产出直接相关，而R&D人员才是科技创新最重要的人才要素。更进一步，我们分析了我国部分大中城市（北京、上海、广州、深圳、天津、重庆、大连、宁波、厦门、青岛、南京、杭州和武汉）高新技术企业科技活动人员以及R&D人员的相关情况，具体如图4-18所示。从高新技术企业科技活动人员数量来看，深圳拥有667903人，排名第二，仅次于北京的909108人，接下来依次是上海（620339人）、广州（315910人）、杭州（273182人），其他城市均低于200000人。高新技术企业中R&D人员是直接负责企业产品设计与研发的，属于科技人员中的核心力量。深圳高新技术企业中有R&D人员417861人，是全国高新技术企业中R&D人员最多的城市，超过北京（280468人）、广州（186779人）和上海（169635人）。这充分表明深圳高新技术企业十分重视研发投入，对科技人才吸引力相对更高。

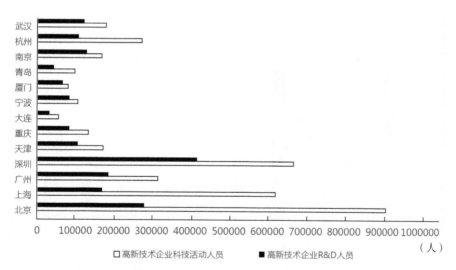

图4-18　2019年我国部分大中城市高新技术企业科技活动人员及R&D人员总数

数据来源：《中国火炬统计年鉴2020》。

从当前的科技人才和科技资金投入以及科技公司集聚的实力来看，深圳均位居全国前列，但是未来要想继续保持科技创新的"桥头堡"地位和抢占制高点，发挥粤港澳大湾区和社会主义先行示范区"双区"优势，那么培育新的科技公司和创新产业无疑是至关重要的。当然，全国其他城市也都看到了这一方面的重要性。孵化器主要是针对初创企业而言的，为了让具有较好应用前景且掌握核心技术的"小而精"公司在初创时期更好地生存与发展，各地陆续建立了多家大大小小的孵化器创新创业平台。同时，为了鼓励"大众创业、万众创新"，各地掀起了创新创业的热潮，各级各类"挑战杯"大赛、创新创业大赛、创业培训活动等陆续开展。深圳是改革开放的热土，自然不能懈怠，图 4 - 19 展示了我国部分大中城市（北京、上海、广州、深圳、天津、重庆、大连、宁波、厦门、青岛）国家级科技企业孵化器在孵企业从业人员数量与创业导师人数。其中，北京国家级科技企业孵化器在孵企业从业人员 113905 人，创业导师 2155 人，排名第一；深圳国家级科技企业孵化器在孵企业从业人员 109431 人，创业导师 1677 人，排名第二；上海国家级科技企业孵化器在孵企业从业人员 47169 人，排名第三；广州国家级科技企业孵化器在孵企业从业人员 36542 人，排名第四。

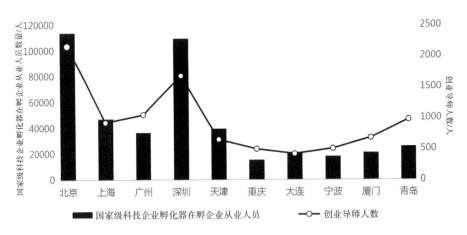

图 4 - 19　2019 年我国部分大中城市国家级科技企业孵化器在孵企业
从业人员数量及创业导师人数
数据来源：《中国火炬统计年鉴 2020》。

创业团队和初创企业同样是衡量区域科技创新潜力的重要指标。图
4-20 展示了我国部分大中城市（北京、上海、广州、深圳、天津、重
庆、大连、宁波、厦门、青岛）的众创空间创业团队人员数量与初创企业
吸纳就业人员数量。由图可知，北京众创空间创业团队人员数量为 67189
人，初创企业吸纳就业人员 158217 人；深圳众创空间创业团队人员数量
为 18557 人，初创企业吸纳就业人员 38098 人；上海众创空间创业团队人
员数量为 9545 人，初创企业吸纳就业人员 41488 人；广州众创空间创业
团队人员数量为 10534 人，初创企业吸纳就业人员 32028 人。这表明深圳
在培育新型科技公司方面政策支持力度相对较大，对科技人才吸引力也相
对较强。

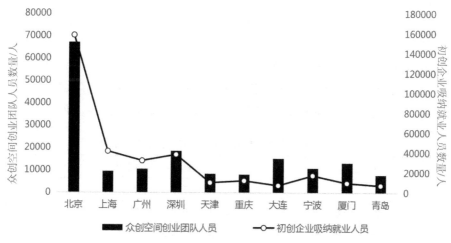

**图 4-20　2019 年全国主要大中城市众创空间创业团队人员数量
及初创企业吸纳就业人员数量**

数据来源：《中国火炬统计年鉴 2020》。

　　总之，深圳无论是在引进人才还是在本土人才的培养方面均与北京、
上海、广州等城市有较大的差距。近年来，随着我国经济的快速发展，特
别是江浙地区，由于有空间硬件以及政策的优势，对人才的吸引力大大增
强。因此，深圳未来在吸引人才方面除了要不断构建和引进高端创新资源
外，还要注重综合创新生态体系的建设，不断完善政策，从实际着手，从
细处出发，营造有利于引进人才、留住人才的发展环境。尽管深圳科技人
才存量相比其他城市有一定的优势，但科学教育资源不足的现实以及土地

资源的缺乏仍然会潜在地影响深圳未来科技人才战略与科技创新成果。

第三节　深圳科技人才政策及其评价

一、深圳科技人才政策

人才是经济社会发展的第一资源，也是创新活动中最为活跃、最为积极的因素。深圳自改革开放以来的实践一再证明，抓人才就是抓发展，强人才就是强实力，没有人才优势就不可能有发展优势、创新优势和产业优势。深圳要加快建设国际科技、产业创新中心，建成现代化、国际化创新型城市，必须坚持人才优先发展，聚天下英才而用之，最大限度地激发人才创新创造创业活力。为此，深圳市政府在 2016 年出台了《关于促进人才优先发展的若干措施》，这也使得近年来深圳高层次人才和专业技术人才不断聚集，形成了具有较强竞争力的人才储备库。

《关于促进人才优先发展的若干措施》内容丰富，涵盖了各层次人才引进、培养、激励与建设等众多方面，主要政策概括如表 4-1 所示。

表 4-1　深圳人才优先发展政策措施与具体实施细则

政策措施	具体的实施细则
（一）实行更具竞争力的高精尖人才培养引进政策	（1）实施杰出人才培育引进计划
	（2）深化和拓展"孔雀计划"
	（3）培育引进高层次创新创业预备项目团队
	（4）加强基础研究人才稳定支持
（二）大力引进培养紧缺专业人才	（1）设置专业人才特聘职位
	（2）优化党政人才队伍专业结构
	（3）吸引集聚金融产业发展需要的专业人才
	（4）加快引进培养城市管理治理专业人才
	（5）加强教育系统专业人才队伍建设
	（6）深入实施医疗卫生"三名"工程
	（7）引进培养高水平人文社科专业人才
	（8）优化企业家成长环境

续表 4-1

政策措施	具体的实施细则
（三）强化博士后"人才战略储备库"功能	（1）增加博士后设站数量
	（2）扩大博士后招生规模
	（3）优化博士后生活服务和科研支持政策
（四）加快培养国际化人才	（1）完善干部出国（境）培训制度
	（2）支持人才和项目国际合作交流
	（3）实施学生国际交流计划
	（4）完善留学人员来深创业资助政策
（五）扎实推进创客之都建设	（1）在中小学校建设创客实践室
	（2）实施创客培养项目资助计划
	（3）壮大各类创客导师队伍
（六）提高技能人才培养水平	（1）大力发展职业技能教育
	（2）推进技能人才培养国际合作
	（3）实施"双元制"职业教育模式
	（4）加大高技能人才培养载体建设力度
	（5）大力弘扬"工匠精神"
（七）加快建设人才培养载体	（1）推进高水平院校和学科建设
	（2）推动高水平科研机构和新型智库倍增发展
	（3）吸引市外技术转移机构来深发展
	（4）引进培育国际学术交流平台
（八）积极创新招才引智工作机制	（1）设立"引才伯乐奖"
	（2）发挥驻外机构招才引智作用
	（3）发挥企业主体招才引智作用
	（4）发挥群团和社会组织招才引智作用
（九）建立完善人才健康顺畅流动机制	（1）实行高层次人才机动编制管理
	（2）支持事业单位科研人员离岗创业
	（3）建立企业家和企业科研人员兼职制度
	（4）放宽科研人员因公出国（境）管理
	（5）鼓励大学生创新创业
	（6）促进人才向基层和艰苦岗位流动

续表 4-1

政策措施	具体的实施细则
（十）深化人才举荐和评价制度改革	（1）建立青年人才举荐制度
	（2）建立高层次人才市场化认定机制
	（3）推进技能人才多元化评价改革
	（4）深化职称制度改革
（十一）强化人才创新创业金融扶持	（1）设立人才创新创业基金
	（2）完善人才创业贷款风险补偿机制
（十二）加大各类人才安居保障	（1）大力建设人才公寓
	（2）完善高层次人才安居办法
	（3）加大中初级人才住房政策支持
	（4）给予新引进人才租房和生活补贴
	（5）创新境外人才住房公积金政策
（十三）优化人才子女入学政策	（1）设立人才子女入学积分项目
	（2）为高层次人才子女入学提供便利
	（3）推进中小学国际合作办学和国际学校建设
（十四）强化人才医疗保障	（1）完善高层次人才医疗保健待遇
	（2）为外籍人才医疗提供便利
（十五）提升服务人才水平	（1）完善联系优秀专家制度
	（2）整合构建统一的人才综合服务平台
	（3）建立高层次人才服务"一卡通"制度
	（4）为外籍人才来深创新创业提供停居留便利
	（5）设立深圳市人才研修院
	（6）强化人才知识产权保护
（十六）加快推进人力资源服务业发展	（1）放宽人才服务业准入限制
	（2）出台人力资源服务业扶持政策
	（3）加大高端猎头机构引进培育力度
（十七）大力推进前海人才管理改革试验区建设	（1）吸引境外专业人士提供专业服务
	（2）完善深港人才交流合作机制
	（3）建立海外人才离岸创新创业基地
	（4）创新前海人才认定和扶持政策

续表4－1

政策措施	具体的实施细则
（十八）完善人才激励措施	（1）改进鹏城杰出人才支持制度
	（2）建立人才荣誉奖项申报激励制度
	（3）加大人才创新创业奖励力度
（十九）建立健全人才荣誉制度	（1）建立特区勋章和荣誉制度
	（2）完善市政府特殊津贴制度
	（3）建立永久性人才激励阵地
（二十）建立健全人才优先发展的保障机制	（1）加强和改进党对人才工作的领导
	（2）积极推进人才管理体制改革
	（3）统筹经济社会发展和人才培养开发
	（4）加快推进人才工作立法
	（5）建立人才政策调查和评价机制

资料来源：深圳市人力资源和社会保障局网站。

表4－2展示了深圳高层次人才评定标准与奖励办法细则，评定标准包括身份、能力和业绩，海外和国内高层次人才等级各分为三类（级），各等级人才享有的人才待遇有一定差异，包括直接奖励、子女入学、安居和配偶就业等方面都有优惠配套政策。

表4－2　深圳高层次人才评定与奖励办法（2016—2021）

指标	海外高层次人才			国内高层次人才		
人才等级	A类	B类	C类	国家级	地方级	后备级
评定标准	（1）通过身份认定，包括学历、职业、职务等					
	（2）通过能力认定，包括表彰奖励、促进就业、纳税等					
	（3）通过业绩认定，包括著作论文、发明创造、专利项目等					
人才激励	（1）按照人才类型，发放奖励补贴160万元～300万元不等					
	（2）协助解决子女入园入学					
	（3）协助解决配偶就业问题					
	（4）发放租房补贴，或者提供人才公租房					

资料来源：深圳市人力资源和社会保障局网站。

二、深圳科技人才政策评价

进入新时代，深圳人才制度发展面临复杂境遇，政策制度优势不再、"大城市病"凸显，并且随着国内其他城市的崛起，科技人才制度与深圳科技创新产业及城市发展定位之间的矛盾进一步凸显。要走出深圳科技人才发展困境，首要的是分析当前人才制度存在的问题。

人才评价制度是指挥科技人才的"指挥棒"，对科技创新人才的发展和创新具有重要的引领作用。合理的评价机制对于激发科技人才的创造力具有决定性作用。当前，深圳科技人才评价制度在准入条件、评价标准、评价内容等方面存在部分问题，我们有必要对这些问题进行系统梳理。

一是准入限制过多影响人才评价政策的实际效果。深圳的人才评价政策主要集中在高层次人才评估政策中，如《深圳高层次专业人才任期评估办法》等；还有一部分存在于与人才扶持及人才认定标准相关的具有评估性质的政策规定中，如《深圳青年创新创业人才选拔支持实施方案》明确提出，要开展方案评估以确保资助有实效，但是并未对具体操作流程做规定。此外，在高层次、高技能人才评价中，要入围人才评估，首先要经过人才确认环节。而人才确认环节存在的限制条件过多，主要包括工作经历、项目主管、成果奖项、年龄等要求，致使科技人才评价对象范围缩小，且部分限制条件并不符合发展现状，这些都将在一定程度上影响人才评估的效果。评价政策在人才评价中对年龄、奖项、时间周期等限制过细，也将影响科技人才的评价效果。科技工作本就是对未知领域的探索，其工作成果体现的周期长短不一，因此，以年龄、奖项作为准入条件并不合理。奖项能在某种程度上代表科技人才的成果贡献，但奖项和成果二者并不能相等同，过多的限制条件会把部分对科技创新发展有实际重大贡献的人才排除在评价范围之外。在评价政策中，一般以年限作为周期考核节点，这可能使得部分科技人才为了按时完成任务而草草结束研究。事实上，科技人才创新发展很难用一个固定的时间段去判断其成果，特别是基础科学研究，由于研究时间长、成果难以预估等，过于强调时间周期显然不利于基础科学人才发展。

二是评价标准过于单一影响评价结果的公平性。深圳人才评价政策不断创新，在覆盖面和评价标准中不再过于拘泥于论文等硬标准。但是，在研读人才评价政策文本过程中，不难看出深圳人才评价政策依然以职称、奖项、论文等评价标准为主，在团队建设、人才德性规范等方面的评价标准相对缺乏。过分强调"硬"指标，在一定程度上并不符合科技人才创新性的要求。在人才评价标准上过分注重"硬"指标，会出现忽视效果、效率与效益平衡的问题。首先，科技创新成果的诞生具有偶然性，过分强调资质、论文成果会把一部分"奇才"阻挡在外，影响人才评价的公正性。其次，在应用研究创新方面应更注重创新成果的经济效应，过分强调理论贡献显然不合理。例如，2017年《深圳市人民政府关于印发深圳市产业发展与创新人才奖实施办法的通知》对候选人资质进行了明确的规范，申请者须为深圳市鼓励发展产业的企业的高层管理人员或者经认定的总部企业中层以上管理人员，等等。但是，企业高层管理人员通常会被行政事务占用过多时间，很难在科技创新一线花费更多时间，导致实质性从事科技创新工作的人员被排斥在外，不能进行奖励申报，激励政策的效果大打折扣。人才评价政策在人才工作中起着重要的引领作用，过于单一化的评价标准会扼杀科技人才创新思维；而过分突出论文成果等标准，则会引导科技创新工作者只注重论文数量而忽视论文质量，并将影响科技人才创新研究的持续性。

三是人才评价体系缺乏德性标准影响评价导向。深圳在人才评价标准方面，逐渐加大了对人才道德审核的力度，如对在过往学术、业绩上弄虚作假的有"瑕疵"人才和过时未申报说明的人才实行一票否决制。但是，在道德评价方面，道德规范内容较简单且没有具体的监督、考核机制。例如，道德规范的内容多为一般性禁止规范，如违反法律法规行为、有不良诚信记录等，这类道德评价难以切实起到规避风险的作用，也难以督促科技人才将道德标准进行内化。此外，在道德评价标准上，缺乏"科学共同体"对科技人才道德规范的要求。随着深圳科技人才数量增加，科技创新领域的竞争越发激烈，要保障科技创新研究底线不被打破，需要科技人才遵循科学有机体基本道德规范要求，进而形成自觉的行为准则习惯。"科学共同体"德性规范标准缺失，极易使科技人才创新走向功利化方向，这种境况如果发生且长期得不到纠正，对于科技人才队伍的发展则是毁灭性的。特别是当前，深圳科技人才数量激增，形成具有群体间共通的道德规范是推动科技人才进一步发展的有效保障。

进入新时代，深圳引才政策发展面临新的矛盾。与改革开放初期不同，深圳引才政策优势不断衰弱、同质化倾向严重。同时，还面临着引才结构不合理、载体建设不完善等问题。

一是引才政策同质化现象严重，优势不突出。深圳科技创新发展面临着人才数量少、质量低、本土人才缺乏、高精尖人才稀缺以及成本上升导致的人才吸引力下降等问题。伴随着国内其他城市的发展，各地政府纷纷推出人才引进补贴政策，深圳在人才引进方面的制度优势不断递减。在各种补贴标准中，"拼资金""拼优惠力度"是一些城市的主要"卖点"。此外，深圳"大城市病"进一步爆发，房价高、交通拥挤、学位紧张等问题突出，与成都和西安相比，近几年深圳的引才优势明显下降。在深圳引才政策方面，依然延续着物质奖励、资助的方式，致使奖励额度不断提高，在深圳各区也存在着引才补贴"追加"现象。盲目的增加引才落户补贴资金，显然不科学、不合理。没有综合评估科技人才发展与城市产业的匹配度，在一定程度上造成了资金和人才资源的双重浪费。

二是引才吸引力与地方真实需求契合度不高。深圳科技产业发展良好，但是在前沿领域核心技术研究方面发展较为缓慢。由于深圳科学研究起步晚、基础弱，高精尖人才数量偏少。此外，深圳在前沿科技理论研究方面存在明显弱势，致使高层次科技创新人才特别是科技领军人才稀缺。为此，深圳在高层次人才引进方面持续加大力度，但与我国主要城市重点城区相比，深圳两院院士、"万人计划"人才数量仍然偏低。深圳引进海外人才起步较早，但引进海外高层次人才的力度低于北京、上海、广州等城市，对海外归国人员吸引优势递减。上海、北京吸纳海外归国人才的比重虽然逐年下降，但仍然保持着人才吸引力的绝对优势。广州、杭州等城市持续发力，成为海外人才的热门工作地，吸纳海外人才的比重逐年上升。当前，深圳处于"前有猛虎，后有追兵"的处境，吸纳海外人才的比重近年来基本没有变化，与深圳建设国际化创新型城市目标明显存在差距。深圳人才发展的特色之一就是"年轻化"，但是随着其他城市的崛起，深圳对年轻人才的吸引力逐年下降。在引才政策上，深圳对青年科技人才重视程度依然较低。青年人才数量流失和结构单一化对深圳科技人才的储备造成不利影响。

三是引才载体建设的系统性前瞻性明显不足。目前，深圳科技人才载体包括高校、科研机构、研究所、研究院、科技园区人才孵化基地等。载体内容多、数量大，在一定程度上为深圳各项专项人才和产业发展提供了良好的平台。但是，深圳载体平台很大程度上依靠制度扶持发展，在创新载体建设和运用上往往采取申报制度，自身生存能力偏弱，载体平台市场化机制建设还不成熟。深圳部分引才载体建设存在发展目标趋同、方向调整申报烦琐等问题。在载体管理方面，深圳采取的是申报补贴方式，为此，部分平台往往对创业主体和创业人员的关注度并不高。此外，载体平台市场化机制不充分，对市场方向的判断能力较弱，致使载体平台效用递减过快，在一定程度上造成了资源浪费。在高层次人才引进方面，深圳更加偏向"筑巢引凤"载体建设，而忽略了注重人才发展实际需求的"引凤筑巢"载体建设。"筑巢引凤"强调"硬条件"，即在经济、资源、政策等方面搭建载体平台，以优越的条件吸引人才。但是，随着"人才大战"的蔓延，各地"筑巢引凤"载体建设内容和规格大同小异，而进一步依据人才需求，改进科技创新平台则成为高层次人才引进的重点。

人才引进的目的，在于通过科技人才效用的发挥，推动科技创新实力的提升。而合理有效的激励机制既是激励科技人才充分发挥效用的重要措施，也是推动人才扎根发展的长效举措。目前，深圳人才激励措施存在的问题主要有以下三点。

一是人才激励措施与科技创新行为的关联度有待提升。当前，在深圳人才奖励方面存在着两方面比较突出的问题，一方面由于科技人才贡献与价值分配的管理制度缺失，部分科技人才的成果价值得不到体现；另一方面，由于在管理制度中，规定过细、限制条件过多，一部分有突出贡献的科技创新人员科研成果与价值贡献不匹配，阻碍了科技人才发展动力。例如，在科研经费、劳务经费和贡献奖励等方面均有严格限制，致使科技人才成果产出与价值回报之间关联性不强。深圳部分人才激励政策依然围绕学术成果、获奖及职称等方面展开，把部分青年科技人才限制在"门外"，不利于应用型科技人才的成果得到相应的奖励，这在一定程度上阻碍了科技人才潜力的激发。此外，深圳人才激励制度的部分条款存在过分强调集体奖励，对科技人才个人实际贡献值考虑偏少的问题，由此均等化的价值分配，削弱了科技人才与成果转化之间的分配关联度，同时也削弱了科技人才的积极性。

二是人才激励措施的协调性及可持续性有待完善。一次性物质奖励是深圳当前各项人才政策中的主要激励手段，这种方式导致了激励政策的短期化和单一化。深圳在人才激励方面的不协调、不可持续问题是由激励手段导致的。一次性奖励往往催生科技人才追求"短效"的研究目标，一个项目还没结束又开始赶下一个项目，长此下去科技人才将难以在专业领域深入发展，更难以实现专业领域的突破。在某种程度上，这种激励手段不仅造成了人才和科技创新资源的双重浪费，而且阻碍了科技创新事业的发展。深圳人才奖励政策中缺乏关注持续增长潜力的激励政策，缺乏对阶段性成果的激励，对人才难以起到持续激励的作用。此外，激励政策的联动性不强，缺乏能有效调动政府、企业、社会的奖励投入机制，往往造成资助项目"烂尾"。再者，在奖励政策主导方面，深圳人才激励政策以政府为主导、以企业为主体，缺乏能联动政府、企业、社会的管理措施，这在一定程度上造成了激励过度集中、重复奖励等现象的出现。

三是人才激励措施过度依赖物质奖励，亟待改善。一般来说，物质奖励措施有着直接、易操作以及见效快的特点，各地首选它作为激励手段有其合理之处，但物质奖励的规模和方式还需要科学规划。深圳在人才引进和人才激励等方面过度依赖推崇物质奖励，物质奖金额度逐年提高，这种方式可能完全破坏区域内的人才生态。脉冲式的物质激励措施极易导致新进人才与本土专家的对立、高层人才与中低层人才的隔阂，这种伤害是潜在的但又难以消除。因此，需要提高管理技巧，制度设计上更注重适度和多元化。物质奖励的普遍化导致了物质奖励效用的递减，而面对效用递减的情况，只能不断提高物质奖励的标准。这一点通过比较深圳人才激励政策可以看出，深圳在人才激励方面奖金金额逐年提升。另外，单靠物质奖励来激励人才实际是违背科技人才的成长规律的，也是不可持续的。例如，给予一定金额的启动资金或是创业奖励，能吸引到人才团队，但这个团队能不能在一个健康的环境中成长，能否"扎根"，与物质性奖励的关系密切度往往不强。随着社会生活水平提升，科技人才对自身价值认可的需求不断提高，科技人才开始注重精神激励和个性化的需求，物质奖励对科技人才的吸引力不断下降。

随着城市的发展，保障政策的质量本应不断提高，但是深圳高房价、高物价等问题已影响到保障政策的质量。由于生活保障政策难以满足人才发展需求、部分保障政策不合理，科技人才选择在深圳定居的意愿不断减弱，人才保障政策的质量问题成为科技人才政策调整的重点。

一是生活住房类保障措施与经济发展有脱节。深圳的高速发展也带来了相应的"大城市病"，高房价、交通拥堵、教育资源紧张等问题不断发酵，加上房价、教育、医疗等民生问题矛盾突出，人才"外逃"现象明显。目前，深圳的生活保障政策中住房保障问题突出，住房保障措施不能充分满足科技人才的多元需求，人才对于住房政策的满意程度明显偏低。比如，住房的分配机制不完善。按照规定，深圳高层次人才可直接申请人才住房，但是公租房的区位和面积等并不能满足这些高层次人才的真实需求。不过，此类高层次人才的人数毕竟有限，住房难问题尚易被解决。而最广大的中初级人才（其中很多的青年人因为资历尚浅，还不能被认定为高层次人才），只能通过个人"轮候"才可以申请保障性住房（针对符合条件的全体户籍居民）或通过市、区级重点企事业单位定向配租（售）来解决。由此可见，住房保障政策缺乏适配性。此外，随着深圳人口体量的增加，科技人才住房保障需求与供应量之间存在差距。

二是服务支撑政策的设计不合理影响获得感。人才服务是持续推动人才发展的保障性措施。尽管深圳人才配套设施环境良好、激励体系完善，但是专业化人才服务保障措施缺乏，人才服务支撑难以跟上深圳建设"国际型创新城市"的要求。在社会生活中，对科技人才的专项划分和服务还不普遍，专业的人才服务机构发展较为缓慢。此外，服务市场产业化发展步伐放慢，进一步阻碍了专业化服务机构的发展。伴随着本土高科技产业国际化的发展，国际化人力资源服务建设水平急需提高。深圳专业社团活力不强，主要以单位企业为主，但全市成规模的科技专业社团数量还较少，并且在社团管理中，缺乏常驻专业性指导部门，社团服务咨询往往形同虚设。再者，科技人才交流讲座、科技创新类展会等活动与需求量相比还是偏少，且覆盖面不均匀。在人才管理服务中，深圳实现了覆盖人才管理等多方面的电子在线服务平台，但是政府部门在人才公共服务中过多的行政审批事项容易造成科技人才在时间、精力上的浪费。

三是区域文教环境与科技人才需求仍有差距。随着"人文城市"的兴起，区域文教环境对于科技人才持续创新发展具有重要的保障作用，教育和文化氛围也成为科技人才关注的重点。深圳教育发展的一大特点是"起步晚、速度快"，教育缺口一直较大。深圳城市人口体量庞大，导致学位紧张，公办中小学学位缺口较大，人均拥有教育资源量与北京、上海等城市相比差距较大。深圳实行的人口户籍化政策推动了市内户籍人口的比例大量提升，使更多流动人口成为户籍人口并定居在深圳，同时异地中高考政策推动大部分流动人口选择让子女在深圳接受教育，加大了深圳基础教育资源分配的压力。此外，高端基础教育的缺乏也难以吸引高层次人才

"驻扎"。在高等教育建设方面，深圳大量引入高等教育研究生院，并与香港中文大学合作创办分校，高校的数量迅速提升。但与北京、上海、广州相比，深圳高校的数量和质量仍然偏低。

第五章 深圳科技创新比较
分析与综合评价

第一节 深圳科技创新主体比较分析

一、科技企业

当前，深圳的总部企业集聚势头强劲。总部经济是产业链的高端形态，蓬勃程度反映一个城市的核心竞争力。深圳总部企业的数量超过1000家，打造形成了福田中心区、后海中心区、留仙洞片区、深圳湾总部企业集聚区、龙华核心区、龙岗坂田数字基地、龙岗大运深港国际科教城七大总部经济集群。随着特区一体化进程的加快，总部经济也呈现遍地开花的态势，宝安区、光明区、龙岗区、坪山区也分散式分布着不少总部企业。深圳本土企业成为总部经济的中坚力量是深圳总部经济的一大特点。目前，深圳总部企业大部分为本土企业，通信领域的华为、中兴通讯，互联网领域的腾讯，金融领域的招商银行、平安集团，房地产业的万科、金地等纷纷成为行业领跑者。改革开放40余年来，深圳吸引了大批企业扎根，多家知名企业在这里诞生、成长、壮大。数据显示，深圳每千人拥有企业159家。截至2020年，深圳有8家企业上榜世界500强，成为粤港澳大湾区世界500强企业最多的城市。此外，截至2020年，深圳拥有科技型企业超过3万家，国家高新技术企业总量超过1.7万家，对比2014年激增逾万家，居广东省第一、全国大中城市第二，仅次于北京。深圳高新技术产业产值从1979年的零起步，到2019年达到2.63万亿元，高新技术产业增加值9231亿元，实现跨越式发展。①

---

① 数据来源：《深圳统计年鉴2021》。

北京社会科学院中国总部经济研究中心发布的 2020 年中国内地 35 个主要城市总部经济发展能力，其排名是按照基础条件、商务设施、研发能力、专业服务、政府服务和开放程度等指标确定的，并将计算结果划分为四个能级，其中北京、上海、广州和深圳为第一能级。总体来看，内地区域性中心城市的总部经济发展能力逐渐提升。除北京、上海、广州和深圳等大城市总部经济发展较好，持续居第一能级外，一些区域性中心城市如杭州、南京、天津、成都、武汉、青岛等，其总部经济发展优势较为明显，成为各自所在区域总部企业的重要集聚地。

此外，龙头企业带动作用强化。深圳各行业大量的龙头企业也成为行业经济发展的坚实力量。如互联网领域的神马动力、新海动力、易宝、金地、单仁资讯、中农网、中青宝等，文化创意产业领域的火狼设计、英迈思、大典工业设计等，物联网领域的远望谷、国民技术、科陆电子、宏电技术、捷顺科技、键桥通讯等，LED 领域的瑞丰、雷曼、极成光电、晶蓝德、茂硕、朗科等，生物医疗领域的安多福、倍立泰、理邦精密仪器、先健科技等。以上仅列出了深圳极小部分产业的龙头企业，深圳众多细分产业领域广泛存在着出色的龙头企业，它们在完善产业链、产业技术攻关、产业标准制定等方面均起到至关重要的作用。

企业是技术创新的市场主体，尤其是广泛大量存在的中小微企业，在衔接产业链、产业技术创新、商业模式创新、新兴产业发展方面发挥着不可替代的作用。根据《2022 年度中小企业发展环境评估报告》数据显示，深圳共有 246 万户企业，99% 以上是中小企业。中小微科技企业的发展态势强劲，科技创新的活力进一步凸显。在深圳广大中小微科技企业组织形态中，体现现代产业组织体系的重要一环是产业的集聚度，科技园区是其表现形式。科技园区可以在一定程度上实现产业按规划集聚发展，相应的产业链条围绕园区布局，服务链条也随之发达，创新生态体系进而得到完善。目前，深圳各区存在二三十个大大小小的创新产业园区，深圳赋予战略性新兴产业以深圳工业升级突破口的新要求，超前布局产业资源，重点促进生物、互联网、新能源、新材料、新一代信息技术、文化创意等战略性新兴产业发展，推进建设 14 个战略性新兴产业基地（大沙河创新走廊研发及总部基地、深圳湾区战略新兴产业总部基地、留仙洞新兴产业总部基地、坝光新兴产业基地、华为科技城新一代通信产业基地、光明新型平板显示产业基地、深圳软件产业基地、坪山深圳国家生物产业基地核心区、现代农业生物育种创新示范区、蛇口互联网产业基地、龙岗核电产业基地、坪山新能源汽车产业基地、阿波罗未来产业基地、平湖金融基地）、11 个产业集群区（罗湖莲塘互联网产业集群区、盐田大梅沙成坑基因产业集群区、光明太阳能产业集群区、南山智能电网产业集群区、福田国际电子商务集聚区、光明电子信息材料产业集群区、坪山动力电池材料产业集群区、华侨城创意文化产业集群区、大芬村油画集聚区、深圳创意信息港、深圳航空航天产业集群区）。

二、高等院校

据深圳市教育局公开信息，截至 2019 年，深圳共有高等院校 13 所，包括：深圳大学、南方科技大学、深圳技术大学、香港中文大学（深圳）、深圳北理莫斯科大学、哈尔滨工业大学（深圳）、深圳职业技术大学、深圳信息职业技术学院、清华大学深圳国际研究生院、北京大学深圳研究生院、暨南大学深圳旅游学院、广东新安职业技术学院、深圳广播电视大学。图 5-1 展示了 2015—2019 年深圳普通高等教育基本情况。2015—2017 年深圳普通高等学校共有 12 所，2018 年深圳普通高等学校新增加 1 所，达到 13 所。2015—2019 年深圳普通高等学校专任教师稳步增加，2015 年全市专任教师 4826 人，到 2019 年达到 6999 人。与此同时，普通高等学校在校学生数量稳步增长，从 2015 年的 90511 人增加到 2019 年的 113214 人，招生数量和毕业生数量也基本呈增长态势。

在高水平研究型大学建设方面，深圳与北京、上海和广州有较为明显的差距。在国家"双一流"建设高校名单中，深圳没有一所高校入围。图 5-2 展示了 2019 年北上广深一流大学建设高校与一流学科建设高校情况。其中，北京一流大学建设高校有 8 所，一流学科建设高校有 26 所；上海一流大学建设高校有 4 所，一流学科建设高校有 10 所；广州一流大学建设高校有 2 所，一流学科建设高校有 3 所。在深圳市政府的大力支持下，深圳大学、南方科技大学、香港中文大学（深圳）、哈尔滨工业大学（深圳）现均具有较强的科研实力，研究水平与"双一流"高校相当。

三、科研机构

深圳市科技创新委员会的官方网站数据显示，深圳科研机构共超过200 家，以 4 所培育研究生的院校为主，含部分内地大学深圳研究院、深

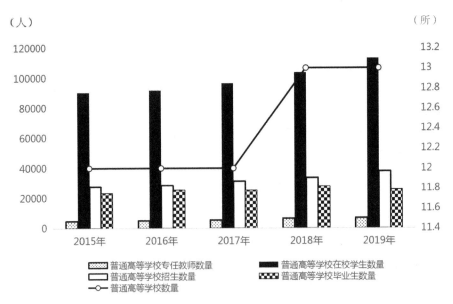

图 5 - 1 2015—2019 年深圳普通高等教育基本情况

数据来源：《深圳统计年鉴 2020》。

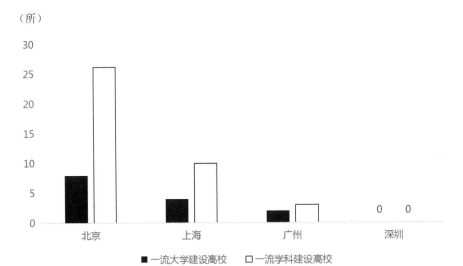

图 5 - 2 2019 年北上广深一流大学建设高校与一流学科建设高校情况

数据来源：百度百科。

圳著名三甲医院以及华大基因、光启在内的新型科研机构。结合深圳特色和实际，在此重点介绍新型科研机构。新型科研机构以市场需求为导向，融合"科学发现、技术发明、产业发展"全链条创新模式，是深化科技体制改革的标杆。新型研究机构以深圳清华大学研究院、中国科学院深圳先进技术研究院、深圳华大基因研究院、深圳光启高等理工学院 4 家最为典型。虽然研究领域各异，但都具有共同的特征，如在机构定位上都是促进科技与产业的结合，在组织运行机制上都大胆创新，引入资本要素、进行商业模式创新，聚焦核心研究领域、注重学科交叉融合，等等。新型科研机构在深圳政府的大力支持下，经过多年发展不断壮大，可谓硕果累累。深圳清华大学研究院目前已形成研发、孵化、科技金融、园区基地、人才培养、国际合作互动发展的创新模式，深圳清华大学研究院还形成了特色的孵化体系——产业链孵化，目前已孵化上千家企业，不少企业已经成功上市。华大基因和光启更是成绩斐然。华大基因已在《自然》《科学》等世界顶尖学术期刊上发表科研论文超过百篇，既在基础研究方面与世界同步，又在产品方面形成了可观的市场效益。2012 年，华大基因研究院执行院长王俊入选《自然》杂志评选的科学界年度十大人物。2013 年初，华大基因入选麻省理工《科技创业》2013 年全球最具创新力 50 强企业。

当前，世界各国纷纷加大对先进科技研究的投入，力求抢占核心技术制高点。2020 年全球在量子计算、机器人、人工智能、生物科技等领域取得突破性进展。新一轮技术革命蓄势待发，全球科技创新进入密集活跃期。颠覆性、突破性的科技成果正在创造新的产业形态，信息技术、新能源、新材料、生物技术逐渐应用于各个领域，人工智能、大数据、云计算、机器人与传统行业加速融合，科技成果推动全球经济进一步向前发展，全球科技发展格局正在重塑。如图 5-3 所示，根据《2020 中国硬科技创新白皮书》对全国主要大中城市科研机构的科技创新指数排名，深圳科研人才指数在全国水平并不高，科研人才指数得分仅为 21.05，不仅在北上广深四个城市中排名靠后，而且得分比武汉、杭州、西安和成都等城市低。这与深圳高等学校较少有一定的关系，尤其是从事基础研究的科研人员相对较少。深圳科研机构的高新技术产出指数为 48.54，北京科研机构的高新技术产出指数为 80.72，上海科研机构的高新技术产出指数为51.76，广州科研机构的高新技术产出指数为 42.75，由此可以看出，深圳科研机构高新技术产出指数并不低。至于科研机构的科技创新环境指数，深圳的数据并不理想，得分仅为 21.28，同期北京科研机构的科技创新环境指数为 97.02，上海科研机构的科技创新环境指数为 51.06，广州科研机构的科技创新环境指数为 36.76。

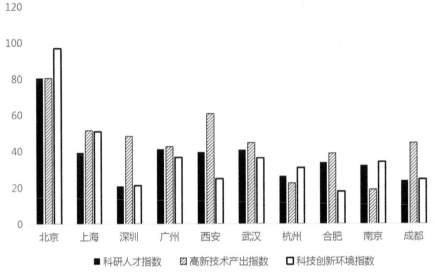

图 5－3　全国主要大中城市科研机构创新指数比较

数据来源：《2020 中国硬科技创新白皮书》。

第二节　深圳科技创新活动比较分析

一、基础研究

　　基础研究是创新的源泉，加强基础研究可以有效提高深圳的原始创新能力。深圳市委、市政府高度重视基础研究在区域创新体系建设中的重要作用，在经费投入、人才培育、科研平台、政策环境建设等方面采取了一系列重大举措，推动深圳基础研究工作健康稳步发展。近年来，深圳持续创新资助模式，加大基础研究人才培养力度，项目支持上有意识向青年科研人员倾斜，以培养青年科技人才的独立研究能力和创新能力，与此同时，项目资助有意识向优势学科和重点研究领域布局。另外，深圳充分利用"深港创新圈"的优势，加强深港两地的科研合作，推动两地在教育、科研、人才培养方面的交流与合作，提升基础研究能力。

中共中央、国务院印发的《粤港澳大湾区发展规划纲要》，把建设"具有全球影响力的国际科技创新中心"作为粤港澳大湾区战略定位之一。该文件指出，深圳作为经济特区、全国性经济中心城市和国家创新型城市，要发挥创新链与产业链方面的优势和敢闯敢试的冲劲，"努力成为具有世界影响力的创新创意之都"。从北京、上海和深圳三大科技创新中心的战略定位看，北京的优势在于基础研究，重在服务基础科学创新和全国发展大局；上海的优势在于市场化、国际化，重在体制机制突破和参与国际竞争；深圳的优势在于市场化、产业化，重在产学研融合和创新型产业发展。北京高校云集、科研机构众多，形成了强大的科研人才培养能力；上海教育资源丰富，城市配套服务完善，体现了较强的人才聚集效应；深圳创新型人才主要集聚在各类企业中，形成了独特的以应用为导向的创新型人才储备和培养模式。从高校数量上看，北京和上海具有明显优势。从高校学生人数来看，北京和上海遥遥领先深圳。2020 年，北京高校在校人数共 97.7 万人，毕业生数 24.8 万人，在校人数和毕业生数均遥遥领先；上海高校在校人数共 69.12 万人，毕业生数 13.42 万人；深圳高校在校学生数共 9.67 万人，毕业生数 2.53 万人。从院士人数来看，2020 年北京共有 830 名院士，占全国院士总数的 47.24%；上海共有 179 名院士，占全国院士总数的 10.19%；深圳共有 46 名院士，占全国院士总数的 2.62%。① 由上述数据可见，北京占据绝对优势，远高于上海和深圳。得益于央地协同对原始创新的长期强有力支持，北京在 R&D 投入和基础研究等产业链前端优势明显；上海 R&D 投入和基础研究发展较为均衡；由于教育资源相对薄弱，深圳在研究经费投入方面力度不小，但基础研究投入方面略显不足。

在科研院所不足、学术交流氛围不浓的形势下，深圳积极引导高校、

① 《北上深科技创新比较：谁能执中国创新之牛耳？》，见中国高新网（http：//paper.china-hightech.com/pc/content/202107/05/content_43261.html）。

科研机构从国际及国家的高度开展基础研究，不断拓展创新思维，力争把深圳基础研究国际科技合作与交流推向更高水平。

二、R&D 经费

科技企业是技术研发的主体，R&D 是科技企业存在的灵魂，是保持其先进性的核心力量。在 R&D 经费投入方面，2019 年北京 R&D 经费投入金额为 2233.6 亿元，上海为 1524.6 亿元，深圳为 1328 亿元。从各地区来源于政府部门的 R&D 经费占比看，北京为 49.2%，比全国整体水平高 29%；上海为 34.7%，深圳为 5.8%。但需要指出的是，深圳企业创新主体地位突出，突出体现为"四个 90%"：90% 以上的研发人员集中在企业、90% 以上的研发资金来源于企业、90% 以上的研发机构设立在企业、90% 以上职务发明专利来自企业。

图 5-4 展示了 2019 年我国部分大中城市高新技术企业科技活动经费及 R&D 经费内部支出。从科技活动经费内部支出来看，深圳排名第三，仅次于北京和上海；而从 R&D 经费内部支出来看，深圳为 132980226 千元，排名全国第一，高于北京（103202324 千元）、上海（57117145 千元）和广州（54420243 千元）。这表明深圳科技企业具有较强的实力和规模，在科技研发经费方面投入巨大。

如图 5-5 所示，2015—2019 年深圳 R&D 经费支出逐年稳定增长，2015 年深圳 R&D 经费支出占 GDP 比重为 3.97%，随后逐年增长，2019 年深圳 R&D 经费支出占 GDP 比重为 4.93%。这表明相较于经济增长，深圳在 R&D 经费支出投入增长速度更快。从 R&D 经费支出占 GDP 比重这一指标来看，2019 年，北京 R&D 经费支出占 GDP 比重为 6.31%，排名第一；深圳为 4.93%，排名第二；接下来依次是上海（4.00%）、杭州（3.45%）、武汉（3.21%）、广州（2.87%）。

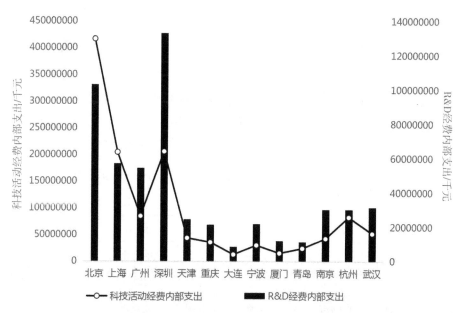

图5-4 2019年我国部分大中城市高新技术企业科技活动经费及R&D经费内部支出

数据来源：《中国火炬统计年鉴2020》。

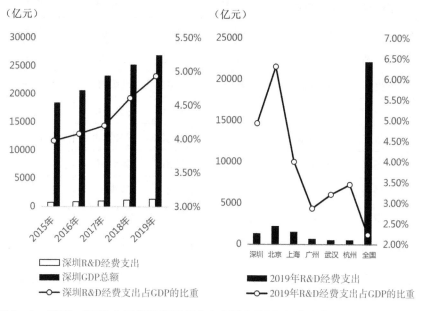

图5-5 2015—2019年深圳及我国部分大中城市R&D经费支出及其占GDP比重

数据来源：《中国火炬统计年鉴2020》。

第三节　深圳科技创新成果产出比较分析

科技创新能力是评价城市科技综合实力的主要指标。根据福布斯中国网站公布的 2017 年与 2018 年中国创新力最强的 15 个城市的创新能力排名，深圳连续两年排名全国第一。这充分彰显了深圳的科技创新实力。

表 5-1　2017 年与 2018 年中国创新力最强的 15 个城市创新能力排名

排名	2017 年			2018 年		
	城市	级别	省/直辖市	城市	级别	省/直辖市
1	深圳	单列市	广东	深圳	单列市	广东
2	北京	直辖市	北京	北京	直辖市	北京
3	上海	直辖市	上海	苏州	地级市	江苏
4	苏州	地级市	江苏	上海	直辖市	上海
5	广州	省会城市	广东	广州	省会城市	广东
6	成都	省会城市	四川	珠海	地级市	广东
7	芜湖	地级市	安徽	东莞	地级市	广东
8	杭州	省会城市	浙江	中山	地级市	广东
9	合肥	省会城市	安徽	杭州	省会城市	浙江
10	重庆	直辖市	重庆	南京	省会城市	江苏
11	绍兴	地级市	浙江	昆山	县级市	江苏
12	昆山	县级市	江苏	佛山	地级市	广东
13	青岛	单列市	山东	成都	省会城市	四川
14	无锡	地级市	江苏	宁波	地级市	浙江
15	西安	省会城市	陕西	无锡	地级市	江苏

数据来源：福布斯中国官网。

一、直接经济产出效果比较分析

科技创新从本质上还是要为经济增长服务，经济高质量增长依赖于科技创新，科技创新最直接的成果就是提高生产力，促进经济高速发展。深圳是科技创新之城，科技企业产出效率高、基数大，从广东省范围来看，深圳具有明显的竞争力。

图5-6展示了2018年与2019年广东省21个地级市规模以上高新技术企业新产品销售收入。由图可知，深圳2018年规模以上高新技术企业新产品销售收入120512172.4元，2019年规模以上高新技术企业新产品销售收入142386906.3元，同比增长18.15%，深圳新产品销售收入在广东省排名第一。东莞新产品销售收入在广东省内排名第二，其中，2018年规模以上高新技术企业新产品销售收入90096775.9元，深圳约为东莞的1.34倍；2019年规模以上高新技术企业新产品销售收入91549451.7元，深圳约为东莞的1.56倍。这表明深圳在新产品研发成果方面占据显著优势。

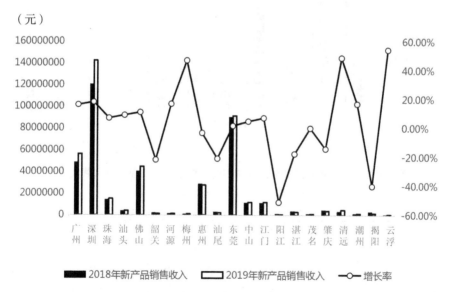

**图5-6　2018年与2019年广东省21个地级市规模以上高新技术企业
新产品销售收入**

数据来源：《广东统计年鉴2020》。

从全国范围来看，深圳高新技术企业工业产值与营业收入同样具有显著的优势。图 5 - 7 展示了 2019 年我国部分大中城市高新技术企业工业产值和营业收入。通过比较，可以发现深圳高新技术企业工业总产值在全国范围内是最高的。2019 年，深圳高新技术企业工业总产值为 2212260452 千元，排名全国第一，比排名第二的上海（1372501950 千元）高出 60% 以上。这表明深圳高新技术企业生产能力强劲，发展水平较高。而从高新技术企业营业收入来看，北京排名第一，上海、深圳次之，且二者相差不大。这也从侧面反映了深圳高新技术企业主要依托市场化配置资源，在产品附加值方面具有显著优势。

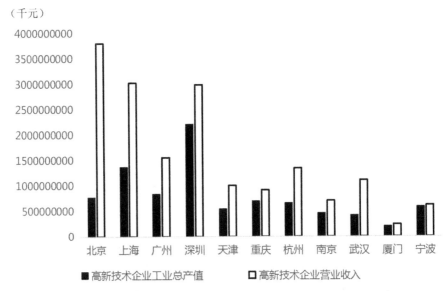

图 5 - 7　2019 年我国部分大中城市高新技术企业工业产值和营业收入
数据来源：《中国火炬统计年鉴 2020》。

深圳高新技术企业规模效应明显，覆盖大部分产业链，在全球化竞争中具有一定优势，而且深圳高新技术企业外向型经济明显，高新技术企业生产的产品出口份额较大。图 5 - 8 展示了 2019 年我国部分大中城市高新技术企业出口总额、上缴税费及净利润。从统计结果来看，2019 年深圳高新技术企业出口总额在全国排名第一，净利润排名第一，但是上缴税费低于北京和上海。究其原因，可能是由于深圳高新技术企业产品以出口为主，自营改增以来，国家为鼓励出口，对出口商品免缴增值税，这在增加深圳高新技术企业利润方面形成了一定的积极效应。

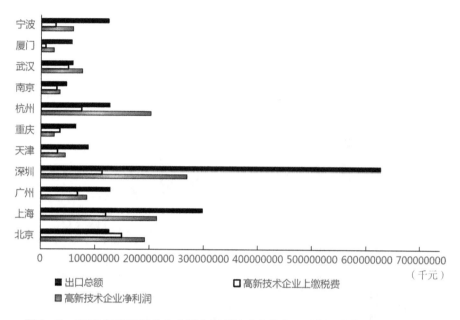

图5-8 2019年我国部分大中城市高新技术企业出口总额、上缴税费及净利润
数据来源：《中国火炬统计年鉴2020》。

从技术合同成果来看，深圳高等学校和科研院所发展相对滞后，主要依赖引入其他地方高校毕业生和输入全国高新技术。图5-9展示了我国部分大中城市输出技术、吸纳技术合同数与成交金额。从输出技术合同数来看，2019年，北京输出技术合同数共83171项，在全国排名第一；相比而言，深圳输出技术合同数仅为10476项，在北上广深四城市中排名倒数第一。从输出技术合同成交金额来看，深圳也没有明显优势。输出技术合同占优的城市还有南京和武汉，这两个城市都有较为丰富的高等教育资源。但从吸纳技术合同数来看，深圳就具有较明显的优势了。2019年，深圳吸纳技术合同数共24484项，仅次于北京和上海，高于同期的广州、南京和武汉。

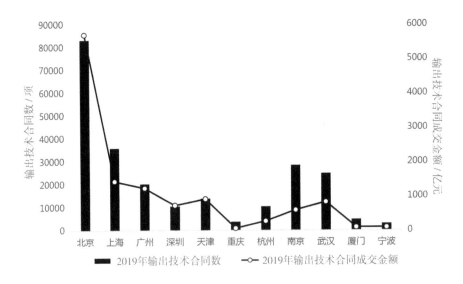

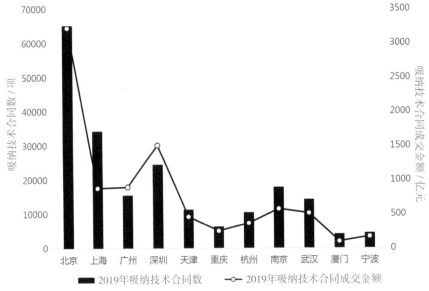

图 5-9 2019 年我国部分大中城市输出技术、吸纳技术合同数与成交金额
数据来源：《中国火炬统计年鉴 2020》。

二、专利与商标产出比较分析

科技创新成果并不直接推动经济增长，而是通过技术专利权垄断获得技术创新带来的超额利润。技术专利有发明专利、实用新型专利和外观设计专利三种，其中发明专利是对产品彻底的全新创造，因而价值相对较高，难度也最大。另外，技术专利的申请和授权是分开的，只有授权后的技术专利才可以产生法律效应。图 5－10 展示了 2019 年和 2020 年我国部分大中城市国内发明专利申请量。通过对比发现，深圳发明专利申请量排名第二，仅次于北京。2019 年，北京国内发明专利申请量为 129930 件，排名第一；深圳国内发明专利申请量为 82820 件，排名第二。2020 年，深圳国内发明专利申请量延续增长的态势，比 2019 年上涨 5.37%，排名仍居第二。由此可见，深圳在技术专利申请方面走在全国前列。

（件）

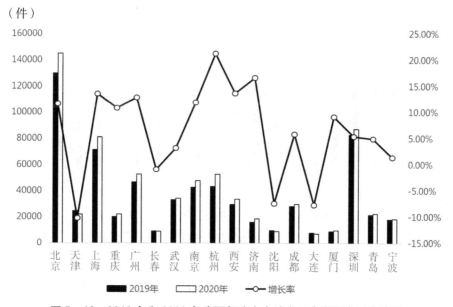

图 5－10 2019 年和 2020 年我国部分大中城市国内发明专利申请量
数据来源：《2020 知识产权统计年报》。

实用新型专利是指对产品的形状、构造或者其结合所提出的适于实用的新的技术方案。实用新型专利的创造性要求和技术水平要求较发明专利低，但是价值大，在这个意义上，实用新型专利有时也被人们称为小发明或小专利。图 5－11 展示了 2019 年和 2020 年我国部分大中城市国内实用新型专利申请量。就申请数量而言，深圳在 2019 年和 2020 年均排名第一，2019 年深圳实用新型专利申请量为 113798 件，2020 年深圳实用新型专利申请量为 146305 件，同比增长 28.57%；排名第二的是广州，2019 年广州实用新型专利申请量为 81850 件，2020 年广州实用新型专利申请量为 121174 件，同比增长 48.04%；排名第三的是上海，2019 年上海实用新型专利申请量为 80604 件，2020 年上海实用新型专利申请量为 104791 件，同比增长 30.01%。

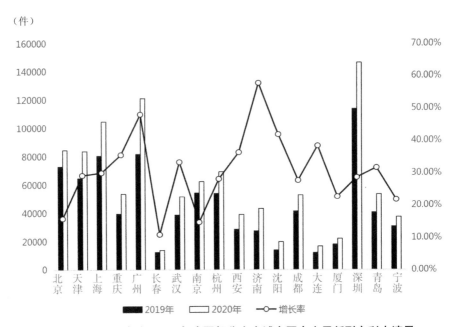

图 5—11　2019 年和 2020 年我国部分大中城市国内实用新型专利申请量

数据来源：《2020 知识产权统计年报》。

外观设计专利是指对产品的形状、图案或其结合以及色彩与形状、图案的结合所做出的富有美感并适于工业应用的新设计。图 5—12 展示了 2019 年和 2020 年我国部分大中城市国内外观设计专利申请量。就 2020 年的增量而言，广州和西安的波动非常明显：2019 年广州的外观设计专利申请量 48919 件，2020 年广州的外观设计专利申请量 74621 件，同比增长 52.54%；2019 年西安的外观设计专利申请量 15073 件，2020 年西安的外观设计专利申请量 4235 件，同比下降 71.90%。2019 年，深圳的外观设计专利申请量为 64821 件，高于其他城市，同期北京的外观设计专利申请量仅为 23162 件，上海的外观设计专利申请量仅为 21584 件。2020 年，广州的外观设计专利申请量大幅增加，超过深圳，排名第一，但从整体上与深圳接近。

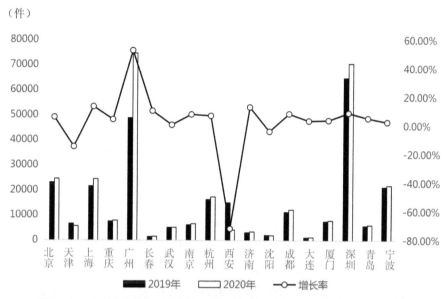

图 5 - 12　2019 年和 2020 年我国部分大中城市国内外观设计专利申请量

数据来源：《2020 知识产权统计年报》。

更进一步，从国内专利申请来源类型来看，如图 5 - 13 所示，2020 年国内发明专利申请量最高的是北京。2020 年，北京国内发明专利申请量合计 145035 件，其中来自高等院校的发明专利申请量为 18000 件，占比 12.41%；来自科研机构的发明专利申请量为 18484 件，占比 12.74%；来自企业的发明专利申请量为 101971 件，占比 70.31%；来自事业单位的发明专利申请量为 2263 件，占比 1.56%；来自个人的发明专利申请量为 4317 件，占比 2.98%。相比而言，2020 年深圳国内发明专利申请量合计 87267 件，其中来自高等院校的发明专利申请量为 2987 件，占比 3.42%；来自科研机构的发明专利申请量为 1977 件，占比 2.27%；来自企业的发明专利申请量为 77823 件，占比 89.18%；来自事业单位的发明专利申请量为 439 件，占比 0.50%；来自个人的发明专利申请量为 4041 件，占比 4.63%。通过对比发现，北京和深圳发明专利申请量均主要来自企业，但深圳来自企业的发明专利申请量占比要比北京的高得多，这符合深圳当前的科技创新主体结构现状。

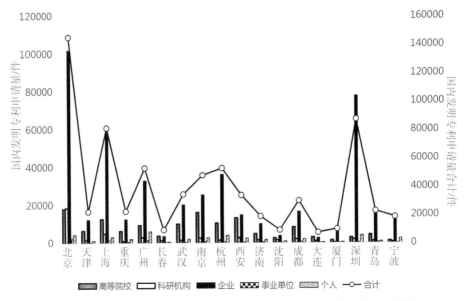

图 5 – 13　2020 年我国部分大中城市分申请人类型国内发明专利申请量

数据来源：《2020 知识产权统计年报》。

从国内实用新型专利申请来源类型来看，如图 5 – 14 所示，2020 年国内实用新型专利申请量最高的是深圳。2020 年，深圳国内实用新型专利申请量合计 146305 件，其中来自高等院校的实用新型专利申请量为 1331件，占比 0.91%；来自科研机构的实用新型专利申请量为 440 件，占比 0.30%；来自企业的实用新型专利申请量为 129428 件，占比 88.46%；来自事业单位的实用新型专利申请量为 1038 件，占比 0.71%；来自个人的实用新型专利申请量为 14068 件，占比 9.62%。排名第二的广州，2020年其国内实用新型专利申请量合计 121174 件，其中来自高等院校的实用新型专利申请量为 5372 件，占比 4.43%；来自科研机构的实用新型专利申请量为 1201 件，占比 0.99%；来自企业的实用新型专利申请量为55990 件，占比 46.21%；来自事业单位的实用新型专利申请量为 1037件，占比 0.86%；来自个人的实用新型专利申请量为 57574 件，占比47.51%。由此可见，深圳实用新型专利申请主要来自企业，而广州实用新型专利申请主要来自个人和企业。

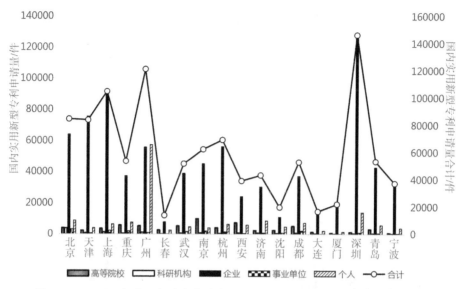

图 5 - 14 2020 年我国部分大中城市分申请人类型国内实用新型专利申请量
数据来源：《2020 知识产权统计年报》。

从国内外观设计专利申请来源类型来看，如图 5 - 15 所示，2020 年国内外观设计专利申请量最高的是广州。2020 年，广州国内外观设计专利申请量合计 74621 件，其中来自高等院校的外观设计专利申请量为 1235 件，占比 1.66%；来自科研机构的外观设计专利申请量为 175 件，占比 0.23%；来自企业的外观设计专利申请量为 30608 件，占比 41.02%；来自事业单位的外观设计专利申请量为 44 件，占比 0.06%；来自个人的外观设计专利申请量为 42559 件，占比 57.03%。2020 年，深圳国内外观设计专利申请量合计 70654 件，其中来自高等院校的外观设计专利申请量为 176 件，占比 0.25%；来自科研机构的外观设计专利申请量为 49 件，占比 0.07%；来自企业的外观设计专利申请量为 60506 件，占比 85.64%；来自事业单位的外观设计专利申请量为 38 件，占比 0.05%；来自个人的外观设计专利申请量为 9885 件，占比 13.99%。这也同样表明，深圳外观设计专利申请主要来自企业，而广州外观设计专利申请主要来自个人和企业。

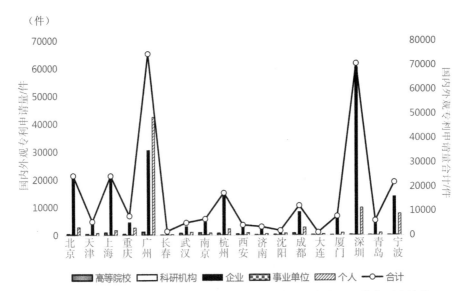

图 5 - 15   2020 年我国部分大中城市分申请人类型国内外观设计专利申请量

数据来源：《2020 知识产权统计年报》。

图 5 - 16 展示了我国部分大中城市 2020 年国内发明专利申请量、授权量和授权率。从统计数据来看，2020 年发明专利授权率最高的是北京，授权率为 43.62%；其次是武汉，授权率为 42.83%。深圳发明专利授权率为 35.67%，在北上广深四城市中仅次于北京。

（件）

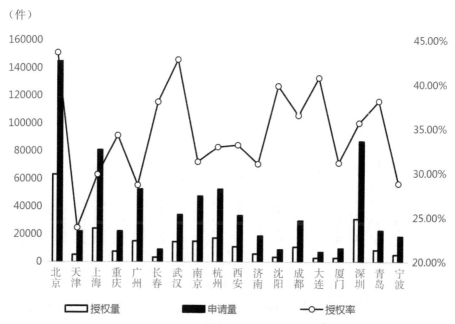

图 5 – 16　2020 年我国部分大中城市国内发明专利申请量、授权量和授权率

数据来源：《2020 知识产权统计年报》。

　　图 5 – 17 展示了 2020 年我国部分大中城市国内实用新型专利申请量、授权量和授权率。2020 年，深圳国内实用新型专利申请量为 146305 件，利授权量为 121615 件，授权率为 83.12%；北京国内实用新型专利申请量为 84579 件，授权量为 75336 件，授权率为 89.07%；上海国内实用新型专利申请量为 104791 件，授权量为 92249 件，授权率为 88.03%；广州国内实用新型专利申请量为 121174 件，授权量为 83574 件，授权率为 68.97%。

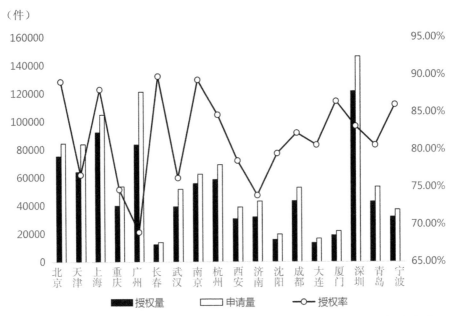

图5-17　2020年我国部分大中城市国内实用新型专利申请量、授权量和授权率

数据来源：《2020知识产权统计年报》。

　　图5-18展示了2020年我国部分大中城市国内外观设计型专利申请量、授权量和授权率。2020年，深圳国内外观设计专利申请量为70654件，授权量为69678件，授权率为98.62%；北京国内外观设计专利申请量为24551件，授权量为24222件，授权率为98.66%；上海国内外观设计专利申请量为24460件，授权量为23323件，授权率为95.35%；广州国内外观设计专利申请量为74621件，授权量为57333件，授权率为76.83%。

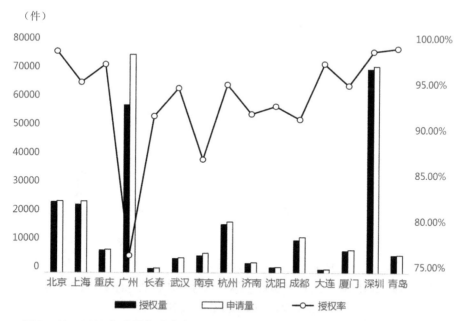

图 5 - 18　2020 年我国部分大中城市国内外观设计专利申请量、授权量和授权率
数据来源：《2020 知识产权统计年报》。

　　近些年，深圳之所以被称为"科技之城"，除因诞生了许多国内外知名的科技公司外，还有一个原因就是 PCT 国际专利申请量高。深圳十分重视该指标，在 PCT 国际专利申请量方面，深圳已经连续多年稳居全国第一，与排名第二的北京的差距较为明显，并且这种差距并未有减小的趋势。图 5 - 19 展示了 2019 年和 2020 年我国部分大中城市 PCT 国际专利申请量及其增长率。2019 年深圳 PCT 国际专利申请量 17459 件，2020 年深圳 PCT 国际专利申请量 20209 件，同比增长 15.75%；2019 年北京 PCT 国际专利申请量 7165 件，2020 年北京 PCT 国际专利申请量 8283 件，同比增长 15.60%；2019 年上海 PCT 国际专利申请量 3173 件，2020 年上海 PCT 国际专利申请量 3558 件，同比增长 12.13%。其他城市如重庆、香港、台湾等的 PCT 国际专利申请量均相对少，与深圳的差距十分明显。

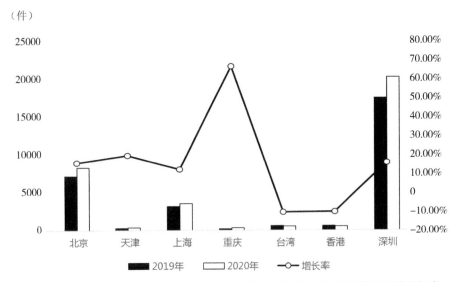

（件）

图 5 - 19　2019 年和 2020 年我国部分大中城市 PCT 国际专利申请量及其增长率
数据来源：《2020 知识产权统计年报》。

商标是用以识别和区分商品或者服务来源的标志。任何能够将自然人、法人或者其他组织的商品与他人的商品区别开的标志，包括文字、图形、字母、数字、三维标志、颜色和声音等，以及上述要素的组合，均可以作为商标申请注册。品牌或品牌的一部分在政府有关部门依法注册后，称为"商标"。商标受法律的保护，注册者有专用权。图 5 - 20 展示了 2020 年我国部分大中城市的商标申请量、注册量、有效注册存量及注册率。从 2020 年商标的有效注册存量来看，深圳拥有 1730268 个，排名仅次于北京和上海，且与上海的商标有效注册存量（1737353 个）相差不大。2020 年，商标注册率最高的是武汉，为 68.20%；其他城市的商标注册率也都不低。商标从侧面反映了企业的品牌效应与经济行为。深圳的商标有效注册存量高，表明深圳拥有"科技之城""创客之都"的美誉是名副其实的。此外，政府还应鼓励企业以做大做强品牌为内核，注重塑造品牌效应，提升产业附加值，诚信经营，在追求利益的同时，更要注重品牌的名声。

（个）

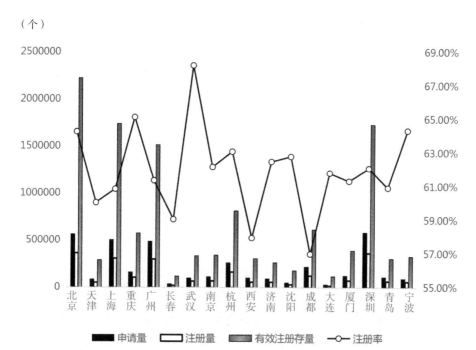

■申请量 　□注册量 　▥有效注册存量 　—○—注册率

图 5-20　2020 年我国部分大中城市的商标申请量、注册量、
有效注册存量及注册率

数据来源：《2020 知识产权统计年报》。

第六章 科技人才集聚、科技创新与经济协调发展

——基于广东省面板数据的实证分析

第一节 引言与文献回顾

科技创新是实现经济高质量增长的内生动力，我国要实现经济高水平跨越，进入世界经济"第一梯队"，必须依靠科技创新。因此，通过体制机制创新，促进科技人才、资金自由流动，实现区域科技资源集聚与科技创新以及经济增长协调发展的意义十分重大。广东省是我国改革开放的窗口，也是我国的经济大省和经济强省，推动制造业向智能制造与先进制造转型升级，离不开科技创新，而要激发科技创新，则必须实施科技人才战略与科技管理制度创新。近些年来，广东省十分重视对高层次科技人才的引进，在政府与企业的双重推动下，广州、深圳、珠海、佛山、东莞等珠三角城市围绕龙头企业初步形成了一定的科技资源集聚，也诞生了一些世界级高科技公司，如华为、腾讯、大疆、比亚迪、步步高、美的、格力等，深圳更被誉为"科技之城"，有"中国硅谷"的美誉。因此，研究广东省科技资源集聚对科技创新与经济增长的影响，不仅对政府未来的科技战略规划制定具有重要意义，还可以为企业微观层面的科技投入产出提供经验数据支撑。

本章通过分别构建科技人才集聚与科研经费支出对科技创新与经济增长影响的回归模型，应用2014—2019年广东省21个地级市的面板数据，实证分析广东省科技人才集聚与科研经费支出对科技创新与经济增长的影响。结果表明，广东省科技人才集聚规模与数量以及科研经费支出均对科技创新和经济增长具有明显正向作用，并且相比于科研经费支出，科技人才对科技创新与经济增长作用更加显著；进一步调节变量控制分析，可以

118

发现科研经费支出削弱了广东省科技人才集聚规模与数量对科技创新的正向作用，而科研经费支出与科技人才集聚对经济增长的影响则是相互独立的，并不存在交互影响的现象。

毛艳华（2018）指出，粤港澳大湾区建设核心是推动科技创新，主要抓手是促进科技要素的自由流动，形成资源集聚与科技创新耦合协调发展；焦继文等（2015）指出，科技资源集聚就是构成科技资源的各类要素通过人类活动集聚在一起，在特定地区内产生集聚效应。而科技资源要素则主要包括人才与资金。当前，科技资源集聚相关研究主要包括以下两个方面：一是对科技资源集聚理论的探讨，典型文献如李福华（2009）、陈昭锋等（2012）；二是区域科技资源集聚效果评价研究，典型文献如王雪原（2015）、赵红梅等（2017）。

国外对科技创新的研究相对成熟，既有理论研究，又有实证研究。在国内，随着国家"双创"战略的推进，科技创新研究逐渐成为研究的热点。我们对国内外研究文献进行梳理后，关于科技创新的研究主要集中在以下六个方面：一是区域创新系统及科技创新机理研究，典型文献如和瑞亚等（2014）；二是区域创新能力和创新效率研究，典型文献如 Pinto 等（2010）；三是区域创新资源配置及空间分布研究，典型文献如 Cappelli 等（2014）；四是技术空间溢出及创新驱动经济增长研究，典型文献如 Anx 等（2014）；五是区域科技协同创新研究，典型文献如 Bergek 等（2015）；六是区域科技创新政策和创新制度变迁研究，典型文献如陈玉川等（2009）。

有关科技资源集聚与科技创新、经济增长关系的研究。焦继文等（2015）建立了科技资源集聚衡量指标体系，并利用因子分析法测量了主要科技城市的科技资源集聚度。此外，他们还进一步分析了长三角、环渤海与珠三角中心地区科技资源集聚与当地经济及周边地区经济增长的关系。叶松等（2017）构建了长江经济带科技资源集聚与协同创新模型，并从政府、企业、高校等层面提出相应的解决方法。杨明海等（2020）实证分析了山东省科技人才集聚、研发经费与经济增长之间的影响关系。张欢（2021）实证分析了京津冀协同发展背景下，高新技术产业集群与科技人才集聚的关系。

深圳要进一步打造能够吸引和凝聚科技创新人才的产业主体与生活空间，必须努力提高人才密集度，争取在以下方面取得突破。首先要加强现有院士工作站和博士后科研工作站的建设，发挥高层次人才的带动作用，鼓励和帮助满足条件的企业申报和设立博士后科研工作站、院士工作站；鼓励企业、学校和科研机构创办科研实验室、研发中心、企业技术中心等；鼓励和扶持各企事业单位在大中专院校、科研机构设立技术开发中心，开展双向合作。其次，要把握国际产业转移以及人才回流的有利时机，加强留学人员创业园建设，完善留学人才回国服务的政策措施和工作体系，争取吸引更多包括境外科技创新人才在内的"世界员工"，促进高新技术产业和科技创新人才密集度达到"双高"。在此基础上，深圳要紧抓高新技术产业开发区建设，积极研究引进人才的新办法，创建新优势，大力促进高新技术产业开发区的稳定可持续发展。最后，要大力发展民营企业。企业是科技人才的使用主体，而民营企业是当今乃至以后科技人才的最大承载体。政府应采取多种优惠政策、多方付出努力来减轻民营企业负担，并加强民营企业对科技人才的重视，从而使他们对科技人才加大投入。特别是要制定切实可行的办法，扶持鼓励创业型高科技民营企业发展，帮助其做大做强。

同时，深圳市政府要将科技人才工作作为日常工作的关键和核心，明确科技人才工作的责任主体，将"科技人才优先"战略作为科技人才发展环境建设的范畴，制定具体的实施方案，建立综合性考核评价机制，积极引导和全力调动各类科技人才的工作积极主动性，发挥科技人才的潜力和价值，提高科技人才工作的质量和水平。此外，深圳市政府还应出台相关科技人才工作体制优化政策，要求各职能部门、用人单位将科技人才发展环境建设作为所有工作的出发点和落脚点，将科技人才工作作为全局工作质量的评判依据，在科技人才发展环境建设方面达成共识，坚持正确的用人导向，自觉维护好、建设好科技人才发展环境，为科技人才发展环境建设添砖加瓦。

第二节　变量定义、数据来源与实证研究模型设计

一、变量定义

（一）解释变量

1. 科技人才集聚规模 $scale_{it}$

科技人才集聚规模 $scale_{it}$ 的计算公式及其含义详见本书第四章第二节式（4 - 1）及其相关内容。

2. 科技人才集聚数量 $quantity_{it}$

科技人才集聚数量是衡量一个企业科技创新水平的人才指标，也是一个城市（地区）科技创新实力的重大体现。本章选取规模以上企业 R&D 从业人员数量作为科技人才集聚数量的衡量指标，$QUANTITY_{it}$ 表示第 i 个城市（地区）在第 t 年的科技人才集聚数量，然后取自然对数，得到：

$$quantity_{it} = \ln QUANTITY_{it} \tag{6 - 1}$$

3. 科研经费支出 $expenses_{it}$

科研经费支出是衡量一个企业科技创新水平的资金指标，同样也是一个城市（地区）科技创新投入的重大体现。本章选取规模以上企业 R&D 经费内部支出作为衡量科技经费支出的指标，$EXPENSES_{it}$ 表示第 i 个城市（地区）在第 t 年的科技经费支出额，然后取自然对数，得到：

$$expenses_{it} = \ln EXPENSES_{it} \tag{6 - 2}$$

（二）控制变量

1. 市场化率 $market_{it}$

市场化配置资源能够更大限度地发挥劳动、土地与资金等要素的自由流动，对科技创新与经济增长具有明显正向激励作用。因此，为了更好地研究科技资源集聚对科技创新与经济增长的影响，特引入市场化率作为模型的控制变量之一。本章采用非国有控股工业资产占全部工业资产比重来衡量一个城市（地区）的市场化率，具体表述如下：

$$market_{it} = \ln\left(1 + \frac{ASSET_{it} - NATION\ ASSET_{it}}{ASSET_{it}}\right) \qquad (6-3)$$

式（6-3）中，$market_{it}$ 表示第 i 个城市（地区）在第 t 年的市场化率，$ASSET_{it}$ 表示第 i 个城市（地区）在第 t 年的工业总资产，$NATION$ $ASSET_{it}$ 表示第 i 个城市（地区）在第 t 年的国有控股工业资产价值。通常而言，$0 \leqslant market_{it} \leqslant 1$。

2. 城市化率 $urban_{it}$

城市化是农业国家走向现代工业国家的必经之路，城市化率决定了生产力水平，对科技创新与经济增长同样具有明显正向推动作用，因此，本意引入该指标作为另外一个控制变量。本章借鉴国内学者杨明海等（2020）用各城市（地区）城镇人口占常住人口的比例作为城市化率计量指标，具体表述如下：

$$urban_{it} = \ln\left(1 + \frac{URBAN\ POPULATION_{it}}{ALL\ POPULATION_{it}}\right) \qquad (6-4)$$

式（6-4）中，$urban_{it}$ 表示第 i 个城市（地区）在第 t 年的城市化率，$URBAN\ POPULATION_{it}$ 表示第 i 个城市（地区）在第 t 年的城镇人口数量，$ALL\ POPULATION_{it}$ 表示第 i 个城市（地区）在第 t 年的全部常住人口数量。通常而言，$0 \leqslant urban_{it} \leqslant 1$。

（三）被解释变量

1. 经济增长水平 gdp_{it}

经济增长的衡量指标有绝对指标和相对指标，本章采用人均国民生产总值的对数处理来衡量经济增长的快慢，具体计算公式如下：

$$gdp_{it} = \ln\frac{GDP_{it}}{POPULATION_{it}} \qquad (6-5)$$

式（6-5）中，GDP_{it} 表示第 i 个城市（地区）在第 t 年的国民生产总值，$POPULATION_{it}$ 表示第 i 个城市（地区）在第 t 年的常住人口数量。

2. 科技创新成果 $innovation_{it}$

科技创新的成果主要体现在对工业企业新产品产值方面的贡献，这会直接刺激经济增长。本章选取规模以上企业新产品人均产值对数处理作为衡量科技创新成果的主要指标，具体计算公式如下：

$$innovation_{it} = \ln\frac{INNOVATION_{it}}{POPULATION_{it}} \qquad (6-6)$$

式（6-6）中，$INNOVATION_{it}$ 表示第 i 个城市（地区）在第 t 年的规模以上工业企业新产品产值，$POPULATION_{it}$ 表示第 i 个城市（地区）在第 t 年的常住人口数量。

二、数据来源

本章实证研究的模型指标数据均来自各年度《广东统计年鉴》，选取了包含 2014—2019 年广州、深圳、珠海、汕头、佛山、韶关、河源、梅州、惠州、汕尾、东莞、江门、中山、阳江、湛江、茂名、肇庆、清远、潮州、揭阳和云浮共计 21 个地级市的宏观经济面板数据。为进一步验证研究结论的鲁棒性（robustness，即稳健性），本章还将按照经济地理位置，将广东省分为珠三角、东翼、西翼和山区 4 个区域，再次进行实证分析。

本章使用的实证模型变量有 7 个，包括经济增长水平、科技创新成果、科技人才集聚规模、科技人才集聚数量、科技企业经费支出、市场化率、城市化率等。

图 6-1 展示了 2014—2019 年广东省及省内 21 个地级市人均 GDP。从这一指标来看，深圳具有显著优势。2019 年，深圳人均 GDP 为 20.04 万元，排名全省第一；接下来依次是珠海、广州、佛山、东莞、中山、惠州、江门 7 个珠三角城市。广东省长期存在经济发展区域不均衡的问题，珠三角地区与非珠三角地区的差距较为明显，2019 年深圳人均 GDP 为 20.04 万元，而梅州人均产值最低仅为 2.71 万元，二者相差高达近 10 倍。

图 6-2 展示了 2014—2018 年广东省 21 个地级市新产品的人均产值。整体而言，创新型产品是技术创新带来的实质性利好，能够在一定程度上衡量一个城市的科技创新成果。很显然，东莞在这一方面具有明显优势。2018 年，东莞新产品人均销售收入为 9.48 元，在全省排名第二；深圳新产品人均产值为 9.86 元，比东莞略高，在全省排名第一；而广州新产品人均产值仅为 3.25 元。

图 6-3 展示了 2014—2019 年广东省 21 个地级市新产品的人均销售收入。2019 年，东莞新产品人均销售收入为 10.82 元，排名全省第一；深圳新产品人均销售收入为 10.60 元，与东莞接近；而广州新产品人均产值仅为 3.69 元。

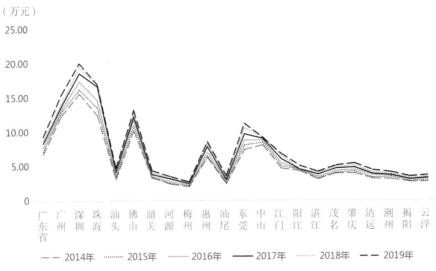

图6-1　2014—2019年广东省及省内21个地级市人均GDP

数据来源：广东统计年鉴（2015—2020年）。

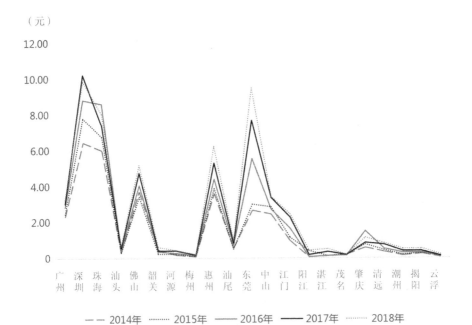

图6-2　2014—2018年广东省21个地级市新产品的人均产值

数据来源：广东统计年鉴（2015—2019年）。

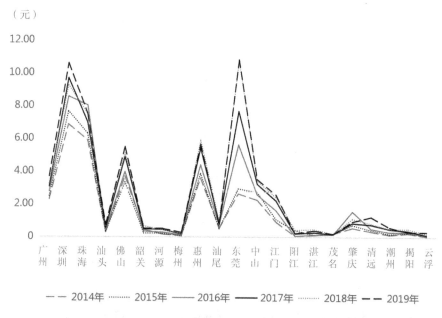

图 6 - 3 2014—2019 年广东省 21 个地级市新产品的人均销售收入
数据来源：广东统计年鉴（2015—2020 年）。

本章使用国际、国内通行的区位熵模型来衡量科技人才集聚规模，图 6 - 4 展示了 2014—2019 年广东省 21 个地级市规模以上企业科技人才集聚规模。从计算结果来看，深圳科技人才集聚规模为 2.01，这一指标在全省范围内最高，表明深圳科技人才集聚效应明显。当然，这也与深圳具有良好的创新环境以及有腾讯、中兴、华为等知名高科技企业不无关系。而广州科技人才主要集中于高校和公立医院等事业单位，在规模以上企业的创新人才集聚方面，与深圳相差甚远。

从规模以上企业科技人才集聚数量来看，图 6 - 5 展示了 2014—2019 年广东省 21 个地级市规模以上企业科技人才集聚数量。2019 年，深圳规模以上企业科技人才集聚数量为 302042 人，在全省排名第一。东莞得益于松山湖高新技术产业开发区建造，引入华为等知名高科技企业，规模以上企业科技人才集聚数量在全省排名第二，总计 124459 人。

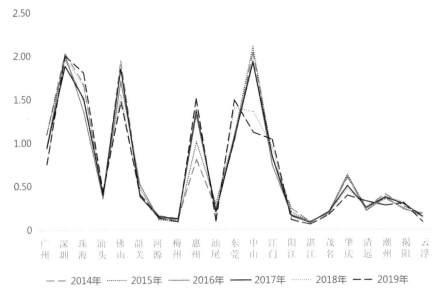

图6-4　2014—2019年广东省21个地级市规模以上企业科技人才集聚规模

数据来源：广东统计年鉴（2015—2020年）。

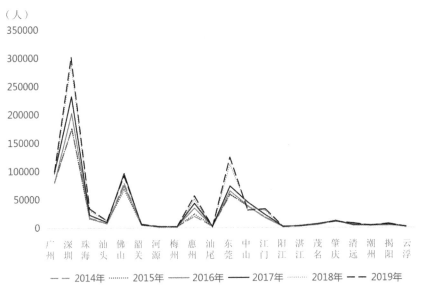

图6-5　2014—2019年广东省21个地级市规模以上企业科技人才集聚数量

数据来源：广东统计年鉴（2015—2020年）。

从规模以上企业科研经费支出来看，图 6-6 展示了 2014—2019 年广东省 21 个地级市规模以上企业科研经费支出。2019 年，深圳规模以上企业科研经费支出 1049.92 亿元，在全省排名第一；广州规模以上企业科研经费支出 286.24 亿元，在全省排名第二；东莞规模以上企业科研经费支出 260.57 亿元，在全省排名第三。

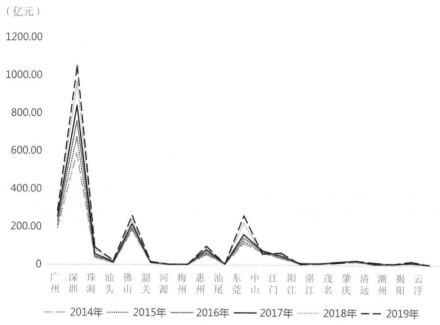

图 6-6　2014—2019 年广东省 21 个地级市规模以上企业科研经费支出
数据来源：广东统计年鉴（2015—2020 年）。

在实证分析模型中，为了更加清晰地表明科技人才集聚规模与集聚数量对科研创新与产品产出的影响，本意引入了控制变量——市场化率和城市化率。

图 6-7 展示了 2014—2019 年广东省 21 个地级市的市场化率，可以明显看出，深圳的市场化率较高，珠三角地区各市的市场化率高于粤东西北地区各市。

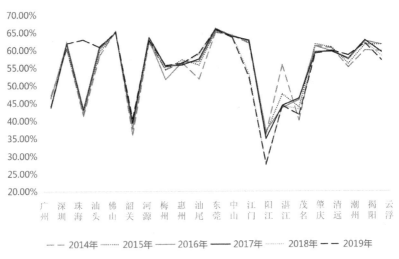

图6-7 2014—2019年广东省21个地级市的市场化率

数据来源：广东统计年鉴（2015—2020年）。

图6-8展示了2014—2019年广东省21个地级市的城市化率。深圳是改革开放的前沿，经过40余年改革开放，其城市化率已经接近100%。

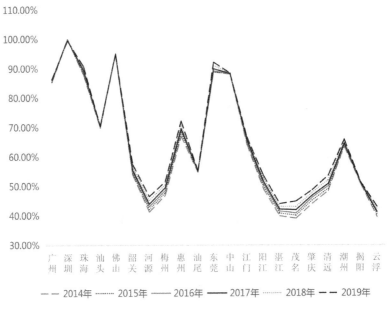

图6-8 2014—2019年广东省21个地级市的城市化率

数据来源：广东统计年鉴（2015—2020年）。

三、实证研究模型设计

（一）科技资源集聚对经济增长影响模型

第一步，分析控制变量市场化率与城市化率对经济增长的影响，构建回归模型如下：

$$gdp_{it} = a + b_1 market_{it} + b_2 urban_{it} + e_{it} \qquad (6-7)$$

其中，a 为回归模型常数项，b_1 和 b_2 为模型回归系数，e_{it} 为回归模型残差。

第二步，在控制变量模型（6-7）中分别引入解释变量，即科技人才集聚规模、科技人才集聚数量和科研经费支出，得到回归模型如下：

$$\begin{cases} gdp_{it} = a + b_1 market_{it} + b_2 urban_{it} + c_1 scale_{it} + e_{it} \\ gdp_{it} = a + b_1 market_{it} + b_2 urban_{it} + c_1 quantity_{it} + e_{it} \\ gdp_{it} = a + b_1 market_{it} + b_2 urban_{it} + c_1 expenses_{it} + e_{it} \end{cases} \quad (6-8)$$

其中，c_1 为解释变量的回归系数。

第三步，在模型（6-8）的基础上，同时引入科技人才与科技资金双重变量以及二者的交叉变量，得到模型如下：

$$\begin{cases} gdp_{it} = a + b_1 market_{it} + b_2 urban_{it} + c_1 scale_{it} + c_2 expenses_{it} + e_{it} \\ gdp_{it} = a + b_1 market_{it} + b_2 urban_{it} + c_1 quantity_{it} + c_2 expenses_{it} + e_{it} \\ gdp_{it} = a + b_1 market_{it} + b_2 urban_{it} + c_1 scale_{it} + c_2 expenses_{it} + \\ \qquad dscale_{it} \cdot expenses_{it} + e_{it} \\ gdp_{it} = a + b_1 market_{it} + b_2 urban_{it} + c_1 quantity_{it} + c_2 expenses_{it} + \\ \qquad dquantity_{it} \cdot expenses_{it} + e_{it} \end{cases}$$

$$(6-9)$$

其中，d 为交叉影响的回归系数。

（二）科技资源集聚对科技创新成果影响模型

第一步，分析控制变量市场化率与城市化率对科技创新成果的影响，构建回归模型如下：

$$innovation_{it} = \alpha + \beta_1 market_{it} + \beta_2 urban_{it} + \varepsilon_{it} \qquad (6-10)$$

其中，α 为回归模型常数项，β_1 和 β_2 为模型回归系数，ε_{it} 为回归模型残差。

第二步，在控制变量模型（6－10）中分别引入解释变量，即科技人才集聚规模、科技人才集聚数量和科研经费支出，得到回归模型如下：

$$
\begin{cases}
innovation_{it} = \alpha + \beta_1 market_{it} + \beta_2 urban_{it} + \delta scale_{it} + \varepsilon_{it} \\
innovation_{it} = a + \beta_1 market_{it} + \beta_2 urban_{it} + \delta quantity_{it} + \varepsilon_{it} \\
innovation_{it} = a + \beta_1 market_{it} + \beta_2 urban_{it} + \delta expenses_{it} + \varepsilon_{it}
\end{cases}
$$

$$(6-11)$$

其中，δ 为解释变量的回归系数。

第三步，在模型（6－11）的基础上，同时引入科技人才与科技资金"双重"变量以及两者的交叉变量，得到模型如下：

$$
\begin{cases}
innovation_{it} = \alpha + \beta_1 market_{it} + \beta_2 urban_{it} + \gamma_1 scale_{it} + \gamma_2 expenses_{it} + \varepsilon_{it} \\
innovation_{it} = \alpha + \beta_1 market_{it} + \beta_2 urban_{it} + \gamma_1 quantity_{it} + \gamma_2 expenses_{it} + \varepsilon_{it} \\
innovation_{it} = \alpha + \beta_1 market_{it} + \beta_2 urban_{it} + \gamma_1 scale_{it} + \gamma_1 expenses_{it} + \\
\qquad \delta scale_{it} \cdot expenses_{it} + \varepsilon_{it} \\
innovation_{it} = \alpha + \beta_1 market_{it} + \beta_2 urban_{it} + \gamma_1 quantity_{it} + \gamma_2 expenses_{it} + \\
\qquad \delta quantity_{it} \cdot expenses_{it} + \varepsilon_{it}
\end{cases}
$$

$$(6-12)$$

其中，δ 为交叉影响的回归系数。

第三节 实证研究结果及其分析

一、数据描述性统计分析

对实证分析的原始数据 GDP、INNOVATION、URBAN、MARKET、SCALE、QUANTITY 进行对数化处理，对数化处理后的数据如图 6－9 所示。图 6－9 中，我们分别给出了各个变量的趋势以及全部面板数据的趋势。

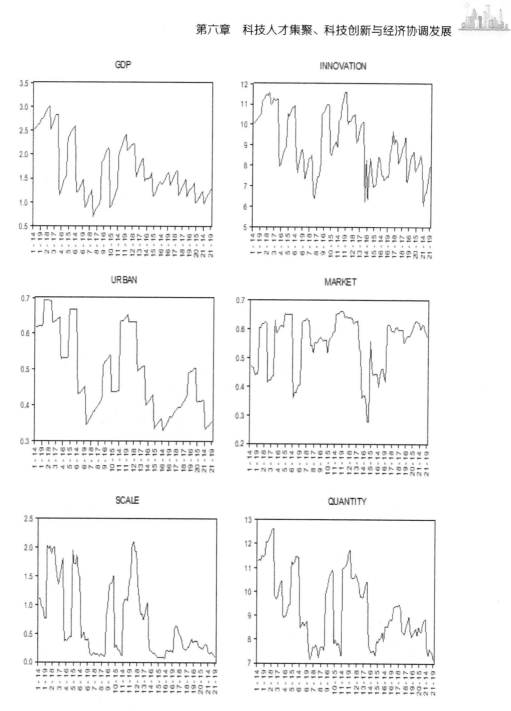

图 6 - 9 对数化处理后的实证变量数据

数据来源：根据图 6 - 1 至图 6 - 8 的数据计算出来的结果在 EViews 中作图而得。

表 6 - 1 展示了实证变量的描述性统计分析结果。其中，样本总观测值 126 个，经济增长 gdp_{it} 最大值为 2.9976，最小值为 0.7001，均值为 1.6706，最大值与最小值相差约 4.28 倍，表明广东省区域经济发展不平衡、不协调，科技创新水平相比于经济增长水平尽管有差距，但差距并没有经济增长水平那么大。科技人才集聚规模 $scale_{it}$ 最大值为 2.1081，最小值为 0.0597，二者相差约 35.31 倍。广东省各地级市的研发经费支出 $expenses_{it}$ 差距较大，其最大值为 6.9565，最小值为 0.7837，二者相差约 8.88 倍。

表 6 - 1　实证变量描述性统计分析

实证变量	gdp_{it}	$innovation_{it}$	$urban_{it}$	$market_{it}$	$scale_{it}$	$quantity_{it}$	$expenses_{it}$
均值	1.6706	9.0182	0.4882	0.5514	0.6933	9.2473	3.0889
中位数	1.4726	8.7425	0.4405	0.5888	0.3889	8.8148	2.6388
最大值	2.9976	11.5913	0.6931	0.6625	2.1081	12.6183	6.9565
最小值	0.7001	6.0137	0.3294	0.2752	0.0597	7.1285	0.7837
标准差	0.6084	1.4779	0.1159	0.0938	0.6322	1.4966	1.6176
偏度	0.6293	0.0923	0.3867	-0.9809	0.8942	0.4719	0.5337
峰度	2.1599	1.8983	1.7132	2.9083	2.3870	2.0326	2.3258
JB 值	12.0221	6.5507	11.8380	20.2501	18.7641	9.5905	8.3686
概率度	0.0025	0.0378	0.0027	0.0000	0.0001	0.0083	0.0152
总和	210.4982	1136.2970	61.5125	69.4807	87.3599	1165.1580	389.1983
观测值	126	126	126	126	126	126	126

数据来源：广东统计年鉴（2015—2020）。

表 6 - 2 展示了实证变量之间的相关性分析。从经济增长与科技创新之间的相关性分析结果来看，二者是高度相关的，它们的相关系数为 0.8781。经济增长与城市化进程之间呈高度正相关，而与市场化水平相关度较低。这是因为我们的样本数据主要来自 2014—2019 年，此时广东市场化逐渐趋于稳定，城市化推动房地产业高速发展，所以出现这一结果是正常的。经济增长与科技人才规模集聚、科技人才数量以及科技资金投入之间均呈高度正相关，表明科技对经济增长有着核心促进作用。通过相关性分析，我们基本判断广东省各城市经济增长与其科技创新水平、科技资

金投入以及科技人才集聚高度正相关，存在一定程度的关联性。

表6-2　实证变量相关性分析

实证变量	GDP	INNOVATION	URBAN	MARKET	SCALE	QUANTITY	EXPENSES
GDP	1.0000	0.8781	0.8756	0.0557	0.8829	0.9037	0.9246
INNOVATION	0.8781	1.0000	0.8629	0.2859	0.8652	0.8815	0.8701
URBAN	0.8756	0.8629	1.0000	0.2557	0.8940	0.8794	0.8684
MARKET	0.0558	0.2859	0.2557	1.0000	0.2946	0.2855	0.1947
SCALE	0.8829	0.8652	0.8940	0.2946	1.0000	0.8897	0.8762
QUANTITY	0.9037	0.8815	0.8794	0.2855	0.8897	1.0000	0.9832
EXPENSES	0.9246	0.8701	0.8684	0.1947	0.8762	0.9832	1.0000

数据来源：广东统计年鉴（2015—2020）。

在对时间序列变量进行回归分析之前，有必要进行格兰杰因果检验，以确定变量之间的因果关系。表6-3展示了实证变量的格兰杰因果检验。F统计量检验结果在一定程度上反映了科技创新与经济增长的格兰杰因果关系，科技人才集聚和科技资金集聚与科技创新之间构成格兰杰因果检验关系，科技人才集聚与科技资金集聚影响科技创新，并进而影响经济增长。

表6-3　实证变量的格兰杰因果检验

Null Hypothesis	观测值	F统计量	概率度
INNOVATION 不是 GDP 的格兰杰原因	84	2.50054	NA
GDP 不是 INNOVATION 的格兰杰原因	84	1.63637	0.6838
URBAN 不是 GDP 的格兰杰原因	84	0.74655	NA
GDP 不是 URBAN 的格兰杰原因	84	2.32918	0.1040
MARKET 不是 GDP 的格兰杰原因	84	0.16765	0.8459
GDP 不是 MARKET 的格兰杰原因	84	1.34736	0.2658
SCALE 不是 GDP 的格兰杰原因	84	0.05101	0.9503
GDP 不是 SCALE 的格兰杰原因	84	5.41159	0.0063
QUANTITY 不是 GDP 的格兰杰原因	84	1.80905	0.1705
GDP 不是 QUANTITY 的格兰杰原因	84	4.88711	0.0100

续表 6-3

Null Hypothesis	观测值	F 统计量	概率度
EXPENSES 不是 GDP 的格兰杰原因	84	2.34617	0.1024
GDP 不是 EXPENSES 的格兰杰原因	84	2.31282	0.1056
URBAN 不是 INNOVATION 的格兰杰原因	84	1.67301	0.1943
INNOVATION 不是 URBAN 的格兰杰原因	84	1.35276	0.2644
MARKET 不是 INNOVATION 的格兰杰原因	84	2.06284	0.1339
INNOVATION 不是 MARKET 的格兰杰原因	84	1.95384	0.1485
SCALE 不是 INNOVATION 的格兰杰原因	84	0.49403	0.6120
INNOVATION 不是 SCALE 的格兰杰原因	84	4.77000	0.0111
QUANTITY 不是 INNOVATION 的格兰杰原因	84	0.67630	0.5114
INNOVATION 不是 QUANTITY 的格兰杰原因	84	0.35943	0.6992
EXPENSES 不是 INNOVATION 的格兰杰原因	84	1.07670	0.3457
INNOVATION 不是 EXPENSES 的格兰杰原因	84	4.57628	0.0132
MARKET 不是 URBAN 的格兰杰原因	84	0.55667	0.5753
URBAN 不是 MARKET 的格兰杰原因	84	1.79579	0.1727
SCALE 不是 URBAN 的格兰杰原因	84	0.38729	0.6802
URBAN 不是 SCALE 的格兰杰原因	84	5.15421	0.0079
QUANTITY 不是 URBAN 的格兰杰原因	84	0.26074	0.7711
URBAN 不是 QUANTITY 的格兰杰原因	84	0.84724	0.4325
EXPENSES 不是 URBAN 的格兰杰原因	84	0.06127	0.9406
URBAN 不是 EXPENSES 的格兰杰原因	84	0.72470	0.4877
SCALE 不是 MARKET 的格兰杰原因	84	2.15063	0.1232
MARKET 不是 SCALE 的格兰杰原因	84	0.03936	0.9614
QUANTITY 不是 MARKET 的格兰杰原因	84	0.86743	0.4240
MARKET 不是 QUANTITY 的格兰杰原因	84	0.47183	0.6256
EXPENSES 不是 MARKET 的格兰杰原因	84	0.85892	0.4275
MARKET 不是 EXPENSES 的格兰杰原因	84	0.92869	0.3993
QUANTITY 不是 SCALE 的格兰杰原因	84	1.05199	0.3541
SCALE 不是 QUANTITY 的格兰杰原因	84	1.19914	0.3069
EXPENSES 不是 SCALE 的格兰杰原因	84	2.01942	0.1395

续表6-3

Null Hypothesis	观测值	F 统计量	概率度
SCALE 不是 EXPENSES 的格兰杰原因	84	1.12761	0.3290
EXPENSES 不是 QUANTITY 的格兰杰原因	84	1.80898	0.1705
QUANTITY 不是 EXPENSES 的格兰杰原因	84	5.22025	0.0074

数据来源：广东统计年鉴（2015—2020）。

二、科技资源集聚对科技创新的影响实证分析

表6-4展示了科技资源集聚对科技创新影响的回归分析结果，可以看出，控制变量城市化率指标对当地的科技创新具有显著的积极效应。城市化率高的城市由于土地资源相对稀缺，更愿意支持与发展高新技术企业，其科技创新水平更高。引入科技人才集聚规模变量后，回归系数为1.0625，t统计值为4.8470；而科技创新对科技人才集聚数量的回归系数为0.5251，t统计值为6.3957；科技创新对科研经费支出的回归系数为0.4573，t统计值为6.2892。在1%的统计显著性水平表明广东省科技创新产出成果及各市的科技人才集聚规模、人才集聚数量和科研经费支出呈正相关关系，即广东省科技资源投入越大，科技创新水平越高。这也符合通常的经济规律，即投入与产出成正比的均衡发展关系。作为科技创新投入的主要抓手，人才和资金都是必不可少的，并且也直接影响科技产出。广东省科技人才目前尚未饱和，随着各市人才政策出台，科技人才在科技创新与产业升级方面的重要性更加突出，甚至高于科研经费支出对科技创新的影响。

表6-4 科技资源集聚对科技创新影响实证分析

	$innovation_{it}$			
常量	3.1525 (7.1707***)	5.1724 (8.9092***)	1.4519 (3.1194***)	4.3413 (10.1515***)
$urban_{it}$	10.7730 (18.0908***)	5.6977 (4.8219***)	4.9248 (4.6873***)	5.1837 (5.0354***)
$market_{it}$	1.0996 (1.4942)	0.5941 (0.8678)	0.5561 (0.8620)	1.3303 (2.0683**)

续表 6 - 4

		$innovation_{it}$		
$scale_{it}$	—	1.0625 (4.8470 ***)	—	—
$quantity_{it}$	—	—	0.5251 (6.3957 ***)	—
$expenses_{it}$	—	—	—	0.4573 (6.2892 ***)
N	126	126	126	126
F 统计量	183.6739	152.6733	175.8105	174.0160
调整 R^2	0.7451	0.7845	0.8075	0.8059

注：括号中数据为 t 统计值，*** 、** 分别表示1%、5%的统计显著性水平。

为了进一步分析科研经费支出在科技人才集聚规模对广东省科技创新水平的边界影响，本章引入科技人才集聚规模与科研经费支出相乘的交互项作为调节变量，然后进行回归，结果如表6-5所示。从回归结果来看，科技创新产值对科技人才集聚规模与科研经费支出交互项回归系数为-0.2191，t 统计值为-3.1538。这表明在1%的统计显著性水平下，广东省科研经费支出在科技人才集聚规模对科技创新的影响中起到了反向的调节作用，即从某种程度上而言，科研经费支出抑制了科技人才集聚规模对科技创新的促进作用。这表明广东省可能存在科研经费支出效率低下的问题，如某些企业招聘大量高科技创新人才的目的不是科技创新，而是获得某种其他利益，包括更容易获得政府补贴资助，或更容易获评高新技术企业等。也就是说，企业并没有充分给予科技人才足够的支持用于新产品的研发。

表6-5　科研经费支出与科技人才集聚规模对科技创新交互影响实证分析

	$innovation_{it}$	
常量	5.1991 (9.6411 ***)	4.7471 (8.7950 ***)
$urban_{it}$	3.5642 (2.9833 ***)	3.2616 (2.8194 ***)

续表 6 – 5

innovation$_{it}$		
market$_{it}$	1.0068 (1.5673)	1.2984 (2.0716**)
scale$_{it}$	0.5799 (2.5226***)	1.5271 (4.0900***)
expenses$_{it}$	0.3632 (4.5192***)	0.5076 (5.6363***)
scale$_{it}$ · expenses$_{it}$	—	–0.2191 (–3.1538***)
N	126	126
F 统计量	122.1456	120.4151
调整 R^2	0.8030	0.8268

注：括号中数据为 t 统计值，***、**分别表示 1%、5% 的统计显著性水平。

此外，本章还通过科技创新产值对科技人才集聚数量与科研经费支出相乘的交互项回归，来分析科研经费支出和科技人才集聚数量对广东省科技创新水平的边界影响，结果如表 6 – 6 所示。科技创新产值对科技人才集聚数量与科研经费支出交互项回归系数为 – 0.0583，t 统计值为 – 2.2336，这表明广东省科研经费支出在科技人才集聚数量对科技创新的影响中同样起到了反向的调节作用。

表 6 – 6　科研经费支出与科技人才集聚数量对科技创新交互影响实证分析

innovation$_{it}$		
常量	2.5551 (1.7629)	1.2916 (0.8419)
urban$_{it}$	4.8771 (4.6278***)	5.1385 (4.9243***)
market$_{it}$	0.8494 (1.1448)	1.1901 (1.5957)

续表 6 - 6

	$innovation_{it}$	
$quantity_{it}$	0.3302 (1.2895)	0.4079 (1.6040)
$expenses_{it}$	0.1815 (0.8038)	0.8392 (2.2750 ***)
$quantity_{it} \cdot expenses_{it}$	—	-0.0583 (-2.2336 ***)
N	126	126
F 统计量	131.6369	109.7789
调整 R^2	0.8070	0.8131

注：括号中数据为 t 统计值，*** 表示 1% 的统计显著性水平。

三、科技资源集聚对经济增长的影响实证分析

表 6 - 7 展示了科技资源集聚对经济增长影响的回归分析结果。可以看出，城市化率与市场化率均显著地影响当地的经济增长。然而市场化率回归系数为负，表明市场化率在一定程度上阻碍了当地的经济发展，这与传统的经济学理论不符，可能是我们选取的市场化率指标存在局限性造成的。经济增长对科技人才集聚规模的回归系数为 0.5498，t 统计值为 7.4901；经济增长对科技人才集聚数量的回归系数为 0.2639，t 统计值为 10.2421；经济增长对科研经费支出的回归系数为 0.2446，t 统计值为 11.2721，表明广东省科技人才投入与经费投入对广东省经济增长具有显著的正向作用。

表 6 - 7　科技资源集聚对经济增长影响实证分析

	gdp_{it}			
常量	-0.0474 (-0.2910)	0.9978 (5.1324 ***)	-0.9023 (-6.1755 ***)	0.5884 (4.6117 ***)
$urban_{it}$	4.8367 (21.9236 ***)	2.2105 (5.5869 ***)	1.8968 (5.7511 ***)	1.8474 (6.0149 ***)

续表6-7

	gdp_{it}			
$market_{it}$	−1.1645 (−4.2785***)	−1.4280 (−6.2293***)	−1.4397 (−7.1097***)	−1.0431 (−5.4360***)
$scale_{it}$	—	0.5498 (7.4901***)	—	—
$quantity_{it}$	—	—	0.2639 (10.2421***)	—
$expenses_{it}$	—	—	—	0.2446 (11.2721***)
N	126	126	126	126
F统计量	278.4369	314.8629	331.6772	368.1272
调整R^2	0.7936	0.8574	0.8881	0.8981

注：括号中数据为t统计值，*** 表示1%的统计显著性水平。

为进一步分析科研经费支出和科技人才集聚规模对广东省经济增长的边界影响，本章特引入科技人才集聚规模与科研经费支出相乘的交互项作为调节变量，然后进行回归，结果如表6-8所示。从回归结果来看，经济增长对科技人才集聚规模与科研经费支出交互项的回归系数为0.0244，t统计值为1.1958，没有通过统计显著性水平检验。这说明广东省科研经费支出和科技人才集聚规模的交互项对经济增长的影响并不明显，二者对经济增长的作用是正向积极的，同时也是独立的，并不存在明显的相互抑制或者相互促进的作用。

表6-8 科研经费支出与科技人才集聚规模对经济增长交互影响实证分析

	gdp_{it}	
常量	1.0123 (6.6021***)	1.0627 (6.6939***)
$urban_{it}$	1.0470 (3.0822***)	1.0808 (3.1762***)

续表6－8

	gdp_{it}	
$market_{it}$	－1.2029 (－6.5857***)	－1.2354 (－6.7016***)
$scale_{it}$	0.2866 (4.3845***)	0.1810 (2.6480***)
$expenses_{it}$	0.1981 (8.6679***)	0.1820 (6.8682***)
$scale_{it} \cdot expenses_{it}$	—	0.0244 (1.1958)
N	126	126
F 统计量	322.1433	331.2534
调整 R^2	0.9113	0.9116

注：括号中数据为 t 统计值，*** 表示1%的统计显著性水平。

表6－9展示了经济增长对科技人才集聚数量与科研经费支出的交互项回归。可以发现，经济增长对科技人才集聚数量与科研经费支出交互项的回归系数为0.0153，t 统计值为1.4939，没有通过统计显著性水平检验。这说明广东省科研经费支出和科技人才集聚数量的交互项对经济增长的影响并不明显，二者对经济增长的影响是独立的，并不存在交叉影响。

表6－9　科研经费支出与科技人才集聚数量对经济增长交互影响实证分析

	gdp_{it}	
常量	0.5182 (1.1904)	0.8493 (1.8341*)
$urban_{it}$	1.8353 (5.7983***)	－1.1513 (－5.1143)
$market_{it}$	－1.0620 (－4.7656***)	1.7668 (5.6096***)
$quantity_{it}$	0.0130 (0.1687)	－0.0074 (－0.0964)

续表 6 - 9

	gdp_{it}	
$expenses_{it}$	0. 2338 (3. 4462***)	0. 0614 (0. 5516)
$quantity_{it} \cdot expenses_{it}$	—	0. 0153 (1. 4939)
N	126	126
F 统计量	273. 9039	224. 8739
调整 R^2	0. 8973	0. 8995

注：括号中数据为 t 统计值，*** 、* 分别表示 1%、10% 的统计显著性水平。

第四节　实证研究与政策建议

本章通过分别构建科技人才集聚与科研经费支出对科技创新与经济增长影响的多元层级回归模型，并应用 2014—2019 年广东省 21 个地级市的宏观经济面板数据，实证分析了广东省科技人才集聚与科研经费支出对科技创新与经济增长的影响。实证研究的主要结论如下：

第一，就城市化率和市场化率两个指标对科技创新与经济增长水平的解释力而言，城市化率对科技创新与经济增长均具有显著的正向冲击作用，而市场化率并未表现出与二者有较为明显的关系。广东改革开放 40 余年，尤其最近 20 年是城市化进程的 20 年。伴随着房地产市场的高度繁荣，广东省特别是珠三角地区经济增长迅速，科技创新也得到了提升。广东一直以来都是我国民营经济高度活跃的地区，市场化改革基本完成，市场化水平较高，市场化率这一指标在 2014—2019 年表现比较平稳，因此，对科技创新与经济增长的解释能力不足实属正常。当然，本章选取的非国有控股工业资产占全部工业资产比率这一指标作为市场化率的衡量指标，是否存在指标脱离现实的问题还值得进一步商酌。

第二，广东省科技人才集聚规模、人才集聚数量对科技创新与经济增长都具有明显正向作用，并且科技人才相比于科研经费支出对科技创新与经济增长的作用更加显著。广东省是我国的经济大省、科技强省，对人才具有很强的虹吸效应，科技人才规模一直走在全国前列，科技人才集聚给科技创新提供了重要的人才资源，为高科技企业的腾飞提供了智力支持；而高新技术企业的发展又进一步为广东经济的繁荣发展提供了助力，二者之间相互促进、协调发展。实证结果还表明，人才对广东省的科技与经济发展的影响比资金更加重要，人才是第一要素资源，这也符合广东省当前制定的人才政策。

第三，科研经费支出削弱了广东省科技人才集聚规模与数量对科技创新的正向作用，而科研经费支出与科技人才集聚对经济增长的影响是相互独立的，并不存在交互影响的现象。科研经费支出削弱了广东省科技人才对科技创新的积极作用，主要是因为某些高科技企业对企业科技创新以及所需的科技人才类型认知不足，存在以简单的"用钱吸引"的方式来引进专业不对口的人才，造成资金与人才资源的巨大浪费。这种无效率的科技投入对科技创新不仅没有正向作用，还阻碍了科技创新。对于经济增长而言，人才与资金之间并不会相互影响，而只会独立地对经济增长形成正向冲击。

本章研究了广东省科技资源集聚、科技创新与经济增长三者之间关系，对广东省制定科技人才政策、发展高新技术企业与宏观经济产业转型升级三个方面具有较强的框架指导建议：

第一，广东省科技人才政策的制定要更加精细化。深圳是广东省最先开展科技人才优惠政策的城市，之后广州、珠海、佛山、中山等城市均陆续制定了高层次人才政策，这些政策对广东省未来产生科技人才虹吸效应至关重要。但是，仍然存在政策制定不够精细化，在高层次人才评选方面过于看重学历与资历，对能力指标考核较少，没有较好的退出机制与监管机制等问题。实际上，要保证科技人才切实为科技创新服务，应更注重人才的发展与专业对口，因此，我们建议科技人才集聚应以市场化为主要途径，政策制定者可以从个人与企业所得税税收优惠、人才住房政策等方面完善与修订现行的人才政策。

第二，广东省高新技术企业当前主要集中在珠三角地区，北部山区、东翼和西翼的高新技术企业较少，这也与广东省当前的区域经济分布不均衡的现实相吻合。广东省高新技术企业发展要以龙头企业为主导，围绕上下游产业链，形成规模集聚效应，实现人才集聚与资金集聚。以深圳为例，南山区可以将腾讯控股公司设为龙头，打造世界移动互联科技城；龙岗区可以将华为公司设为龙头，打造世界数字经济贸易城，如此便可形成科技人才与产业的规模集聚，进而促使经济效率大大提高。此外，还应对高新技术企业骗取政府补贴、不讲诚信等行为实施严厉制裁，鼓励高新技术企业实心干事。

第三，广东省经济产业转型升级不能过于依赖城市化，而是要大力发展高科技产业。房地产业和金融业对广东省，尤其是珠三角地区近些年的经济发展至关重要，在短期内产生了一定的刺激作用，但同时也带来了一定的经济隐患。经济转型升级不是城市更新，不是将制造业赶走，而是要加强科技创新，让科技人才踏实工作，用科技创新创造财富，实现经济可持续发展。

第七章　科技资源集聚对区域科技创新效率影响的实证分析
——基于北上广深的面板数据

第一节　资源集聚、产业集群与区域创新效率研究述评

　　科技资源是一国经济高质量发展的重要资源，国内外学者分别从不同的视角对科技资源集聚进行了研究，这些研究可以归结为以下四大类。

　　一是关于科技资源集聚内涵研究。科技人才也被称为科技人力资源。《中国科技人才发展报告》认为，所有正式或非正式从事科技工作并能在其领域做出一定贡献的科技工作者都可被称为科技人才。国外学者 Simon（1998）提出，科技人力资源集聚就是指科技人才在空间上集中的现象；Giannetti（2001）则从规模经济角度解释专业分工促使科技人才组合，从而逐步形成科技人才集聚；Harvey 等（2015）指出科技人才集聚是因为核心区域快速发展，吸引人才从其他区域流动到核心区域。国内学者陆晓芳等（2003）指出，科技人才集聚是人才在生产、生活中逐步形成的具有协作力和凝聚力的集成效应；孙健等（2012）指出，随着时间的积累，大量同类人才会按照一定规律，在某一区域（物理空间）或者某一行业（虚拟空间）形成集聚的态势；杨芝（2014）则表明科技人才集聚会产生规模经济效应，使区域经济发展更优。

　　二是科技资源集聚的产生机理分析。国外学者 Taylor（2007）提出，创造性工作机会的数量、企业家的生产能力、企业雇主对人才的重视程度、区域人才供给状况以及人才的发展空间是科技人才集聚的重要影响因素；Suzuki（2009）则基于日本经验，提出科技人才集聚可以提升区域核心竞争力；Venkatesh 等（2009）通过建立经济模型，对科技人才集聚给区域带来的时空效应进行了分析，指出区域经济要实现快速发展，必须充分发挥人才的集聚效应。国内学者朱杏珍（2002）认为，区域内部人才异

质性在专业能力与知识等方面的互补集聚，有助于扩大区域经济规模；朱杏珍（2011）进一步指出科技人才集聚不仅可以产生经济性效应，还会产生非经济性效应；赵淑渊等（2012）则提出人才聚集不仅仅是一种规模经济现象，同时还具有空间性和聚类性，并会伴随产生信息共享效应、知识溢出效应、创新效应、集体学习效应、激励效应。

三是科技资源集聚对经济、科技等的影响。国内外许多学者对科技人才集聚与产业发展、经济发展以及科技发展之间的关系进行了研究。国内外学者将影响科技人才集聚的因素主要归结为人才政策、产业环境、区域经济、科技投入与科技进步，典型研究文献如 Tylecote（2006）、Sullivan（2005）、Clark（2002）、Taylor（2007）、程桢（2006）、牛冲槐等（2007，2008）。反过来，科技人才集聚也会对产业、经济、科技产生一定的影响，徐茜等（2010）提出科技人才集聚会产生一定的经济效应和不经济效应，如放大效应、羊群效应等；牛冲槐等（2012）指出科技人才集聚对产业集群存在着正向互动关系。此外，还有学者研究了科技人才集聚对经济增长的影响，典型研究文献如 Coulombe（2001）、Freireseren（2002）、Yan（2003）。

四是科技资源集聚综合评价。这类文献以国内实证研究为主，张延飞等（2010）应用主成分分析和理想点排序方法，对我国部分城市科技人才集聚进行了综合评价；穆晓霞等（2010）利用灰色聚类评估模型，评估了我国六个省份的科技人才集聚的特征；宋磊等（2012）建立了科技人才聚集效应的非均衡评价指标体系，利用相对偏差模糊矩阵法对我国各地区进行了实证分析；薛晔等（2013）在广义虚拟经济的视角下，设计了科技人才集聚效应的评价指标体系，运用模糊重心综合评价方法对我国科技人才集聚效应进行实证分析；查成伟等（2014）构建了包括人才聚集预警内部机理、预警测度体系、警报体系与调控策略的人才聚集预警概念模型，并基于江苏省人才数据进行了实证研究。

国外对科技创新的研究相对成熟，既有理论研究，也有实证研究。在国内，随着国家"双创"战略的推进，科技创新研究近年来逐渐成为研究的热点。国内外研究文献关于科技创新的研究主要集中于以下六个方面：一是区域创新系统及科技创新机理研究，典型文献如和瑞亚等（2014）；二是区域创新能力和创新效率研究，典型文献如 Pinto 等（2010）；三是区域创新资源配置及空间分布研究，典型文献如 Cappelli 等（2014）；四是技术空间溢出及创新驱动经济增长研究，典型文献如 Anx 等（2014）；五是区域科技协同创新研究，典型文献如 Bergek 等（2015）；六是区域科技创新政策和创新制度变迁研究，典型文献如陈玉川等（2009）。

产业集聚是指在特定地理区域内同一产业高度集中、产业资本要素不断集聚的过程。马歇尔（1890）在其《经济学原理》中提出了产业集聚理论，即产业集聚形成了显著的外向规模经济。当前，国内外关于产业集聚与区域科技创新效率关系的研究，主要集中于以下三个领域。

一是产业集聚对区域科技创新效率的影响机制理论研究。理论解释基于两个视角：第一，产业集聚导致知识溢出效应，对区域科技创新效率产生影响。如 Kyoung 等（2004）研究发现专业化和多样化集聚都能够促进知识溢出，进而影响产业创新产出；Carlino（2007）基于对城市就业密度视角的研究发现产业集聚通过增强知识空间溢出，能够显著推动区域创新发展；张苹（2010）将产业集聚对区域创新效应的微观机制梳理概括为知识溢出机制、知识特有属性机制以及集聚企业互动机制；韩术斌（2016）指出生产性服务业集聚分别通过专业化知识溢出和多样化知识溢出影响区域创新产出；王彩萍等（2022）提出制度环境是决定产业集聚知识溢出效应能否发挥的重要影响因素，产业集聚的知识溢出效应在民营企业较多、社会信任度和市场化水平较高的地区更为显著。第二，产业集聚使得人才集聚，最终促进创新产出。王文翌等（2014）指出集聚区内的知识的专业化溢出效应形成人才集聚，从而进一步巩固产业集聚，促进创新产出；赵青霞等（2019）研究发现产业集聚与科技人才集聚联合更能显著推动区域创新能力提升；王振宇（2023）对山东省科技人才集聚与产业协同集聚之间的单项匹配、局部协同、系统耦合三种关系进行了系统性分析。

二是产业集聚对区域科技创新效率的积极影响实证研究。通常会将产业集聚细分为制造业集聚和生产性服务业集聚。制造业集聚对区域科技创新效率提升有积极影响：Baptista 和 Swann（1998）基于英国数据进行分析，发现制造业企业集聚的创新能力显著；刘军等（2010）使用国内省际面板数据证实了制造业集聚能够有效促进产业创新；张苹（2012）证实了中国的制造业集聚能显著提升技术创新水平。生产性服务业集聚对区域科技创新效率会产生积极影响：Illeris（2002）认为服务业存在着无法储存、无法物化、无法分解的性质，比制造业集聚效应更加明显；Eswaran 和 Kotwal（2002）认为生产性服务业集聚能够吸引专业人才集聚，促进区域科技创新效率；何守超等（2017）基于行业和地区异质性视角，实证检验生产性服务业集聚有助于促进技术创新。制造业与生产性服务业关联集聚对区域科技创新效率会产生积极影响：Wetering（2019）提出制造业与生产性服务业协同集聚能够激发研发创新活动产生；Yuan 等（2017）基于城市内部角度分析了二者协同集聚效应和影响因素；孟卫军等（2021）指出我国高技术制造业的创新效率整体较低，而科技服务业与高技术制造业协同集聚的创新效率促进效应均显著；陈春明等（2023）也指出先进制造业与科技服务业协同集聚与区域创新效率在地理层面具有空间相关性，且对本地区域效率具有促进作用。

三是产业集聚对区域科技创新效率的消极影响实证研究。许多学者研究表明产业集聚过度可能对区域科技创新效率起到负向作用，这种现象被称为产业集聚拥挤效应。国外学者 Tichy（1998）提出区域产业集群的生命周期理论，认为产业集群会在衰退阶段产生拥挤效应，导致规模不经济；Sedgley 和 Elmslie（2001）研究发现制造业过度集聚时出现的拥挤效应显著抑制了专利产出；Broersma 和 Dijk（2008）研究认为荷兰制造业过度集聚引起拥挤效应，导致产业增长缓慢。国内学者张杰等（2007）通过对江苏省制造业的数据研究发现，由于企业处于无序集聚状态，最终产业集聚对江苏省内制造业企业创新能力的影响并不显著；汪彩君等（2011）基于产业规模指数发现长三角地区已出现产业集聚导致的生产要素拥挤现象，致使行业生产效率下降。产业集聚通过知识溢出、人才效应影响区域科技创新水平的提升，进而又会对人才、资源与信息形成虹吸效应，反作用力于产业集聚，二者之间更有可能是耦合协调关系。刘信恒（2020）指出产业集聚对出口产品质量的影响并不是简单的线性关系，而是倒"U"形关系；赵世柯（2023）实证研究发现安徽省制造业和生产性服务业集聚均对区域科技创新效率同时存在集聚效应和拥挤效应。

从已有的研究文献来看，产业集聚通过规模经济的优势，可以在一定程度上形成对科技人才、资金、信息、知识产权、技术方法等的虹吸效应，从而推动本区域的科技创新效率提升，实现本区域经济高质量发展。但是经济学原理告诉我们，产业规模发展到一定程度也可能导致规模不经济，也即出现产业过度集聚，这种现象被称为产业集聚的拥挤效应。本章通过区位熵模型构建生产制造业集聚规模与生产性服务业集聚规模的实证代理变量，然后将 Griliches-Jaffe 知识生产函数进行拓展、重整并对数化处理，构建产业集聚对区域科技创新效率影响的基准对数线性回归模型，应用 2010—2020 年北上广深的宏观经济面板数据，实证分析北上广深的产业集聚对科技创新效率的集聚效应与拥挤效应。结果表明：①北上广深生产制造业产业内集聚规模与其科技创新效率发展呈现倒"U"形非线性关系，即产生拥挤效应；②北上广深生产性服务业产业内集聚规模与其科技创新效率发展呈现"单调递增"正向线性关系，即存在集聚效应；③北上广深生产制造业与生产性服务业产业间的关联集聚与其科技创新效率发展也呈现倒"U"形非线性关系，即关联集聚也出现拥挤效应。

第二节 产业集群对区域创新效率的影响实证分析

一、变量选取与指标设置

（一）被解释变量

衡量一个国家（地区）科技创新效率水平的指标有很多，如 R&D 各种投入、新产品产值、高新技术企业总产值、国际国内专利数量，尤其是 PCT 国际专利数量。其中，R&D 人员投入、R&D 经费投入都是刺激高新技术产品创新的因素，二者之间存在着很大的不确定性，如受全社会的创新环境、诚信环境等影响，而且从投入到产出均存在一定的时滞性，因此，二者可以作为科技创新效率的被解释变量。专利申请量与授权量在一定程度上代表研发的直接成果，并且这种研发成果会直接刺激新产品的产出，从而促进经济增长。从全球的创新角度来看，许多国家把 PCT 国际专利申请量作为一个地区科技创新成效的主要衡量指标。综合考虑该数据的广泛影响力、数据的可获得性以及数据的完整性，我们决定采用 PCT 国际专利申请量作为反映北上广深科技创新效率的代理指标变量。

（二）解释变量

集聚是一个物理概念，如空间集聚、时间集聚、资源集聚、信息集聚等。一般使用指数来衡量集聚程度，常见的指数有 HHI 指数（赫芬达尔—赫希曼指数）、LQ 指数（区位熵指数）等。然而，HHI 指数要求收集企业微观层面的数据，对数据的统计调查要求极高，往往不容易操作与控制。相比较而言，LQ 指数则是学术界普遍用于衡量集聚程度的重要指标，因此，本章也选用这一指数。LQ 指数最早是由马蒂拉（J. M. Mattila）和汤普森（W. R. Thompson）提出的。在此，我们用产业集聚区位熵 LQ 来衡量产业集聚指标，具体计算公式为：

$$LQ_{ij} = \cfrac{\cfrac{pop_{ij}}{\sum\limits_{j=1}^{n} pop_{ij}}}{\cfrac{\sum\limits_{i=1}^{m} POP_{ij}}{\sum\limits_{i=1}^{m}\sum\limits_{j=1}^{n} POP_{ij}}} \tag{7-1}$$

其中，LQ_{ij} 是指 i 地区 j 行业的产业集聚，pop_{ij} 是指 i 地区 j 行业的就业人数，$\sum\limits_{j=1}^{n} pop_{ij}$ 是指 i 地区全部行业的就业人数，$\sum\limits_{i=1}^{m} POP_{ij}$ 是指全部地区 j 行业的就业人数，$\sum\limits_{i=1}^{m}\sum\limits_{j=1}^{n} POP_{ij}$ 是指全部地区全部行业的就业人数。如果 $LQ_{ij} > 1$，则表示 i 地区 j 行业具有一定集聚效应，该地区 j 行业具备一定竞争能力，相比其他行业与地区，具有一定比较优势；如果 $LQ_{ij} < 1$，则表示 i 地区 j 行业优势并不明显，该地区 j 行业不具备较强竞争能力，相比其他行业与地区，不具备比较优势。我们用行业就业人员人数作为计算产业集聚区位熵的底层数据，更进一步，我们将产业集聚按照行业性质分为生产制造业集聚和生产性服务业集聚，生产制造业集聚用生产制造业就业人员区位熵 $LQ_{ij}(MA_{it})$ 度量，生产性服务业集聚用生产性服务业就业人员区位熵 $LQ_{ij}(LS_{it})$ 度量。为进一步表明二者的关联集聚对科技创新产出产生的交互影响，我们选用生产制造业就业人员区位熵 $LQ_{ij}(MA_{it})$ 与生产性服务业就业人员区位熵 $LQ_{ij}(MA_{it})$ 的乘积 $LQ_{ij}(MA_{it}) \cdot LQ_{ij}(LS_{it})$ 来衡量这种交互影响。

（三）控制变量

为了更加准确地衡量产业集聚对区域科技创新效率的影响，我们引入三个控制变量对模型进行完善，分别是：

（1）R&D 人员投入。经济增长领域的投入产出模型表明投入产出在一定程度上存在正向关系，要提高科技创新效率，最直接的方式就是加大科技资源投入。当然，从科技资源投入到科技创新成果的产出并不是直接线性关系，也可能受到一国经济体制、创新环境、知识产权保护等众多因素的合力影响，但是，科技资源投入无疑是其中一个重要的环节。因此，我们依据Griliches-Jaffe 知识生产函数模型，分析认为科技资源投入对科技创新成效具有积极的效应，R&D 人员投入可以构成科技创新成果的控制变量之一。

（2）R&D 经费投入。R&D 经费是支持研发的重要资本，有了经费支持才可以投入更多资源开展研发工作。R&D 经费既包括政府部门投资基础设施建设的经费，也包括科技型企业进行应用研究而投入的应用开发经费。R&D 经费投入与 R&D 人员投入并不矛盾，二者是相辅相成的，因此，R&D 经费投入可以作为科技创新水平的控制变量。

（3）R&D 人员与 R&D 经费投入的交互项。资本资源与人力资源在一定程度上是可以相互转化的，当拥有资本资源时，可以通过高薪聘请有专业技术能力、素质过硬的人才到企业工作；当企业拥有更多一流人才的时候，企业就可以依托人才创造更有效的产出，从而为企业积累更多的财富资本。因此，R&D 人员与 R&D 经费投入的交互项可以较好地表明它们之间的关联效应。

表 7-1 展示了实证分析过程中的变量类型、指标选取、指标代码以及选取的具体实证代理变量和对应的单位。

表 7-1　变量类型与指标选取

变量类型	指标选取	指标代码	代理变量	单位
被解释变量	科技创新效率	Q_{it}	PCT 国际专利申请量	件
解释变量	生产制造业集聚	$LQ_{ij}(MA_{it})$	区位熵	—
	生产性服务业集聚	$LQ_{ij}(LS_{it})$		
	制造业集聚与服务业集聚的交互项	$LQ_{ij}(MA_{it}) \cdot LQ_{ij}(LS_{it})$		
控制变量	科技资金投入	K_{it}	R&D 内部经费	元
	科技人才投入	L_{it}	R&D 人员	人
	科技资金投入与科技人才投入的交互项	$K_{it} \cdot L_{it}$	R&D 内部经费 × R&D 人员	—

二、数据来源与处理

我们选取 2010—2020 年北上广深的面板数据进行实证研究。其中，北上广深的基础数据，如生产制造业、生产性服务业及下辖产业的就业人员人数、R&D 内部经费支出、R&D 研发人员数量等均来源于各城市的统计年鉴。

图 7-1 展示了 2010—2020 年北上广深的专利授权量。2010 年，广州专利授权量为 15091 件，深圳专利授权量为 34951 件，由图可见，广州和深圳的专利授权量均低于北京及上海的整体水平。但随着深圳在信息技术产业上的发力，深圳高新技术企业开始重视专利技术，其专利授权量开始快速增长，于 2014 年超过上海，排名第二，并于 2017 年超过北京，排名第一。2020 年，深圳专利授权量位居第一名，专利授权量共计 222400 件，远高于同期北京、上海、广州的专利授权量。

（件）

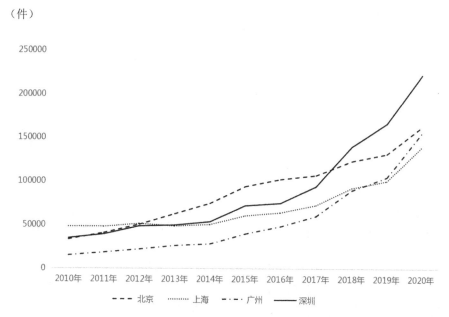

图 7-1 2010—2020 年北上广深的专利授权量

数据来源：《北京科技统计年鉴 2021》《上海科技统计年鉴 2021》《广州统计年鉴 2021》《深圳统计年鉴 2021》。

图 7-2 展示了 2010—2020 年北上广深的 R&D 人员全时当量，可以看出，深圳一直都十分重视科技人才投入，2010 年深圳 R&D 人员全时

当量为 15.74 万人年，排名仅次于北京。深圳科技人才主要依托大型科技企业，是市场化配置资源的结果，而北京则主要依托强有力的高等教育资源，是政策配置资源的结果。深圳 R&D 人员全时当量在 2018 年有了质的飞跃，2020 年深圳 R&D 人员全时当量为 32.33 万人年，是同期广州市 R&D 人员全时当量（16.04 万人年）的 2 倍多。深圳 R&D 人员投入力度较大，对深圳科技创新具有一定的支撑作用。

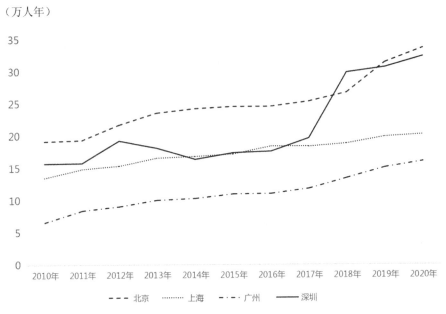

图 7-2　2010—2020 年北上广深 R&D 人员全时当量

数据来源：《北京科技统计年鉴 2021》《上海科技统计年鉴 2021》《广州统计年鉴 2021》《深圳统计年鉴 2021》。

图 7-3 展示了 2010—2020 年北上广深 R&D 内部资金投入，可以看出，北京 R&D 内部资金投入量一直稳居全国前列。2010 年北京 R&D 内部资金投入 821.82 亿元，到 2020 年北京 R&D 内部资金投入达 2326.58 亿元，10 年间增长了接近 3 倍。深圳 R&D 内部资金投入起点较低，2010 年仅有 333.31 亿元，但其增长幅度较大，2020 年深圳 R&D 内部资金投入高达 1543.82 亿元，10 年间增长了近 5 倍。

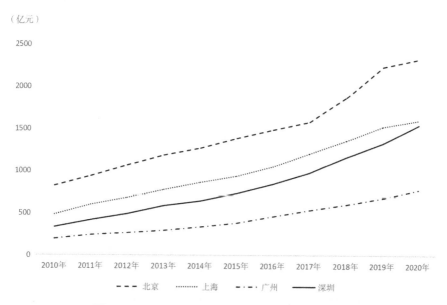

图7-3 2010—2020年北上广深R&D内部资金

数据来源：《北京科技统计年鉴2021》《上海科技统计年鉴2021》《广州统计年鉴2021》《深圳统计年鉴2021》。

图7-4展示了2010—2020年北上广深R&D人员与R&D内部资金投入交互项，可以看出，北京R&D人员与R&D内部资金投入交互项一直稳居全国前列。2010年北京R&D人员与R&D内部资金投入交互项为15762.57，2020年为78242.89，10年间增长了接近5倍。深圳R&D人员与R&D内部资金投入交互项起点较低，2010年仅为5246.30，但是增长幅度较大，2020年深圳R&D人员与R&D内部资金投入交互项为49911.70，10年间增长了近10倍。

图7-5展示了2010—2020年北上广深生产制造业就业人员集聚规模。可以看出，相比于北京、上海和广州，深圳生产制造业就业人员集聚规模较高。从2010到2020年的时间跨度来看，北上广深生产制造业就业人员集聚规模整体变动不大。根据区位熵计算方法，2010年深圳生产制造业就业人员集聚规模为0.79，而2020年深圳生产制造业就业人员集聚规模则为0.73。

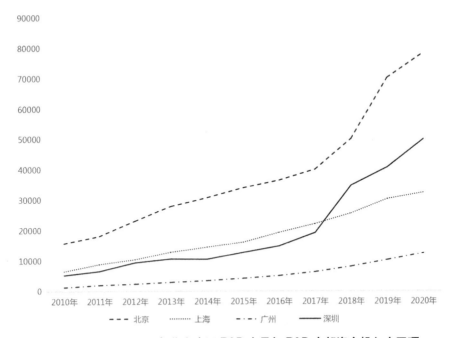

图 7-4　2010—2020 年北上广深 R&D 人员与 R&D 内部资金投入交互项

数据来源：根据《北京科技统计年鉴 2021》《上海科技统计年鉴 2021》《广州统计年鉴 2021》《深圳统计年鉴 2021》计算而得。

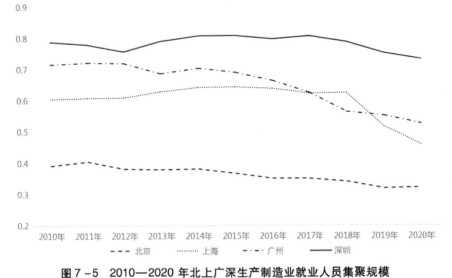

图 7-5　2010—2020 年北上广深生产制造业就业人员集聚规模

数据来源：根据《北京科技统计年鉴 2021》《上海科技统计年鉴 2021》《广州统计年鉴 2021》《深圳统计年鉴 2021》计算而得。

154

图 7 - 6 展示了 2010—2020 年北上广深生产性服务业就业人员集聚规模。可以看出，相比于北京、上海和广州，深圳生产性服务业就业人员集聚规模较低。根据区位熵计算方法，2010 年北京生产性服务业就业人员集聚规模为 2. 15，2020 年为 1. 74，呈现逐年下降的态势；2010 年深圳生产性制造业就业人员集聚规模为 1. 40，2020 年为 1. 29。

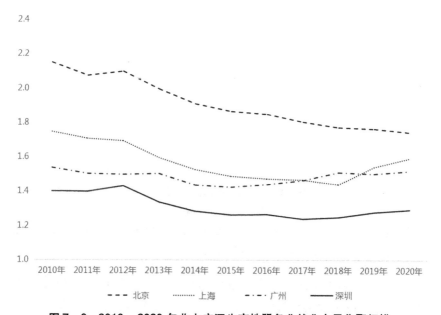

图 7 - 6　2010—2020 年北上广深生产性服务业就业人员集聚规模
　　数据来源：根据《北京科技统计年鉴 2021》《上海科技统计年鉴 2021》《广州统计年鉴 2021》《深圳统计年鉴 2021》计算而得。

　　图 7 - 7 展示了 2010—2020 年北上广深生产制造业与生产性服务业就业人员交互集聚规模。可以看出，相较北京、上海和广州，深圳生产制造业与生产性服务业就业人员交互集聚规模较高。2010 年深圳生产制造业与生产性服务业交互集聚规模为 1. 10，2020 年为 0. 95，呈现逐年下降的态势。

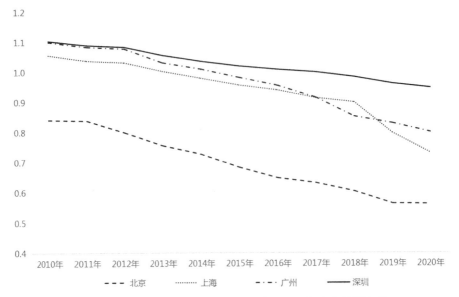

图7-7   2010—2020年北上广深生产制造业与生产性服务业
就业人员交互集聚规模

数据来源：根据《北京科技统计年鉴2021》《上海科技统计年鉴2021》《广州统计年鉴2021》《深圳统计年鉴2021》计算而得。

图7-8展示了实证模型研究数据的动态趋势，包含的变量有科技创新效率、生产制造业集聚规模、生产性服务业集聚规模、生产制造业与生产性服务业交互集聚规模、科技人才、科技资金、科技人才与资金交互，这里的变量数据通过对前面的原始数据进行对数化处理得出。另外，按照变量类型对图形进行了简单分类，以便于看出其中的变化趋势。

156

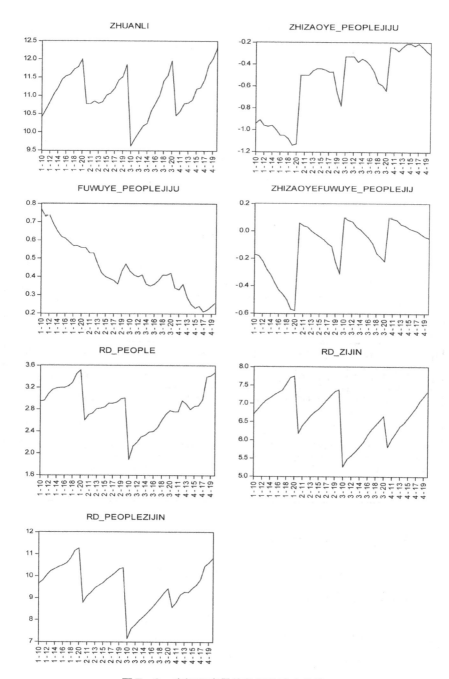

图 7-8 实证研究最终数据的动态趋势

数据来源：根据图 7-1 至图 7-7 的数据计算出来的结果在 EViews 中作图而得。

表7-2展示了实证变量的描述性统计分析结果，其中样本总观测值44个，专利授权量对数化后最大值为12.3100，最小值为9.6200，均值为11.0700，最大值与最小值相差不大，这表明北上广深在科技成果方面是存在差距的，但差距较小。生产制造业集聚规模取对数后变为负值，均值为-0.5529，最大值为-0.2100，最小值为-1.1400；生产性服务业集聚规模取对数后，均值为0.4397，最大值为0.7700，最小值为0.2100，相差超过3倍。从研发投入来看，R&D人员均值为2.8606，最大值为3.5200，最小值为1.8900，相差接近2倍；R&D内部资金均值为6.6665，最大值为7.7500，最小值为5.2600，二者相差不大。

表7-2 实证研究变量描述性统计分析

指标	专利授权量	生产制造业集聚	生产性服务业集聚	生产制造业与生产性服务业交互集聚	R&D人员	R&D内部资金	R&D人员与R&D内部资金交互
均值	11.0700	-0.5529	0.4397	-0.1131	2.8606	6.6665	9.5270
中位数	11.0300	-0.4650	0.4100	-0.0450	2.8850	6.7250	9.5900
最大值	12.3100	-0.2100	0.7700	0.1000	3.5200	7.7500	11.270
最小值	9.6200	-1.1400	0.2100	-0.5800	1.8900	5.2600	7.1500
标准误	0.6146	0.3012	0.1481	0.1890	0.3732	0.6181	0.9707
偏度	-0.2029	-0.6952	0.4795	-1.0089	-0.3967	-0.3698	-0.4136
峰度	2.6433	2.0563	2.4760	3.0246	2.9569	2.3962	2.6405
观测值	44	44	44	44	44	44	44

三、实证研究模型设计

我们选择在 Griliches-Jaffe 知识生产函数模型的基础上进行拓展，扩展后的模型数学表达式为：

$$Q_{it} = A_{it} K_{it}^{\alpha} L_{it}^{\beta} (K_{it} \cdot L_{it})^{\delta} \varepsilon_{it} \qquad (7-2)$$

其中，i 表示不同地区与区域，t 表示不同年份与时间，Q 表示科技创新的产出，A 表示希克斯中性技术进步效率函数，K 表示科技资金投入，L 表示科技人才投入，α 表示科技资金投入产出弹性，β 表示科技人才投入产出弹性，$K \cdot L$ 表示科技资金投入与科技人才投入的交互项，δ 表示科技资金投入与科技人才投入交互项的产出弹性，ε 为随机干扰项。

式（7-2）中，A 可以比较客观地反映科技生产函数规模报酬递增或递减的现象。如果某些区域在某些时期形成产业集聚效应，就可以形成一定规模的经济效应，从而降低信息结构壁垒，扩大知识技术外溢，增加创新的边际回报，提高整体科技创新产出水平；但如果产业集聚过度，形成了一定程度拥挤效应，并且导致行业"内卷"时，产业集聚就会导致科技创新产出降低。因此，A 对科技创新产出存在两方面的影响：正向的集聚效应以及反向的拥挤效应，这时需要通过实证数据判断和检验。

在此，我们假设希克斯中性技术进步效率函数 A_{it} 可以表示为产业集聚效应 IC_{it} 的函数，即：

$$A_{it} = \lambda \left[LQ_{ij}(IC_{it}) \right]^{\gamma} \qquad (7-3)$$

其中，λ 为常量，将式（7-3）代入式（7-2）中，可以得到：

$$Q_{it} = \lambda K_{it}^{\alpha} L_{it}^{\beta} \left[LQ_{ij}(IC_{it}) \right]^{\gamma} \varepsilon_{it} \qquad (7-4)$$

两边取对数，得到：

$$\ln Q_{it} = \ln \lambda + \alpha \ln K_{it} + \beta \ln L_{it} + \gamma \ln LQ_{ij}(IC_{it}) + \varepsilon_{it} \qquad (7-5)$$

其中，γ 为产业集聚对科技创新产出的弹性。

为了让研究更加细致，我们将产业集聚细分为生产制造业集聚、生产性服务业集聚以及二者的交互项，用公式表示为：

$$\left[LQ_{ij}(IC_{it}) \right]^{\gamma} = \left[LQ_{ij}(MA_{it}) \right]^{\phi} \left[LQ_{ij}(LS_{it}) \right]^{\varphi} \left[LQ_{ij}(MA_{it}) \cdot LQ_{ij}(LS_{it}) \right]^{\theta}$$

$$(7-6)$$

其中，$LQ_{ij}(MA_{it})$ 表示 i 地区 t 时刻的生产制造业集聚，ϕ 表示生产制造业集聚效应的科技创新产出弹性，$LQ_{ij}(LS_{it})$ 表示 i 地区 t 时刻的生产性服务业集聚，φ 表示生产性服务业集聚的科技创新产出弹性，$LQ_{ij}(MA_{it}) \cdot LQ_{ij}(LS_{it})$ 表示 i 地区 t 时刻生产制造业集聚与生产性服务业集聚交互项，θ 表示生产制造业集聚与生产性服务业集聚交互项的科技创新产出弹性。

我们用前文中的区位熵模型计算生产制造业集聚 $LQ_{ij}(MA_{it})$ 的代理变量与生产性服务业集聚 $LQ_{ij}(LS_{it})$ 的代理变量，具体如下：

$$LQ_{ij}(MA_{it}) = \cfrac{\cfrac{mapop_{ij}}{\sum\limits_{j=1}^{n} mapop_{ij}}}{\cfrac{\sum\limits_{i=1}^{m} MAPOP_{ij}}{\sum\limits_{i=1}^{m}\sum\limits_{j=1}^{n} MAPOP_{ij}}} \qquad (7-7)$$

$$LQ_{ij}(LS_{it}) = \cfrac{\cfrac{lspop_{ij}}{\sum\limits_{j=1}^{n} lspop_{ij}}}{\cfrac{\sum\limits_{i=1}^{m} LSPOP_{ij}}{\sum\limits_{i=1}^{m}\sum\limits_{j=1}^{n} LSPOP_{ij}}} \qquad (7-8)$$

其中，$LQ_{ij}(MA_{it})$ 表示 i 地区 t 时刻的生产制造业集聚，$mapop_{ij}$ 是指 i 地区 j 行业的生产制造业就业人员人数，$\sum\limits_{j=1}^{n} mapop_{ij}$ 是指 i 地区全部行业的就业人数，$\sum\limits_{i=1}^{m} MAPOP_{ij}$ 是指全部地区 j 行业的就业人数，$\sum\limits_{i=1}^{m}\sum\limits_{j=1}^{n} MAPOP_{ij}$ 是指全部地区全部行业的就业人数；$LQ_{ij}(LS_{it})$ 表示 i 地区 t 时刻的生产性服务业集聚，$lspop_{ij}$ 是指 i 地区 j 行业的生产性服务业就业人数，$\sum\limits_{j=1}^{n} lspop_{ij}$ 是指 i 地区全部行业的就业人数，$\sum\limits_{i=1}^{m} LSPOP_{ij}$ 是指全部地区 j 行业的就业人数，$\sum\limits_{i=1}^{m}\sum\limits_{j=1}^{n} LSPOP_{ij}$ 是指全部地区全部行业的就业人数。

将式（7-6）两边取对数，可以得到：

$$\gamma\ln LQ_{ij}(IC_{it}) = \phi\ln LQ_{ij}(MA_{it}) + \varphi\ln LQ_{ij}(LS_{it}) + \theta\ln[LQ_{ij}(MA_{it}) \cdot LQ_{ij}(LS_{it})] \qquad (7-9)$$

将式（7-9）代入式（7-5）中，可以得到面板回归模型的最终形式，具体如下：

$$\ln Q_{it} = \ln\lambda + \alpha\ln K_{it} + \beta\ln L_{it} + \delta\ln(K_{it} \cdot L_{it}) + \phi\ln LQ_{ij}(MA_{it}) + \varphi\ln LQ_{ij}(LS_{it}) + \theta\ln[LQ_{ij}(MA_{it}) \cdot LQ_{ij}(LS_{it})] + \varepsilon_{it}$$
$$(7-10)$$

四、实证研究模型检验

(一) 单位根检验

本章使用的数据是面板数据，由于不平稳的时间序列数据经常会表现出某种共同变化的趋势，因此，对其中的时间序列数据，需要检验其平稳性。从回归结果看，往往会使人误以为数据之间具有某种关联性，而且从统计结果来看，这些回归的拟合优度也常常表现得很高。但实际上，这样的回归结果并没有很大的现实意义，通常这种回归被称为"伪回归"或者"假回归"。为了避免"伪回归"的发生，我们需要对实证变量进行时间序列的平稳性检验。常见的检验平稳性方法就是单位根检验法，具体计量检验方法有 LLC 检验和 ADF 检验，我们将本章用到的实证变量进行 LLC 检验和 ADF 检验，结果如表 7-3 所示。

表 7-3　实证变量单位根检验

变量	LLC 检验		ADF 检验	
$\ln Q_{it}$	-5.2314	0.0000 ***	39.7425	0.0006 ***
$\ln LQ_{ij}(MA_{it})$	-3.2154	0.0002 ***	32.4562	0.0005 ***
$\ln LQ_{ij}(LS_{it})$	-2.1563	0.0203 **	27.3698	0.0012 ***
$\ln[LQ_{ij}(MA_{it}) \cdot LQ_{ij}(LS_{it})]$	-1.3142	0.0953 *	25.3642	0.0009 ***
$\ln K_{it}$	-32.5486	0.0000 ***	135.2349	0.0000 ***
$\ln L_{it}$	-12.3548	0.0000 ***	69.1536	0.0000 ***
$\ln(K_{it} \cdot L_{it})$	-3.2569	0.0000 ***	72.3596	0.0000 ***

注：***、**、*分别表示 1%、5% 和 10% 的统计显著性水平。

从单位根检验结果来看，被解释变量 $\ln Q_{it}$ 在 1% 的统计显著性水平通过了时间序列的平稳性检验，LLC 检验统计值为 -5.2314，ADF 检验统计值为 39.7425，这表明被解释变量 $\ln Q_{it}$ 是平稳的面板数据。解释变量 $\ln LQ_{ij}(MA_{it})$、$\ln LQ_{ij}(LS_{it})$ 和 $\ln[LQ_{ij}(MA_{it}) \cdot LQ_{ij}(LS_{it})]$ 也都通过了 10% 的统计显著性水平检验，基本认为它们都是平稳的时间序列数据，其中 $\ln LQ_{ij}(MA_{it})$ 的 LLC 检验统计值为 -3.2154，ADF 检验统计值为 32.4562，通过了 1% 的统计显著性水平检验；$\ln LQ_{ij}(LS_{it})$ 的 LLC 检验统计值为 -2.1563，ADF 检验统计值为 27.3698，通过了 5% 的统计显著性水平检验；$\ln[LQ_{ij}(MA_{it}) \cdot LQ_{ij}(LS_{it})]$ 的 LLC 检验统计值为 -1.3142，ADF 检验统计值为 25.3642，通过了 10% 的统计显著性水平检验。控制变量 $\ln K_{it}$、$\ln L_{it}$ 和 $\ln(K_{it} \cdot L_{it})$ 也都通过了 1% 的统计显著性水平检验，基本认为它们都是平稳的时间序列数据，其中 $\ln K_{it}$ 的 LLC 检验统计值为 -32.5486，ADF 检验统计值为 135.2349；$\ln L_{it}$ 的 LLC 检验统计值为 -12.3548，ADF 检验统计值为 69.1536；$\ln(K_{it} \cdot L_{it})$ 的 LLC 检验统计值为 -3.2569，ADF 检验统计值为 72.3596。单位根检验结果表明，通过面板数据的实证分析是可行的，实证结论具有一定的科学意义。

（二）协整检验

经典回归模型是建立在平稳时间序列基础上的，非平稳的时间序列回归可能会产生"伪回归"问题。对于非平稳时间序列如何进行计量研究，著名经济学家、诺贝尔经济奖获得者 Engle 和 Granger（1987）提出了协整理论及方法。他们认为，尽管一些经济中的变量本身是非平稳的时间序列数据，但是，通过一定的线性组合，原本非平稳的时间序列数据可能会变为平稳的时间序列数据，这种线性关系表达式被称为"协整方程"，并且这种组合可以解释其与被解释变量之间的长期稳定均衡关系。

为了进一步研究北上广深区域创新效率与产业集群之间的关系，我们采用固定控制变量下的逐步回归法进行回归，结果如下式所示：

$$
\begin{cases}
\ln Q_{it} = \alpha \ln LQ_{ij}(MA_{it}) + \beta_1 \ln K_{it} + \beta_2 \ln L_{it} + \beta_3 \ln(K_{it} \cdot L_{it}) + \varepsilon_{it} & (1) \\
\ln Q_{it} = \alpha \ln LQ_{ij}(LS_{it}) + \beta_1 \ln K_{it} + \beta_2 \ln L_{it} + \beta_3 \ln(K_{it} \cdot L_{it}) + \varepsilon_{it} & (2) \\
\ln Q_{it} = \alpha \ln[LQ_{ij}(MA_{it}) \cdot LQ_{ij}(LS_{it})] + \beta_1 \ln K_{it} + \beta_2 \ln L_{it} + \\
\qquad \beta_3 \ln(K_{it} \cdot L_{it}) + \varepsilon_{it} & (3) \\
\ln Q_{it} = \alpha_1 \ln LQ_{ij}(MA_{it}) + \alpha_2 \ln LQ_{ij}(LS_{it}) + \alpha_3 \ln[LQ_{ij}(MA_{it}) \cdot \\
\qquad LQ_{ij}(LS_{it})] + \beta_1 \ln K_{it} + \beta_2 \ln L_{it} + \beta_3 \ln(K_{it} \cdot L_{it}) + \varepsilon_{it} & (4)
\end{cases}
$$

$$(7-11)$$

在进行回归检验之前，我们要对模型内各变量进行协整检验。本章选用 Pedroni（1999）提出的协整检验方法，原假设是多元面板动态回归中没有协整关系条件下基于残差进行面板协整检验的方法。检验的最终结果如表 7－4 所示。从表 7－4 实证模型的协整检验结果来看，模型（1）的单位根 ADF 统计检验值为 －11.2356，通过了 1% 的统计显著性水平检验，我们由此判断模型（1）的变量之间是存在协整关系的；模型（2）的单位根 ADF 统计检验值为 －3.2549，通过了 1% 的统计显著性水平检验，我们由此判断模型（2）的变量之间是存在协整关系的；模型（3）的单位根 ADF 统计检验值为 －18.3962，通过了 1% 的统计显著性水平检验，我们由此判断模型（3）的变量之间是存在协整关系的；模型（4）的单位根 ADF 统计检验值为 －15.3666，通过了 1% 的统计显著性水平检验，我们由此判断模型（4）的变量之间是存在协整关系的。

表 7－4　实证模型的协整检验

模型类型	残差协整检验	
（1）	－11.2356	0.0000 ***
（2）	－3.2549	0.0001 ***
（3）	－18.3962	0.0000 ***
（4）	－15.3666	0.0000 ***

注：*** 表示 1% 的统计显著性水平。

（三）Hausman 检验

对于面板数据回归，我们还需要考虑面板数据回归模型的形式，即到底是选择固定效应回归模型还是随机效应回归模型，为此，我们需要对数据进行 Hausman 检验。所谓固定效应回归模型，是指时间序列不同或截距不同，但是斜率项相同的面板数据回归模型；而随机效应回归模型则是指将随机变量作为回归系数的模型。由于固定效应回归模型能较好地利用面板数据优势控制实证误差，因此，大多研究会采用固定效应回归模型。

在此，我们通过采用 Hausman 检验方法来确定到底是选用固定效应回归模型还是随机效应回归模型。Hausman 检验的原假设为个体固定效应与解释变量无关，应该建立随机效应回归模型，表 7－5 给出了 Hausman 检验的结果，模型（1）Hausman 检验的 χ^2 值为 85.6539，通过了 1% 的统计显著性水平检验，我们由此判断模型（1）可以选择固定效应回归模型；模型（2）Hausman 检验的 χ^2 值为 76.3895，通过了 1% 的统计显著性水平检验，我们由此判断模型（2）可以选择固定效应回归模型；模型（3）Hausman 检验的 χ^2 值为 22.3566，通过了 1% 的统计显著性水平检验，我们由此判断模型（3）可以选择固定效应回归模型；模型（4）Hausman 检验的 χ^2 值为 47.8932，通过了 1% 的统计显著性水平检验，我们由此判断模型（4）可以选择固定效应回归模型。

表 7－5　实证模型的 Hausman 检验

模型类型	χ^2 值	概率度
（1）	85.6589	0.0000 ***
（2）	76.3895	0.0000 ***
（3）	22.3566	0.0000 ***
（4）	47.8932	0.0000 ***

注：*** 表示 1% 的统计显著性水平。

五、实证检验结果分析

（一）产业集群影响区域创新效率实证结果分析

根据前文的实证检验结果，本章采用固定效应回归模型，并通过对北上广深区域科技创新效率与生产制造业集聚、生产性服务业整体集聚以及生产制造业集聚与生产性服务业整体集聚的交互项进行面板数据逐步回归分析，回归结果如表 7－6 所示。从表 7－6 的回归结果来看，模型（1）～（4）的估计效果较好，拟合优度较高，分别为 0.8095、0.8138、0.8266 和 0.8385，F 值分别为 35.6345、38.4566、30.4266 和 35.4269。F 值较高，表明多元回归模型中解释变量存在多重共线性的可能性较低，变量之间具有相对较高的独立性。

表7-6 产业集群影响区域创新效率集聚效应实证分析结果

	指标	模型(1)	模型(2)	模型(3)	模型(4)
解释变量	$\ln LQ_{ij}(MA_{it})$	-0.7458*** (-2.5697)	—	—	-1.7634*** (-3.6435)
	$\ln LQ_{ij}(LS_{it})$	—	0.5698** (2.1543)	—	1.6235*** (2.9877)
	$\ln[LQ_{ij}(MA_{it}) \cdot LQ_{ij}(LS_{it})]$	—	—	0.4355*** (2.3422)	0.6877*** (5.3274)
控制变量	$\ln K_{it}$	-0.1542 (-0.3844)	-0.0859 (-0.3542)	0.2133 (0.7855)	0.5744 (0.9866)
	$\ln L_{it}$	0.1384** (2.3648)	0.1198** (2.2436)	0.0958 (1.5888)	0.3544*** (3.6285)
	$\ln(K_{it} \cdot L_{it})$	1.8695*** (8.8236)	2.1356*** (10.3569)	2.3596*** (12.5324)	2.7688*** (13.8472)
常量	C	12.3855*** (7.5333)	11.3566*** (6.7758)	13.2658*** (8.5333)	11.3456*** (6.5986)
	R^2 值	0.8095	0.8138	0.8266	0.8385
	F 值	35.6345	38.4566	30.4266	35.4269
	样本观测值	44	44	44	44

注：***、**分别表示1%、5%的统计显著性水平，括号内为t统计量。

本章采用式（7-11）的逐步回归模型，从模型（1）的实证结果来看，反映北上广深科技创新效率的实证代理变量与生产制造业集聚的区位熵代理变量回归系数为-0.7458，t统计值为-2.5697，通过了1%的统计显著性水平检验；控制变量中R&D内部资金投入回归系数为-0.1542，并且没有通过10%的统计显著性水平检验；R&D人员投入回归系数为0.1384，t统计值为2.3648，通过了5%的统计显著性水平检验；R&D内部资金投入与R&D人员投入交互项回归系数为1.8695，通过了1%的统计显著性水平检验。这表明北上广深生产制造业集聚对其科技创新效率可能存在一定的负面效应，有可能是生产制造业过度集聚造成了拥挤效应，导致创新环境恶化与创新要素成本剧增，抑制了该地区科技创新效率。与此同时，科技资源投入尤其是科技人才投入在一定程度上对该地区科技创新水平具有较强的推动作用。

从模型（2）的实证结果来看，反映北上广深科技创新效率的实证代理变量与生产性服务业聚的区位熵代理变量回归系数为 0.5698，t 统计值为 2.1534，通过了 5% 的统计显著性水平检验；控制变量中 R&D 内部资金投入回归系数为 -0.0859，没有通过统计显著性水平检验；R&D 人员投入回归系数为 0.1198，t 统计值为 2.2436，通过了 5% 的统计显著性水平检验；R&D 内部资金投入与 R&D 人员投入交互项回归系数为 2.1356，通过了 1% 的统计显著性水平检验。这表明北上广深生产性服务业集聚对其科技创新效率可能存在一定积极影响，与此同时，科技资源投入尤其是科技人才投入在一定程度上对该地区科技创新水平也具有较强的推动作用。

从模型（3）的实证结果来看，反映北上广深科技创新效率的实证代理变量对生产制造业集聚与生产性服务业集聚交互影响的区位熵代理变量回归系数为 0.4355，t 统计值为 2.3422，通过了 1% 的统计显著性水平检验；控制变量中 R&D 内部资金投入回归系数为 0.2133，没有通过统计显著性水平检验；R&D 人员投入回归系数为 0.0958，t 统计值为 1.5888，也没有通过统计显著性水平检验；而 R&D 内部资金投入与 R&D 人员投入交互项回归系数为 2.3596，通过 1% 的统计显著性水平检验。这表明北上广深生产制造业集聚与生产性服务业集聚交互项对其科技创新效率可能形成一定正向冲击，通过二者轴带作用与双轮驱动，可以有效促进北上广深城市科技创新产出效率。生产性服务业常常被认为是生产制造业的"润滑剂"，二者的高度关联与融合可以有效促进上下游产业协同发展，交互融合在一定程度上可以直接降低需要频繁互动的配套的生产性服务，从而间接降低企业在生产过程中的运营成本，使得企业能够将更多资源投入科技研发活动中，产生更高的附加值。

模型（4）是在模型（1）～（3）的基础上进行的综合回归，回归结果与模型（1）～（3）的实证结论基本一致，北上广深整体的科技创新效率与生产制造业集聚的区位熵代理变量回归系数为 -1.7634，t 统计值为 -3.6435，通过了 1% 的统计显著性水平检验；与生产性服务业集聚的区位熵代理变量回归系数为 1.6235，t 统计值为 2.9877，通过了 1% 的统计显著性水平检验；与生产制造业和生产性服务业交互集聚的区位熵代理变量回归系数为 0.6877，t 统计值为 5.3274，通过了 1% 的统计显著性水平检验。这一结果表明，北上广深产制造业集聚可能超过了本身的负荷承载量，即可能出现过度集聚现象，而生产性服务业则还未达到饱和状态，可以有效促进其科技创新效率。也就是说，生产制造业与生产性服务业二者的协调融合与关联集聚在一定程度上可以有效促进北上广深的科技创新效率。

（二）产业集群的拥挤效应

产业过度集聚就有可能出现拥挤效应，产品市场拥挤与生产要素双重拥挤带来的竞争环境恶化与创新成本提高，抑制了该地区科技创新效率提升。为了验证北上广深的生产制造业集聚与生产性服务业集聚是否导致了拥挤效应，阻碍了其科技创新效率提升，我们在此将非线性二次函数模型引入式（7-11）中，得到下式：

$$
\begin{cases}
\ln Q_{it} = \alpha_1 \ln LQ_{ij}(MA_{it}) + \alpha_2 \left[\ln LQ_{ij}(MA_{it})\right]^2 + \beta_1 \ln K_{it} + \beta_2 \ln L_{it} + \\
\qquad \beta_3 \ln(K_{it} \cdot L_{it}) + \varepsilon_{it} \qquad\qquad (5) \\
\ln Q_{it} = \alpha_1 \ln LQ_{ij}(LS_{it}) + \alpha_2 \left[\ln LQ_{ij}(LS_{it})\right]^2 + \beta_1 \ln K_{it} + \beta_2 \ln L_{it} + \\
\qquad \beta_3 \ln(K_{it} \cdot L_{it}) + \varepsilon_{it} \qquad\qquad (6) \\
\ln Q_{it} = \alpha_1 \ln LQ_{ij}(MA_{it}) + \alpha_2 \ln\left[LQ_{ij}(MA_{it})\right]^2 + \alpha_3 \ln LQ_{ij}(LS_{it}) + \\
\qquad \alpha_4 \left[\ln LQ_{ij}(LS_{it})\right]^2 + \alpha_5 \ln\left[LQ_{ij}(MA_{it}) \cdot LQ_{ij}(LS_{it})\right] + \\
\qquad \alpha_6 \left(\ln\left[LQ_{ij}(MA_{it}) \cdot LQ_{ij}(LS_{it})\right]\right)^2 + \beta_1 \ln K_{it} + \beta_2 \ln L_{it} + \\
\qquad \beta_3 \ln(K_{it} \cdot L_{it}) + \varepsilon_{it} \qquad\qquad (7)
\end{cases}
$$

$$(7-12)$$

若计量模型回归结果中产业内集聚的二次项系数或者产业间关联交互集聚的二次项系数回归结果为正数，则说明产业集聚对该地区科技创新效率的正向影响居于主导地位；若计量模型回归结果显示为负数，则说明负向产生的拥挤效应居于主导地位。实证结果如表 7-7 所示。

表7-7　产业集群对区域科技创新效率影响拥挤效应实证分析结果

	指标	模型（5）	模型（6）	模型（7）
解释变量	$\ln LQ_{ij}(MA_{it})$	2.5328 *** (2.9697)	—	0.5863 (0.8622)
	$[\ln LQ_{ij}(MA_{it})]^2$	−2.2318 *** （−2.4632）	—	−1.6724 （−1.5368）
	$\ln LQ_{ij}(LS_{it})$	—	0.6033 (1.1256)	−1.4253 *** （−2.9877）
	$[\ln LQ_{ij}(LS_{it})]^2$	—	0.5789 (0.9861)	1.5638 *** (2.5447)
	$\ln[LQ_{ij}(MA_{it})\cdot LQ_{ij}(LS_{it})]$	—	—	5.6888 *** (3.2866)
	$(\ln[LQ_{ij}(MA_{it})\cdot LQ_{ij}(LS_{it})])^2$	—	—	−2.2358 *** （−2.3742）
控制变量	$\ln K_{it}$	−0.3256 （−0.5984）	−0.3104 （−0.5478）	−0.3251 （−0.7846）
	$\ln L_{it}$	0.3547 *** (2.4659)	0.3244 *** (2.3759)	0.4283 *** (3.1212)
	$\ln(K_{it}\cdot L_{it})$	1.3564 ** (1.9936)	1.2333 ** (2.0231)	1.7655 *** (9.8564)
常量	C	2.3855 *** (5.5363)	2.3855 *** (5.5363)	5.3742 *** (6.9899)
R^2 值		0.8324	0.8235	0.8277
F 值		36.4784	37.2544	34.5326
样本观测值		44	44	44

注：***、** 分别表示1%、5%的统计显著性水平，括号内为 t 统计量。

表7-7中，模型（5）是引入二次项后北上广深科技创新效率的实证代理变量与生产制造业集聚的区位熵代理变量单独的非线性回归结果。由此可知，科技创新效率的实证代理变量与生产制造业集聚的实证代理变量

回归系数为2.5328，t统计值为2.9697，通过了1%的统计显著性水平检验；科技创新效率的实证代理变量与生产制造业集聚的实证代理变量的平方项回归系数为 -2.2318，t统计值为 -2.4632，也通过了1%的统计显著性水平检验。这表明生产制造业集聚开始阶段的确可以促进区域科技创新效率，但是一旦超过一定集聚规模后，则不仅不会促进科技创新效率，反而会成为科技创新的累赘，即北上广深科技创新效率与生产制造业集聚区位熵之间呈现倒"U"形非线性关系，北上广深生产制造业集聚出现了拥挤效应。模型（6）为引入二次项后，北上广深科技创新效率的实证代理变量与生产性服务业集聚的区位熵代理变量的非线性回归结果。科技创新效率的实证代理变量与生产性服务业集聚规模的实证代理变量及其平方项回归系数都是正数，但是t统计值检验表明这一回归并不显著。结合式（7-11）中模型（2）的估计结果，我们认为，生产性服务业集聚并未出现生产制造业那样的倒"U"形发展态势，而是还处在未饱和状态以及需要发展和完善的阶段。同时，二者之间的非线性关系也并不明显，北上广深科技创新效率与生产性服务业集聚区位熵之间呈现单调递增的线性关系。模型（7）为引入二次项后，北上广深科技创新效率的实证代理变量与生产制造业集聚的区位熵、生产性服务业集聚的区位熵以及生产制造业集聚与生产性服务业集聚关联交互的非线性回归结果。科技创新效率的实证代理变量与生产制造业集聚的实证代理变量及其平方项回归系数都不显著，而与生产制造业和生产服务业产业间关联集聚回归系数为5.6888，t统计值为3.2866，通过了1%的统计显著性水平检验；与其平方项的回归系数为 -2.2358，t统计值为 -2.3742，通过了1%的统计显著性水平检验。这表明北上广深生产制造业和生产性服务业产业间的关联集聚与其科技创新效率发展也呈现倒"U"形非线性关系，关联集聚也出现拥挤效应。

六、研究结论与政策建议

本节我们将 Griliches-Jaffe 知识生产函数进行拓展、重整及对数化处理，构建产业集聚对区域科技创新效率影响的基准对数线性回归模型与包含二次项的非线性回归模型，并应用区位熵模型构建衡量生产制造业与生产性服务业集聚的实证代理变量，实证研究 2010—2020 年北上广深的生产制造业集聚、生产性服务业集聚以及生产制造业与生产性服务业关联集聚同科技创新效率之间的关系，研究结论主要有如下三个。

一是北上广深生产制造业产业内集聚规模与其科技创新效率发展呈现倒"U"形非线性关系，即产生拥挤效应。通过对2010—2020年北上广深的宏观面板数据进行实证分析，我们发现，单独就生产制造业而言，其科技创新效率存在先上升而后下降的表现，这表明北上广深生产制造业出现了过度集聚现象，即拥挤效应。生产制造业的过度集聚加剧了制造业企业之间的恶性竞争与生产"内卷"，可能会在一定程度上削弱市场的创新环境，内耗带来的企业生产成本的加大与产品价格的下降可能会导致企业家的悲观预期，从而进一步削弱企业在科技投入方面的支出，导致区域科技创新效率逐渐弱化。

二是北上广深生产性服务业产业内集聚规模与其科技创新效率发展呈现单调递增正向线性关系，即存在集聚效应。生产性服务业是制造业集群化发展的重要配套资源，工业设计、法律、会计审计、管理咨询、人力资源、检验检测等生产性服务业是吸引高端人才就业的主要场所。通过实证分析，我们发现，北上广深的生产性服务业集聚还有较大的空间，远未达到饱和状态。促进生产性服务业高端发展，将有利于提升城市的科技创新环境，对区域科技创新效率将大有好处，这也与我国当前实现高质量发展的整体战略相符。

三是北上广深生产制造业和生产性服务业产业间的关联集聚与其科技创新效率发展也呈现倒"U"形非线性关系，即关联集聚也出现拥挤效应。从北上广深实证分析的数据来看，衡量生产制造业与生产性服务业的关联集聚出现了拥挤效应，这种产业间的融合集聚会因为规模大而难以协调，最终导致科技创新环境恶化，影响企业科技创新效率。在通常情况下，生产制造业是城市经济的主导产业，生产性服务业则是生产制造业的配套产业，当主导产业出现拥挤效应与产业"内卷"的时候，即便配套的生产性服务业可能还处于上升期，它们的关联集聚也会受到主导产业"内卷"的影响而出现拥挤现象。

基于本节的研究结论，我们给出如下三条政策建议。

第一，加快北上广深生产制造业转型升级，以品牌质量为核心抓手推动生产制造业高质量发展。生产制造业是城市经济发展的重要动力，尽管北上广深出现了生产制造业过度集聚的拥挤效应，但这并不是说这些城市要放弃生产制造业，而是要将传统生产制造业只注重数量的、简单的、同质化的、无技术含量的、代加工的、粗放型的模式转变为更加注重质量的、复杂的、异质化的、技术含量高的、数智化的先进制造业模式，加快制造业转型升级，对传统制造业进行数智化、技术化与品牌化改造，从供给侧而非需求端发力，提升产品质量与竞争力，推动产品个性化发展，避免简单的价格竞争所导致的行业"内卷"，将产品的品牌质量放在企业发展战略的最为核心位置。

第二，集聚国际创新资源，继续做大做强北上广深生产性服务业，打造国际化生产性服务体系。北上广深生产性服务业集聚尚未达到饱和状态，可以继续加大投资力度，吸引社会资源，形成产业进一步集聚；以打造国际一流生产服务体系为目标，依托北上广深良好的经济基础与科技资源，尽早打造国际化创新平台，集聚国际化创新资源，加强国际化创新合作交流，构建科技成果产业化服务体系，实现全产业链条科技创新服务体系，完善与先进制造业集聚相配套的国际化生产性服务业体系；加大专业服务领域的国际化、市场化与法制化开放力度，应用大数据、人工智能、移动通信技术、云计算等创新技术，积极推动设计、法律、会计审计、管理咨询、人力资源、检验检测等生产性服务业高端化发展。

第三，促进北上广深先进制造业与生产性服务业融合发展，对传统的落后的制造业与配套的生产性服务业进行智能化、数字化改造升级。制造业是宏观经济的"压舱石"，强大的制造业需要配套完善、科技含量高的生产性服务业。制造业是城市发展的主导产业，北上广深要依托自身优势，加大制造业的转型升级与精细改良，坚决克服"卡脖子"技术难题，配套的生产性服务业要对标国际一流服务体系标准，实现先进制造业与生产性服务业协调发展的态势。制造业的转型升级，除了需要在"卡脖子"关键技术方面实现突破外，还需要培育工匠精神，并充分利用大数据、人工智能、云计算等先进技术，对传统制造业进行数字化、智能化改造，实现采购、生产、销售、人事、财务的云端化和流程化管理，始终坚持生产性服务业为先进制造业服务的宗旨，促进二者产业间的关联协调。

第三节　科技资源集聚对区域创新效率的影响实证分析

一、变量选取与指标设置

（一）被解释变量

前文我们介绍过衡量一个国家（地区）科技创新效率水平的指标有很多，如 R&D 各种投入、新产品产值、高新技术企业总产值、国际国内专利数量，尤其是 PCT 国际专利数量。其中，R&D 人员投入、R&D 经费投入都是刺激高新技术产品创新的因素，存在着很大的不确定性，如受全社会的创新环境、诚信环境等影响，而且从投入到产出均存在一定的时滞性，因此，二者可以作为科技创新效率的被解释变量。专利申请量与授权量一定程度代表着研发的直接成果，并且这种研发成果直接刺激新产品的产出，从而促进经济增长。从全球的创新角度来看，许多国家把 PCT 国际专利申请量作为一个地区科技创新成效的主要衡量指标。综合考虑该数据的广泛影响力、数据的可获得性以及数据的完整性，我们决定仍旧采用 PCT 国际专利申请量作为反映北上广深科技创新效率的代理指标变量。

（二）解释变量

我们依旧采用区位熵度量 R&D 人员集聚 $LQ(l_{it})$ 与 R&D 资金集聚 $LQ(k_{it})$。经济增长领域的投入产出模型表明投入产出在一定程度上存在正向关系，要提高科技创新效率，最直接的因素就是科技资源投入。当然，科技资源投入和科技创新成果的产出并不是直接线性关系，可能也受到一国经济体制、创新环境、知识产权保护等众多因素的合力影响，但是科技资源投入无疑是其中一个重要的因素。因此，我们依据 Griliches-Jaffe 知识生产函数模型，认为科技资源投入对科技创新成效具有积极效应。R&D 经费是支持研发的重要资本，有了经费支持才可以投入更多资源开展研发工作。R&D 经费包括政府部门投资基础设施建设的经费，也包括科技型企业开展应用研究而投入的应用开发经费。R&D 经费投入与 R&D 人员投入并不矛盾，二者是相辅相成的。资本资源与人力资源在一定程度上是可以相互转化的，当拥有资本资源时，可以通过高薪聘请有专业技术能力、素质过硬的人才到企业工作；当企业拥有更多一流人才的时候，企业就可以依托人才创造更有效的产出，从而为企业积累更多财富资本。R&D 人员与 R&D 经费投入的交互项可以较好地表明它们之间的关联效应。R&D 人员集聚 $LQ(l_{it})$ 与 R&D 资金集聚 $LQ(k_{it})$ 的具体计算公式为：

$$LQ(l_{it}) = \frac{\dfrac{l_{it}}{\sum\limits_{i=1}^{n} l_{it}}}{\dfrac{L_{it}}{\sum\limits_{i=1}^{n} L_{it}}} \qquad (7-13)$$

$$LQ(k_{it}) = \frac{\dfrac{k_{it}}{\sum\limits_{i=1}^{n} k_{it}}}{\dfrac{GDP_{it}}{\sum\limits_{i=1}^{n} GDP_{it}}} \qquad (7-14)$$

其中，$LQ(l_{it})$ 表示 i 地区 t 时刻 R&D 人员集聚效应，l_{it} 是指 i 地区 t 时刻 R&D 人员数量，$\sum\limits_{i=1}^{n} l_{it}$ 是指全部地区 t 时刻 R&D 人员数量，L_{it} 是指 i 地区 t 时刻就业人员数量，$\sum\limits_{i=1}^{n} L_{it}$ 是指全部地区 t 时刻总就业人员数量；$LQ(k_{it})$ 表示 i 地区 t 时刻 R&D 资金集聚效应，k_{it} 是指 i 地区 t 时刻 R&D 资金数量，$\sum\limits_{i=1}^{n} k_{it}$ 是指全部地区 t 时刻 R&D 资金数量，GDP_{it} 是指 i 地区 t 时刻投入全部资金数量，$\sum\limits_{i=1}^{n} GDP_{it}$ 是指全部地区 t 时刻总投入资金数量。

（三）控制变量

为了能更加准确地衡量产业集群对区域科技创新效率的影响，我们引入三个控制变量对模型进行完善。

（1）生产制造业就业人数 MA_{it}。就业人员数量是衡量一个地区就业水平与经济发展实力的重要标志，而生产制造业是国家科技创新的基础性行业，科技创新需要依托实体制造业创新才能更加稳健扎实，因此，我们选用制造业就业人数作为我们研究的控制变量之一。

173

（2）生产性服务业就业人数 LS_{it}。生产性服务业是科技产业的生力军，科技创新离不开生产性服务业的创新。

（3）生产制造业就业人数与生产性服务业就业人数的交互项。生产制造业与生产性服务业之间并没有非常严格的界限，很多企业可能同时兼有两种特性，因此，它们的交互项可以较好地表明二者之间的关联效应。

表7－8展示了实证分析过程中的变量类型、指标选取、指标代码以及选取的具体实证代理变量和对应的单位。

表7－8　变量类型与指标选取

变量类型	指标选取	指标代码	代理变量	单位
被解释变量	科技创新效率	Q_{it}	PCT 国际专利申请量	件
解释变量	科技人才集聚	$LQ(l_{it})$	区位熵	—
	科技资金集聚	$LQ(k_{it})$		
	科技资金集聚与科技人才集聚的交互项	$LQ(k_{it}) \cdot LQ(l_{it})$		
控制变量	生产制造业就业人数	MA_{it}	制造业职工人数	人
	生产性服务业就业人数	LS_{it}	服务业职工人数	人
	生产制造业就业人数与生产性服务业就业人数的交互项	$MA_{it} \cdot LS_{it}$	制造业职工人数×服务业职工人数	—

二、数据来源与处理

我们选取2010—2020年北上广深的面板数据进行实证研究。其中，北上广深的基础数据如生产制造业、生产性服务业及下辖产业就业人数、R&D 内部经费支出、R&D 研发人员数量等均来源于各城市的统计年鉴。

图7－9展示了2010—2020年北上广深专利授权量，可以看出，2010年广州专利授权量15091件，2010年深圳专利授权量34951件，在四个城市中，广州和深圳的排名均低于北京和上海。但随着深圳在信息技术产业的发力，深圳高新技术企业开始重视专利技术，深圳专利授权量开始快速增长，2014年深圳专利授权量超过上海，排名第二；2018年深圳专利授权量超过北京，排名第一。

图7－10展示了2010—2020年北上广深 R&D 人员集聚规模。由图可

（件）

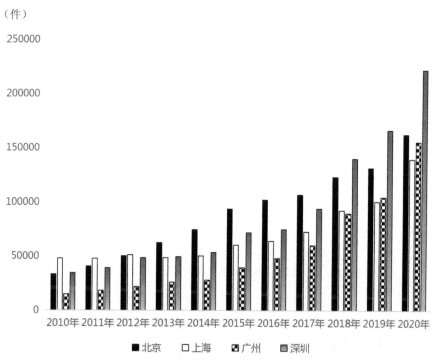

图7-9 2010—2020年北上广深专利授权量

数据来源：《北京科技统计年鉴2021》《上海科技统计年鉴2021》《广州统计年鉴2021》《深圳统计年鉴2021》。

见，深圳十分重视科技人才投入，其R&D人员集聚规模具有明显的优势。北京与深圳的情况接近，但多数年份深圳R&D人员集聚规模要比北京大，2010年深圳R&D人员集聚规模为8.27，排名第一；2020年深圳R&D人员集聚规模下降至3.56，仅次于北京，远高于广州和上海。

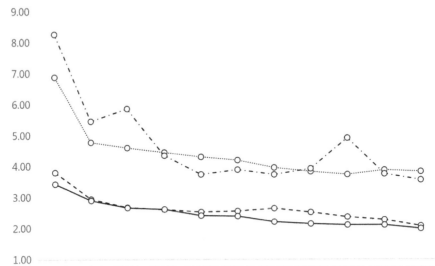

图 7 - 10　2010—2020 年北上广深 R&D 人员集聚规模

数据来源：依据《北京科技统计年鉴 2021》《上海科技统计年鉴 2021》《广州统计年鉴 2021》《深圳统计年鉴 2021》原始数据计算而得。

图 7 - 11 展示了北上广深 2010—2020 年 R&D 内部资金集聚规模。可以看出，这 10 年间北上广深的排名没有发生变化，其中北京 R&D 内部资金集聚规模具有绝对优势，远高于同期的其他三个城市，其次是深圳，排名第二，接下来依次是上海和广州。2010—2020 年深圳 R&D 内部资金集聚规模总体呈现缓慢增加的趋势，其中 2010 年深圳 R&D 内部资金集聚规模为 1.92，2020 年深圳 R&D 内部资金集聚规模为 2.31，10 年间增幅达 20.32%。

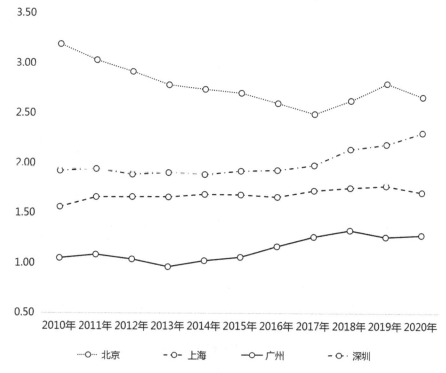

图 7 - 11　2010—2020 年北上广深 R&D 内部资金集聚规模

数据来源：根据《北京科技统计年鉴 2021》《上海科技统计年鉴 2021》《广州统计年鉴 2021》《深圳统计年鉴 2021》原始数据计算而得。

图 7 - 12 展示了 2010—2020 年北上广深 R&D 人员与 R&D 资金交互集聚规模。可以看出，北京 R&D 人员与 R&D 资金交互集聚规模具有绝对优势，2010 年北京 R&D 人员与 R&D 资金交互集聚规模达到 21.98，高于同期排名第二的深圳（15.91），更远高于同期的上海和广州。但是随着时间推移，深圳和北京的差距越来越小，2020 年北京 R&D 人员与 R&D 资金交互集聚规模为 10.20，深圳则为 8.21，二者差距明显缩小。

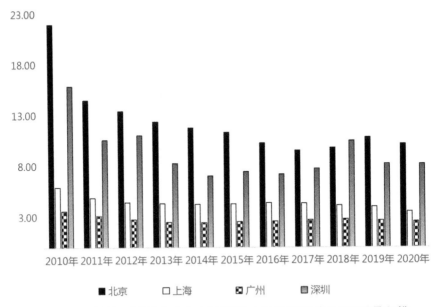

图 7-12 2010—2020 年北上广深 R&D 人员与 R&D 资金交互集聚规模

数据来源：根据《北京科技统计年鉴 2021》《上海科技统计年鉴 2021》《广州统计年鉴 2021》《深圳统计年鉴 2021》原始数据计算而得。

图 7-13 展示了 2010—2020 年北上广深生产制造业就业人数，可以看出，生产制造业就业人数变化比较明显，2010 年上海的生产制造业人数最高，为 519.29 万人，排名第二的深圳有 363.42 万人，接下来依次是广州和北京。但随后上海生产制造业人数出现了先缓升后急降的局面，而深圳生产制造业则呈现稳步上升的趋势，2020 年深圳生产制造业就业人数攀升至 499.33 万人，排名第一，同期上海生产制造业就业人数则降低至 335.72 万人，被深圳反超。从生产性服务业人数统计来看，深圳生产制造业就业人数增加并不意味着生产性服务业人数减少，而是深圳整体就业水平的提高。事实上，深圳生产性服务业就业人数也是稳步提高的，不过生产性服务业就业人数提升的速率不快，这可能与深圳依赖企业的创新更多是技术改良和技术创新，但在高等学校和科研院所投入方面相对较少有关。在基础性科学研究方面，深圳投入不足，导致就业人员从事服务业岗位偏少。不过，深圳近年来在快速追赶，力争补齐短板。

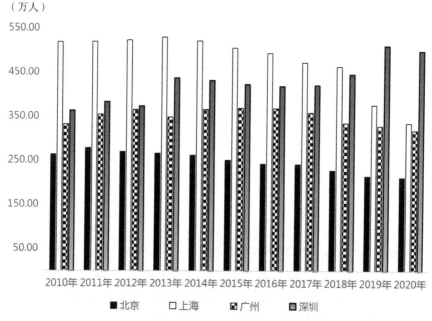

图 7 - 13　2010—2020 年北上广深生产制造业就业人数

数据来源：《北京科技统计年鉴 2021》《上海科技统计年鉴 2021》《广州统计年鉴 2021》《深圳统计年鉴 2021》。

图 7 - 14 展示了 2010—2020 年北上广深生产性服务业就业人数，可以看出，四个城市都十分重视培育第三产业，就业人口都是呈现逐年增加的态势。2010 年，上海的生产性服务业人数最高，为 793.54 万人，排名第二的北京有 767.50 万人，深圳排名最后，只有 341.75 万人。这主要是由于深圳地理空间有限，深圳的土地面积约为上海的 1/8、北京的 1/6。有限的空间限制了深圳产业的发展，也导致了深圳土地资源的稀缺，对深圳地产业发展规模起到一定的抑制作用。不过，随着深圳产业的优化和升级，深圳生产性服务业就业人数与北京、上海和广州的差距不断缩小，到 2020 年深圳生产性服务业就业人数有 803.21 万人，同期上海为 1062.53 万人。

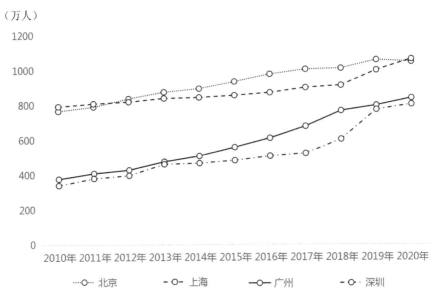

（万人）

图 7 - 14　2010—2020 年北上广深生产性服务业就业人数

数据来源：《北京科技统计年鉴 2021》《上海科技统计年鉴 2021》《广州统计年鉴 2021》《深圳统计年鉴 2021》。

图 7 - 15 展示了 2010—2020 年北上广深生产制造业与生产性服务业就业人数交互项。可以看出，2010—2018 年上海生产制造业与生产性服务业就业人数的交互项始终稳居第一，但在 2019 年和 2020 年被深圳超越，主要原因是上海 2019 年生产制造业与生产性服务业就业人数交互项出现大幅度下滑，而深圳 2019 年生产制造业与生产性服务业就业人数交互项出现大幅度上涨。2019 年，深圳生产制造业与生产性服务业就业人数交互项为 394584.23，上海生产制造业与生产性服务业就业人数交互项为 376368.35；2020 年，深圳生产制造业与生产性服务业就业人数交互项为 401066.85，上海生产制造业与生产性服务业就业人数交互项为 356712.57。

180

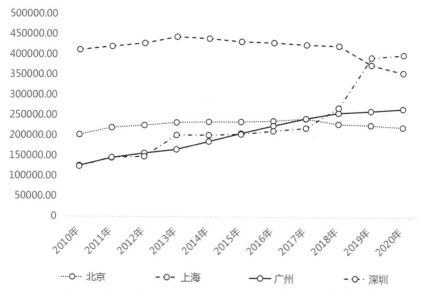

图7-15　2010—2020年北上广深生产制造业与生产性服务业就业人数交互项
数据来源：依据《北京科技统计年鉴2021》《上海科技统计年鉴2021》《广州统计年鉴2021》《深圳统计年鉴2021》原始数据计算而得。

图7-16展示了实证模型研究变量科技创新效率、科技人才集聚、科技资金集聚、科技人才与资金交互集聚、生产制造业就业人数、生产性服务业就业人数、生产制造业与生产性服务业就业人数交互进行对数化处理后的数据的动态趋势，即对前面的原始数据进行了对数化处理。我们按照变量类型进行了图形简单分类，以便于看出其中的变化趋势。

表7-9展示了实证变量的描述性统计分析结果，其中样本总观测值44个，专利授权量对数化后最大值为12.3100，最小值为9.6200，均值为11.0700，最大值与最小值相差不大，表明四个城市在科技成果方面是存在差距的，但差距较小。R&D人员集聚规模取对数后均值为1.2048，最大值为2.1100，最小值为0.6900；R&D资金集聚规模取对数后均值为1.0432，最大值为1.4300，最小值为0.6700，二者相差2倍多。从产业布局来看，生产制造业就业人数的均值为5.8959，最大值为6.2700，最小值为5.3600；生产性服务业就业人数的均值为6.5420，最大值为6.9700，最小值为5.8300，二者相差不大。

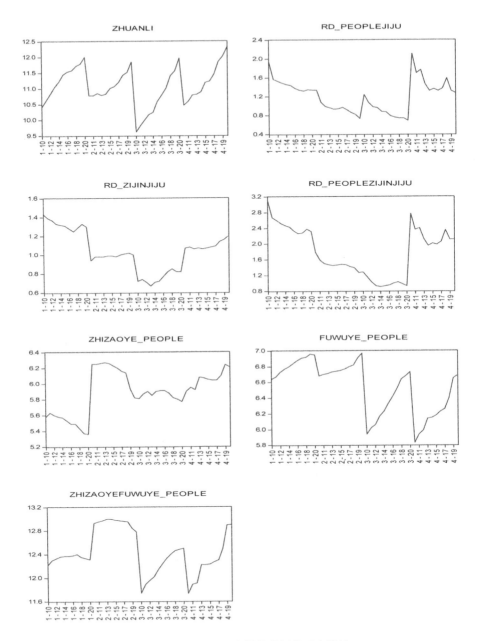

图 7 - 16　实证研究最终数据的动态趋势

数据来源：根据图 7 - 9 至图 7 - 15 的数据计算出来的结果在 EViews 中作图而得。

表7-9 实证研究变量描述性统计分析

指标	专利授权量	R&D人员集聚	R&D资金集聚	R&D人员与资金交互集聚	生产制造业就业人数	生产性服务业就业人数	生产制造业与生产性服务业就业人数交互
均值	11.0700	1.2048	1.0432	1.7943	5.8959	6.5420	12.4379
中位数	11.0300	1.2950	1.0400	1.8650	5.9050	6.6800	12.3650
最大值	12.3100	2.1100	1.4300	3.0900	6.2700	6.9700	13.0000
最小值	9.6200	0.6900	0.6700	0.9100	5.3600	5.8300	11.7300
标准误	0.6146	0.3442	0.2119	0.6176	0.2701	0.3335	0.3725
偏度	-0.2029	0.4406	-0.0055	0.0609	-0.3490	-0.6115	0.0894
峰度	2.6433	2.6441	2.0715	1.7818	2.0879	2.0279	2.0915
观测值	44	44	44	44	44	44	44

三、实证研究模型设计

接下来，我们继续用区位熵 LQ_{ij} 分别定义 R&D 人员集聚 $LQ(l_{it})$ 与 R&D 资金集聚 $LQ(k_{it})$，具体计算公式见式（7-13）及式（7-14）。

我们选择在 Griliches-Jaffe 知识生产函数模型的基础上进行拓展，扩展后的模型数学表达式为：

$$Q_{it} = A_{it}MA_{it}^{\alpha}LS_{it}^{\beta}(MA_{it} \cdot LS_{it})^{\delta}\varepsilon_{it} \qquad (7-15)$$

其中，i 表示不同地区与区域，t 表示不同年份与时间，Q 表示科技创新的产出，A 表示希克斯中性技术进步效率函数，MA_{it} 表示生产制造业就业人数，LS_{it} 表示生产性服务业就业人数，α 表示生产制造业就业人数对科技创新的科技产出弹性，β 表示生产性服务业就业人数对科技创新的科技产出弹性，$MA_{it} \cdot LS_{it}$ 表示生产制造业就业人数与生产性服务业就业人数的交互项，δ 表示生产制造业就业人数与生产性服务业就业人数的交互项的科技产出弹性，ε 为随机干扰项。

在此，我们假设希克斯中性技术进步效率函数 A_{it} 可以表示为科技资源集聚效应 STR_{it} 的函数，即：

$$A_{it} = \lambda[LQ(STR_{it})]^{\gamma} \qquad (7-16)$$

式（7-16）中，λ 为常量，将式（7-16）代入式（7-15）中，可以

得到：

$$Q_{it} = \lambda MA_{it}^{\alpha} LS_{it}^{\beta} (MA_{it} \cdot LS_{it})^{\delta} [LQ(STR_{it})]^{\gamma} \varepsilon_{it} \qquad (7-17)$$

两边取对数，得到：

$$\ln Q_{it} = \ln\lambda + \alpha\ln MA_{it} + \beta\ln LS_{it} + \gamma\ln LQ(STR_{it}) + \varepsilon_{it} \qquad (7-18)$$

式（7-18）中，γ 为科技资源集聚对科技创新产出的弹性。

科技资源可以分为科技人才资源与科技资金资源两类，科技资源集聚是科技人才集聚与科技资金集聚交互项的函数，用公式表示即为：

$$[LQ(STR_{it})]^{\gamma} = [LQ(k_{it})]^{\phi} [LQ(l_{it})]^{\varphi} [LQ(k_{it}) \cdot LQ(l_{it})]^{\theta}$$

$$(7-19)$$

其中，$LQ(k_{it})$ 表示 i 地区 t 时刻科技资金集聚，ϕ 表示科技资金集聚的科技创新产出弹性，$LQ(l_{it})$ 表示 i 地区 t 时刻科技人才集聚，φ 表示科技人才集聚的科技创新产出弹性，$LQ(k_{it}) \cdot LQ(l_{it})$ 表示 i 地区 t 时刻科技资金集聚与科技人才集聚的交互项，θ 为科技资金集聚与科技人才集聚交互项的科技创新产出弹性。

将式（7-19）两边取对数，得到：

$$\gamma\ln LQ(STR_{it}) = \phi\ln LQ(k_{it}) + \varphi\ln LQ(l_{it}) + \theta\ln[LQ(k_{it}) \cdot LQ(l_{it})]$$

$$(7-20)$$

将式（7-20）代入式（7-18）中，可以得到面板回归模型的最终形式，具体表述如下：

$$\ln Q_{it} = \ln\lambda + \alpha\ln MA_{it} + \beta\ln LS_{it} + \delta\ln(MA_{it} \cdot LS_{it}) + \phi\ln LQ(k_{it}) +$$

$$\varphi\ln LQ(LS_{it}) + \theta\ln[LQ(l_{it}) \cdot LQ(k_{it})] + \varepsilon_{it}$$

$$(7-21)$$

四、实证研究模型检验

（一）单位根检验

本章使用的数据是面板数据，由于不平稳的时间序列数据经常会表现出某种共同变化的趋势，因此，我们需要对实证变量进行时间序列的平稳性检验。平稳性检验常见的方法就是单位根检验法，具体计量检验方法有 LLC 检验和 ADF 检验，我们将本章用到的实证变量进行 LLC 检验和 ADF 检验，结果如表 7-10 所示。

表 7 – 10   实证变量单位根检验

变量	LLC 检验		ADF 检验	
$\ln Q_{it}$	– 4.9856	0.0000 ***	28.9647	0.0016 ***
$\ln LQ(l_{it})$	– 2.9856	0.0002 ***	24.6589	0.0025 ***
$\ln LQ(k_{it})$	– 2.0235	0.0193 **	27.5544	0.0013 ***
$\ln[LQ(k_{it}) \cdot LQ(l_{it})]$	– 2.8659	0.0000 ***	24.5868	0.0009 ***
$\ln MA_{it}$	– 12.5698	0.0000 ***	123.1256	0.0000 ***
$\ln LS_{it}$	– 5.3466	0.0000 ***	55.4562	0.0000 ***
$\ln(MA_{it} \cdot LS_{it})$	– 3.0256	0.0000 ***	42.3588	0.0000 ***

注：*** 、** 分别表示 1%、5% 的统计显著性水平。

从单位根检验结果来看，被解释变量 $\ln Q_{it}$ 在 1% 的统计显著性水平通过了时间序列的平稳性检验，LLC 检验统计值 – 4.9856，ADF 检验统计值为 28.9647，表明被解释变量 $\ln Q_{it}$ 是平稳的面板数据。解释变量 $\ln LQ(l_{it})$、$\ln LQ(k_{it})$ 和 $\ln[LQ(k_{it}) \cdot LQ(l_{it})]$ 也都通过了 5% 的统计显著性水平检验，基本认为它们都是平稳的时间序列数据，其中 $\ln LQ(l_{it})$ 的 LLC 检验统计值为 – 2.9856，ADF 检验统计值 24.6589，通过了 1% 的统计显著性水平检验；$\ln LQ(k_{it})$ 的 LLC 检验统计值为 – 2.0235，ADF 检验统计值为 27.5544，通过 5% 的统计显著性水平检验；$\ln[LQ(k_{it}) \cdot LQ(l_{it})]$ 的 LLC 检验统计值为 – 2.8659，ADF 检验统计值为 24.5868，通过了 1% 的统计显著性水平检验。控制变量 $\ln MA_{it}$、$\ln LS_{it}$ 和 $\ln(MA_{it} \cdot LS_{it})$ 也都通过了 1% 的统计显著性水平检验，基本认为它们都是平稳的时间序列数据，其中 $\ln MA_{it}$ 的 LLC 检验统计值为 – 12.5698，ADF 检验统计值为 123.1256；$\ln LS_{it}$ 的 LLC 检验统计值为 – 5.3466，ADF 检验统计值为 55.4562；$\ln(MA_{it} \cdot LS_{it})$ 的 LLC 检验统计值为 – 3.0256，ADF 检验统计值为 42.3588。单位根检验结果表明，通过面板数据的实证分析是可行的，实证结论具有一定的科学意义。

（二）协整检验

为了进一步研究北上广深区域创新效率与产业集聚之间的关系，我们采用固定控制变量下的逐步回归法进行回归，结果如下式所示：

$$
\begin{cases}
\ln Q_{it} = \alpha \ln LQ(l_{it}) + \beta_1 \ln MA_{it} + \beta_2 \ln LS_{it} + \beta_3 \ln(MA_{it} \cdot LS_{it}) + \varepsilon_{it} & (1) \\[2mm]
\ln Q_{it} = \alpha \ln LQ(k_{it}) + \beta_1 \ln MA_{it} + \beta_2 \ln LS_{it} + \beta_3 \ln(MA_{it} \cdot LS_{it}) + \varepsilon_{it} & (2) \\[2mm]
\ln Q_{it} = \alpha \ln[LQ(l_{it}) \cdot LQ(k_{it})] + \beta_1 \ln MA_{it} + \beta_2 \ln LS_{it} + \beta_3 \ln(MA_{it} \cdot LS_{it}) + \varepsilon_{it} \\[1mm]
\hfill (3) \\[2mm]
\ln Q_{it} = \alpha_1 \ln LQ(l_{it}) + \alpha_2 \ln LQ(k_{it}) + \alpha_3 \ln[LQ(l_{it}) \cdot LQ(k_{it})] + \\[1mm]
\qquad \beta_1 \ln MA_{it} + \beta_2 \ln LS_{it} + \beta_3 \ln(MA_{it} \cdot LS_{it}) + \varepsilon_{it} \hfill (4)
\end{cases}
$$

$$(7-22)$$

在进行回归检验之前，我们要对模型内各变量进行协整检验。本章我们选用 Pedroni（1999）提出的协整检验方法，检验的最终结果如表 7-11所示。从表 7-11 实证模型的协整检验结果来看，模型（1）的单位根 ADF 统计检验值为 -9.3568，通过了 1% 的统计显著性水平检验，我们由此判断模型（1）的变量之间是存在协整关系的；模型（2）的单位根 ADF 统计检验值为 -5.2469，通过了 1% 的统计显著性水平检验，我们由此判断模型（2）的变量之间是存在协整关系的；模型（3）的单位根 ADF 统计检验值为 -16.8565，通过了 1% 的统计显著性水平检验，我们由此判断模型（3）的变量之间是存在协整关系的；模型（4）的单位根 ADF 统计检验值为 -12.3563，通过了 1% 的统计显著性水平检验，我们由此判断模型（4）的变量之间是存在协整关系的。

表 7-11　实证模型的协整检验

模型类型	残差协整检验	
（1）	-9.3568	0.0000 ***
（2）	-5.2469	0.0000 ***
（3）	-16.8565	0.0000 ***
（4）	-12.3563	0.0000 ***

注：*** 表示 1% 的统计显著性水平。

（三）Hausman 检验

我们通过采用 Hausman 检验方法来确定到底是选用固定效应回归模型还是随机效应回归模型，表 7-12 给出了实证模型的 Hausman 检验结果。模型（1）Hausman 检验的 χ^2 值为 73.2666，通过了 1% 的统计显著性水平检验，我们由此判断模型（1）可以选择固定效应回归模型；模型（2）Hausman 检验的 χ^2 值为 54.3232，通过了 1% 的统计显著性水平检验，我们由此判断模型（2）可以选择固定效应回归模型；模型（3）Hausman 检验的 χ^2 值为 31.2036，通过了 1% 的统计显著性水平检验，我们由此判断模型（3）可以选择固定效应回归模型；模型（4）Hausman 检验的 χ^2 值为 35.2314，通过了 1% 的统计显著性水平检验，我们由此判断模型（4）可以选择固定效应回归模型。

表 7 - 12　实证模型的 Hausman 检验

模型类型	χ^2 值	概率度
（1）	73.2666	0.0000 ***
（2）	54.3232	0.0000 ***
（3）	31.2036	0.0000 ***
（4）	35.2314	0.0000 ***

注：*** 表示 1% 的统计显著性水平。

五、实证检验结果分析

根据表 7 - 12 实证模型的 Hausman 检验结果，我们使用个体固定效应模型，并采用面板数据对北上广深区域创新能力与科技资金集聚代理变量区位熵、科技人才集聚代理变量区位熵以及两者交互作用之间的关系进行面板回归分析，回归结果如表 7 - 13 所示。从表 7 - 13 回归结果来看，模型的拟合优度较好，无论是科技资金集聚代理变量区位熵 $\ln LQ(k_{it})$，还是科技人才集聚代理变量区位熵 $\ln LQ(l_{it})$，都通过了 5% 的统计显著性水平检验，而两者的交互项区位熵 $\ln[LQ(k_{it}) \cdot LQ(l_{it})]$ 则通过了 1% 的统计显著性水平检验；控制变量中生产制造业就业人数 $\ln MA_{it}$ 与科技创新效率 $\ln Q_{it}$ 关系不显著，而生产服务业就业人数 $\ln LS_{it}$ 在模型（1）、（2）和（4）中通过了 1% 的显著性水平检验，控制变量中生产制造业就业人数与生产服务业就业人数的交互项 $\ln(MA_{it} \cdot LS_{it})$ 则通过了 1% 的显著性水平检验。

从表 7 - 13 实证回归分析结果来看，北上广深科技人才集聚区位熵与区域创新能力呈现正相关关系，变量系数为 0.9345，且通过 1% 显著性水平检验，表明当前北上广深科技人才集聚对区域创新效率有显著的积极效应。与此同时，北上广深科技资金集聚代理变量区位熵也与区域创新能力呈现正相关关系，变量系数为1.1213，并且在5%显著性水平下显著，说明北上广深在科技创新进程中需要加大资金与人才的投入力度，这对改善当地科技环境、推动科技进步十分重要。科技人才集聚区位熵与科技资金集聚区位熵的交互项与北上广深区域创新能力呈正相关关系，在单独回归分析的模型（7）中变量系数为0.8455，在加入生产制造业集聚、生产性服务业集聚共同回归分析的模型（8）中变量系数为0.7333，均通过了1%的统计显著性水平检验。这说明科技人才与资金的双轮驱动，能够有效促进北上广深区域创新产出。

表7-13　区域创新效率对产业集群影响实证分析结果

变量		模型（5）	模型（6）	模型（7）	模型（8）
解释变量	$\ln LQ(l_{it})$	0.9345*** (2.7243)	—	—	0.7524*** (3.0237)
	$\ln LQ(k_{it})$	—	1.1213** (2.1238)	—	1.7822*** (3.7942)
	$\ln\left[LQ(k_{it})\cdot LQ(l_{it})\right]$	—	—	0.8455*** (2.6533)	0.7333*** (2.4319)
控制变量	$\ln MA_{it}$	0.1563 (0.4569)	0.1634 (0.7839)	0.1438 (0.2699)	0.1962 (0.4385)
	$\ln LS_{it}$	0.8693*** (2.5974)	1.1166*** (2.5693)	1.2355*** (2.7432)	1.0825*** (2.3475)
	$\ln(MA_{it}\cdot LS_{it})$	1.5477*** (4.5633)	1.6555*** (3.8383)	1.8509*** (4.2323)	1.8809*** (4.5968)
常量	C	3.2424*** (3.1111)	5.4768*** (4.9356)	5.6666*** (7.1322)	6.3478*** (8.2506)
R^2 值		0.8574	0.8453	0.8536	0.8455
F 值		25.3647	27.1452	28.3222	28.5401
样本观测值		44	44	44	44

注：***、**表示1%、5%的统计显著性水平，括号内为t统计量。

本节通过扩展知识生产函数、对模型进行计量检验，构建固定效应模型，基于2010—2020年北上广深的面板数据进行实证分析。实证结果表明，北上广深生产制造业出现过度集聚现象，由此产生拥挤效应，抑制了区域创新发展；而生产性服务业处于集聚发展阶段，对区域创新能力具有促进作用；生产制造业集聚与生产性服务业集聚的"双轮驱动"产生的产业关联效应远大于拥挤效应，能够显著推动区域科技创新发展。科技人才集聚与科技资金集聚对北上广深区域创新效率提升具有正向积极效应，并且不存在所谓的拥挤效应，因此需要进一步加大科技资源投入力度。

第八章 科技人才集聚与科技创新系统的评价体系及耦合协调度研究

——基于北上广深的面板数据分析

第一节 科技人才集聚与科技创新耦合关系分析及评价指标体系

一、科技人才集聚与科技创新耦合关系分析

科技创新离不开科技人才，大量优秀的科技人才集聚对科技创新起到关键性的作用，与此同时，良好的科技创新成果与科技创新环境也会进一步吸引更多优秀的科技人才加入，形成科技人才集聚的虹吸效应。可以说，科技人才集聚与科技创新之间耦合协调发展意义重大，是经济实现高质量发展的核心抓手。本节我们将对深圳科技人才集聚与科技创新的耦合协调度进行测度，为下一步的人才政策制定提供科学支持。

科技人才集聚是科技人才流动所形成的人才规模效应，通过人才之间的知识传导、信息交流与思维碰撞，形成知识溢出效应，从而促进科技创新。本章将采用国内外通行的做法，从规模、结构、质量和潜力四个维度来测度科技人才集聚。科技创新是一个很宽泛的概念，学者们从不同视角对科技创新的测度指标进行了研究。在综合《中国区域创新能力报告》等权威报告的基础上，我们重点考虑数据的可获得性与代表性，同时承接第七章的指标评价体系，从科技创新载体系统、科技创新投入系统、科技创新产出系统和科技创新环境系统四个维度来测度科技创新。

大量研究表明，科技人才集聚与区域科技创新之间互为因果关系，二者之间存在较好的协同关系。其中最典型的代表性研究有：芮雪琴等（2014）指出科技人才聚集效应有利于区域创新系统的形成，而区域创新系统的协调优化则有助于人才聚集经济性效应的产生和提升，它们之间存在着双向因果关系，并且呈螺旋上升的态势。Howitt 等（1998）指出人才

190

资本积累可以通过技术创新来实现国家的长期经济增长。Subramaniam 等（2005）以区域内 93 家组织为例，结合社会资本研究了人才聚集对组织创新能力的影响，结果显示人才聚集在与社会资本相互作用下会对组织创新能力产生积极的影响。牛冲槐等（2012）采用灰色关联投影模型对科技人才聚集、高新技术产业聚集与区域技术创新之间的互动机制进行了研究，指出人才聚集与区域技术创新之间存在着以人才聚集为主导地位的正向互动关系。曹薇等（2017）以 1995—2014 年高新技术产业的统计数据为基础，证明了科技人才聚集度与协同创新产出之间具有非线性相关关系，指出并非高技术人才聚集规模越高对创新产出的促进作用就越明显。高卉杰等（2018）构建了科技人才聚集与区域科技创新的耦合协调评价指标体系，借助物理学中的耦合协调度模型，基于我国 27 个省区市 2015 年的相关数据对科技人才聚集与区域科技创新之间的耦合协调度进行了实证研究，结果表明：2015 年我国各省区市科技人才聚集与区域科技创新的耦合协调程度普遍较低；科技人才聚集水平落后于区域科技创新水平；从空间分布来看，二者之间的耦合协调呈现"东高西低"的态势。

二、科技人才集聚与科技创新系统评价指标体系构建

从当前国内外研究成果来看，对科技人才集聚评价尚未形成比较权威的统计指标体系。从已有的研究文献可以看出，科技人才集聚主要包括四个维度：规模、结构、质量和潜力。科技人才集聚规模是科技人才集聚的历史存量，代表着当地现有的科技人才竞争总体实力，有着类似于 GDP 在衡量一个国家经济综合实力方面的效果。科技人才集聚规模具体衡量指标有 R&D 人员全时当量、R&D 人员集聚规模等，其中 R&D 人员集聚规模可用前文中区位熵方法计算得到。尽管 R&D 人员中基础研发人员不决定当前的经济产出，但是会深远影响后期产出和长期产出。以深圳为例，深圳的短板是高等学校和科研院所相对匮乏，科技人才主要来自企业，创新主要以应用研究为主，短期内可以持续刺激经济增长，但从长期来看，其经济发展潜力可能后劲不足。尽管基础研究不会立刻产生现时的产出效应，但是一旦取得突破则可能会产生巨大的影响，因而各国都非常重视基础研究。科技人才集聚不仅要注重数量，更要注重人才聚集质量，即科技人才素质，这里我们可以通过 R&D 人员中具有大学本科及以上学历人员占比和 R&D 人员中具有专业技术中级及以上职称人员占比两个具体指标

来度量。而科技人才集聚具有明显的地域优势，各城市为了吸引更多的科技人才到本地工作，出台了各种科技人才政策，通过"内培外引"形成科技人才集聚潜力。科技人才集聚潜力是未来科技人才集聚的基石，需要引起足够的重视，为此，我们选取高等学校在校生人数、高等学校招生人数以及每万人中大专及以上学历人口占比三个具体指标进行度量。

表 8-1 展示了本研究的科技人才集聚评价指标体系的目标层、准则层、指标层以及指标单位，目标层为科技人才集聚 $S(A)$，准则层为人才集聚规模 (A_1)、人才集聚结构 (A_2)、人才集聚质量 (A_3) 和人才集聚潜力 (A_4)。指标层包括：R&D 人员全时当量 (A_{11})、R&D 人员集聚规模 (A_{12})、基础研发人员全时当量占比 (A_{21})、应用研发人员全时当量占比 (A_{22})、试验发展人员全时当量占比 (A_{23})、R&D 人员中具有大学本科及以上学历人员占比 (A_{31})、R&D 人员中具有专业技术中级及以上职称人员占比 (A_{32})、高等学校在校生人数 (A_{41})、高等学校招生人数 (A_{42}) 和每万人中大专及以上学历人口占比 (A_{43})。

表 8-1　科技人才集聚评价指标体系

目标层	准则层	指标层	指标单位
科技人才集聚 $S(A)$	人才集聚规模 (A_1)	R&D 人员全时当量 (A_{11})	人年
		R&D 人员集聚规模 (A_{12})	区位熵
	人才集聚结构 (A_2)	基础研发人员全时当量占比 (A_{21})	—
		应用研发人员全时当量占比 (A_{22})	—
		试验发展人员全时当量占比 (A_{23})	—
	人才集聚质量 (A_3)	R&D 人员中具有大学本科及以上学历人员占比 (A_{31})	—
		R&D 人员中具有专业技术中级及以上职称人员占比 (A_{32})	—
	人才集聚潜力 (A_4)	高等学校在校生人数 (A_{41})	人
		高等学校招生人数 (A_{42})	人
		每万人中大专及以上学历人口占比 (A_{43})	—

科技创新首要是建立科技创新的载体。其中，工业企业需要依赖科技发明与技术工艺流程改良推动新产品的诞生，如华为、腾讯、大疆等知名企业就是依赖强大的研发投入，形成了极具竞争力的产业链，从而在国际竞争中脱颖而出。许多国内外知名企业也都会投入大量资金用于新产品的研发，可见，企业是科技创新的主体。工业企业的技术创新有两种模式，一种是美国模式，即注重新产品的研发，解决的是 0 到 1 的问题，如从早期计算机、互联网到而今的"大智移云物"时代；另一种是德国模式和日本模式，即往往不是原始技术的创造者，而是技术改良的革新者与工匠精神的传承者，将产品技术做到极致。工业企业开展 R&D 活动能让企业拥有更多的产业链，而不是从事简单的赚取附加值的基础性活动（如代工），这是工业企业长期发展的基石。

　　科研院所是专门从事基础研究与技术创新的机构，如在深圳有中国科学院深圳先进技术研究院、鹏城实验室等，这些科研院所基本都是由院士团队组建的，研究的都是比较前沿的技术。同时，科研院所也是某一专业领域的知识库，其数量是当地科研水平的重要评估指标之一。

　　高等院校有两个主要职责，一是为社会培养优秀人才，二是进行社会服务。其中，高等院校为社会培养的优秀人才，是未来科技创新的生力军，因此科技人才集聚的潜力和高等院校的资源息息相关；而高等院校进行的社会服务，主要就是进行基础研究以推动科学向前发展，同时通过与企业联合协同创新，帮助企业解决"卡脖子"的问题。

　　高新技术企业，尤其是专精特新中小企业，依托其独特的技术优势，可以在激烈的产品竞争市场中顺利脱颖而出，因此，高新技术企业要重视自身的核心技术，抓住企业创新的灵魂才可以长久稳健经营。

　　科技创新系统还包括投入产出系统和外在环境系统。其中，投入系统主要包括科技人才投入与科研经费投入；而科技创新成果则主要表现为专利授权数量和新产品产值；外在环境是科技创新的软实力，主要包括经济环境、政策环境和社会环境。

　　表 8-2 展示了本研究的科技创新系统评价指标体系的目标层、准则层、分解层、指标层以及指标单位。其中，目标层为科技创新系统 $S(B)$，准则层包括科技创新载体系统（B_1）、科技创新投入系统（B_2）、科技创新产出系统（B_3）和科技创新环境系统（B_4），指标层包括拥有 R&D 活动的工业企业数量（B_{11}）、科研院所数量（B_{12}）、高等学校数量

（B_{13}）、拥有 R&D 活动的高新技术企业数量（B_{14}）、工业企业 R&D 人员全时当量（B_{21}）、工业企业 R&D 内部经费支出（B_{22}）、科研院所 R&D 人员全时当量（B_{23}）、科研院所 R&D 内部经费支出（B_{24}）、高等学校 R&D 人员全时当量（B_{25}）、高等学校 R&D 内部经费支出（B_{26}）、高新技术企业 R&D 人员全时当量（B_{27}）、高新技术企业 R&D 内部经费支出（B_{28}）、工业企业新产品产值（B_{31}）、工业企业专利授权数量（B_{32}）、科研院所新产品产值（B_{33}）、科研院所专利授权数量（B_{34}）、高等学校新产品产值（B_{35}）、高等学校专利授权数量（B_{36}）、高新技术企业新产品产值（B_{37}）、高新技术企业专利授权量（B_{38}）、人均 GDP（B_{41}）、R&D 经费占 GDP 比重（B_{42}）、市场化率（B_{43}）、科技投入占公共财政比重（B_{44}）以及城市化率（B_{45}）。

表 8-2　科技创新系统评价指标体系

目标层	准则层	分解层	指标层	指标单位
科技创新系统 $S(B)$	科技创新载体系统 （B_1）	工业企业	拥有 R&D 活动的工业企业数量（B_{11}）	个
		科研院所	科研院所数量（B_{12}）	个
		高等学校	高等学校数量（B_{13}）	个
		高新技术企业	拥有 R&D 活动的高新技术企业数量（B_{14}）	个
	科技创新投入系统 （B_2）	工业企业	工业企业 R&D 人员全时当量（B_{21}）	人年
			工业企业 R&D 内部经费支出（B_{22}）	万元
		科研院所	科研院所 R&D 人员全时当量（B_{23}）	人年
			科研院所 R&D 内部经费支出（B_{24}）	万元
		高等学校	高等学校 R&D 人员全时当量（B_{25}）	人年
			高等学校 R&D 内部经费支出（B_{26}）	万元
		高新技术企业	高新技术企业 R&D 人员全时当量（B_{27}）	人年
			高新技术企业 R&D 内部经费支出（B_{28}）	万元

续表8－2

目标层	准则层	分解层	指标层	指标单位
科技创新系统 $S(B)$	科技创新产出系统 (B_3)	工业企业	工业企业新产品产值（B_{31}）	万元
			工业企业专利授权数量（B_{32}）	件
		科研院所	科研院所新产品产值（B_{33}）	万元
			科研院所专利授权数量（B_{34}）	件
		高等学校	高等学校新产品产值（B_{35}）	万元
			高等学校专利授权数量（B_{36}）	件
		高新技术企业	高新技术企业新产品产值（B_{37}）	万元
			高新技术企业专利授权量（B_{38}）	件
	科技创新环境系统 (B_4)	经济环境	人均GDP（B_{41}）	元
			R&D经费占GDP比重（B_{42}）	—
		政策环境	市场化率（B_{43}）	—
			科技投入占公共财政比重（B_{44}）	—
		社会环境	城市化率（B_{45}）	—

第二节　北上广深科技人才集聚与科技创新系统评价指标体系检验

一、指标体系的信度检验

信度是指使用相同指标或测量工具重复测量相同事物时，得到相同结果的可能性。如果某个指标或测量工具的信度高，那么它提供的测量结果就不会因为指标、测量工具或测量设计本身的特性而发生变化。信度本身与测量所得结果无关，它的功用在于检验测量本身是否稳定，即在测量多次情况下，其结果是否一致的问题。效度指的是测量的有效性，即测量工具能准确、真实、客观地度量事物属性的程度，反映测量工具能够测出其所要测量的特征的正确性程度。效度越高，即表示测量结果越能显示其所要测量的特征。如果根据某项特征能够区分人、物或事件，那么某个测量该特征的测量工具就是有效的，也就是指它的测量结果能把具有不同特征的人、物或事件进行有效的区分。信度是效度的必要条件，但不是充分条件。一个测量工具要有效度必须有信度，没有信度就没有效度；但是，有了信度不一定有效度。信度低，效度不可能高。因为如果测量的数据不准确，那就不能有效地说明所研究的对象。信度高，但效度未必高。例如，即使我们能准确地测量出某人的经济收入，也未必能够说明其消费水平。效度低，但是信度有可能高。例如，一项研究虽然未能说明社会流动的原因，但它很有可能能够很精确、很可靠地调查各个时期各种类型的人的流动数量。效度高，则信度也必然高。

信度是研究结果所显示的一致性、稳定性程度，也是对研究结果一致性和稳定性的评价标准。一个具有信度的研究程序，无论其过程是由谁操作，或进行多少次同样的操作，其结果总是一致的。效度是一个研究程序的性质和功能，也是对研究结果正确性的评价标准。一个有效度的研究程序，不仅能够明确地回答研究的问题和解释研究结果，而且能够保证研究结果在一定规模的领域中推广。把二者的作用结合起来看，信度和效度是一项科学研究的活动和结果具有科学价值和意义的保证。信度是效度的必要的前提，没有信度，效度就不可能单独存在。也就是说，一项研究不可能没有信度却具有效度。

检验信度的方法是克朗巴哈系数法（Cronbach's alpha），一般探索性研究，该系数在 0.6 以上，而基准研究通常在 0.8 以上，一般情况下该系数在 0.6 以上，则被认为可信度较高。我们选取 2015—2020 年北上广深的科技人才集聚与科技创新系统进行信度分析。

表 8-3 展示了 2015—2020 年北京科技人才集聚与科技创新系统信度分析，其克朗巴哈系数均超过了 0.6，其中科技创新载体系统（B_1）的克朗巴哈系数最低，但也高达 0.7834，表明 2015—2020 年北京科技人才集聚与科技创新系统通过了统计信度检测。

表 8-3 2015—2020 年北京科技人才集聚与科技创新系统信度分析

目标层	总项数	准则层	项数	克朗巴哈系数
科技人才集聚 $S(A)$	10	人才集聚规模（A_1）	2	0.9587
		人才集聚结构（A_2）	3	0.8692
		人才集聚质量（A_3）	2	0.9634
		人才集聚潜力（A_4）	3	0.9588

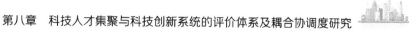

续表 8－3

目标层	总项数	准则层	项数	克朗巴哈系数
科技创新系统 $S(B)$	25	科技创新载体系统（B_1）	4	0.7834
		科技创新投入系统（B_2）	8	0.9438
		科技创新产出系统（B_3）	8	0.9356
		科技创新环境系统（B_4）	5	0.9588

表 8－4 展示了 2015—2020 年上海科技人才集聚与科技创新系统信度分析，其克朗巴哈系数均超过了 0.6，其中科技人才集聚结构（A_2）的克朗巴哈系数最低，为 0.6539，表明 2015—2020 年上海科技人才集聚与科技创新系统通过了统计信度检测。

表 8－4　2015—2020 年上海科技人才集聚与科技创新系统信度分析

目标层	总项数	准则层	项数	克朗巴哈系数
科技人才集聚 $S(A)$	10	人才集聚规模（A_1）	2	0.8674
		人才集聚结构（A_2）	3	0.6539
		人才集聚质量（A_3）	2	0.7936
		人才集聚潜力（A_4）	3	0.8497
科技创新系统 $S(B)$	25	科技创新载体系统（B_1）	4	0.7326
		科技创新投入系统（B_2）	8	0.9012
		科技创新产出系统（B_3）	8	0.8498
		科技创新环境系统（B_4）	5	0.9312

表 8－5 展示了 2015—2020 年广州科技人才集聚与科技创新系统信度分析，其克朗巴哈系数均超过了 0.6，人才集聚潜力（A_4）的克朗巴哈系数最低，为 0.6218，表明 2015—2020 年广州科技人才集聚与科技创新系统通过了统计信度检测。

表8-5 2015—2020 年广州科技人才集聚与科技创新系统信度分析

目标层	总项数	准则层	项数	克朗巴哈系数
科技人才集聚 $S(A)$	10	人才集聚规模（A_1）	2	0.7822
		人才集聚结构（A_2）	3	0.8382
		人才集聚质量（A_3）	2	0.9120
		人才集聚潜力（A_4）	3	0.6218
科技创新系统 $S(B)$	25	科技创新载体系统（B_1）	4	0.7144
		科技创新投入系统（B_2）	8	0.8622
		科技创新产出系统（B_3）	8	0.6250
		科技创新环境系统（B_4）	5	0.8234

表 8-6 展现了 2015—2020 年深圳科技人才集聚与科技创新系统信度分析，其克朗巴哈系数均超过了 0.6，科技人才集聚结构（A_2）的克朗巴哈系数最低，为 0.6485，表明 2015—2020 年深圳科技人才集聚与科技创新系统通过了统计信度检测。

表8-6 2015—2020 年深圳科技人才集聚与科技创新系统信度分析

目标层	总项数	准则层	项数	克朗巴哈系数
科技人才集聚 $S(A)$	10	人才集聚规模（A_1）	2	0.7102
		人才集聚结构（A_2）	3	0.6485
		人才集聚质量（A_3）	2	0.9835
		人才集聚潜力（A_4）	3	0.9412
科技创新系统 $S(B)$	25	科技创新载体系统（B_1）	4	0.8322
		科技创新投入系统（B_2）	8	0.9105
		科技创新产出系统（B_3）	8	0.9246
		科技创新环境系统（B_4）	5	0.9366

二、指标体系的效度检验

效度是指所构建的指标体系能够准确测出所需描述的准则层的程度，包括内容效度、准则效度和结构效度。在此，我们主要通过内容效度的检验，即判断同一准则层的不同指标是否比较准确地反映了准则层的特征；同时，采用因子分析法对效度进行检验，以主成分分析法提取公因子，而因子旋转则采用方差最大化旋转。在进行因子分析前，需要根据 KMO 样本测度和 Bartlett 球形检验结果来判定是否适合进行因子分析。一般而言，当 KMO 的值≥0.5，Bartlett 球形检验的统计值≤0.05，各项的载荷系数>0.5 时，才可以进行因子分析。下面，我们将分别对 2015—2020 年北上广深的科技人才集聚规模、结构、质量、潜力以及科技创新载体系统、投入系统、产出系统、环境系统进行效度检验。

1. 2015—2020 年北上广深科技人才集聚规模效度检验

我们通过 SPSS 19.0 软件对数据进行相关检验，检验结果如表 8-7 所示。从表 8-7 可以看出，2015—2020 年，北京科技人才集聚规模 KMO 统计值为 0.6105，上海为 0.5324，广州为 0.6022，深圳为 0.7413，均超过了可以进行因子分析的 KMO 临界值 0.5 的要求，说明因子分析的效果较好。2015—2020 年北京科技人才集聚规模 Bartlett 球形检验值为 21.304，检验的显著性概率为 0.000，因此，否定了原假设，即拒绝科技人才集聚规模的两个指标即 R&D 人员全时当量 (A_{11}) 与 R&D 人员集聚规模 (A_{12}) 是相互独立的假设，认为指标间具有一定的相关性，可以进行因子分析。2015—2020 年上海科技人才集聚规模 Bartlett 球形检验值为 23.405，检验的显著性概率为 0.000，也表明两个指标即 R&D 人员全时当量 (A_{11}) 与 R&D 人员集聚规模 (A_{12}) 之间具有一定的相关性，可以进行因子分析。2015—2020 年广州科技人才集聚规模 Bartlett 球形检验值为 25.324，检验的显著性概率为 0.000，也表明两个指标即 R&D 人员全时当量 (A_{11}) 与 R&D 人员集聚规模 (A_{12}) 之间具有一定的相关性，可以进行因子分析。2015—2020 年深圳科技人才集聚规模 Bartlett 球形检验值为 30.128，检验的显著性概率为 0.000，也表明两个指标即 R&D 人员全时当量 (A_{11}) 与 R&D 人员集聚规模 (A_{12}) 之间具有一定的相关性，可以进行因子分析。

表8-7 2015—2020年北上广深科技人才集聚

规模 KMO 统计值和 Bartlett 球形检验

测度和检验类型		北京	上海	广州	深圳
KMO 统计值		0.6105	0.5324	0.6022	0.7413
Bartlett 球形检验	检验值	21.304	23.405	25.324	30.128
	自由度	1	1	1	1
	统计显著性水平	0.0000	0.0000	0.0000	0.0000

注：数据检验统计软件为 SPSS 19.0。

表8-8 为2015—2020年北上广深科技人才集聚规模因子分析法的总方差解释表。不难看出，2015—2020年北京科技人才集聚规模提取因子后，有两个主成分值，分别为1.8732和0.1268，故而只有一个主成分的特征值大于1，其解释方差为93.66%。由于只提取了一个主成分，故不存在转置的情况，说明北京人才集聚规模是一个单维指标。2015—2020年上海科技人才集聚规模提取因子后，有两个主成分值，分别为1.9026和0.0974，故而只有一个主成分的特征值大于1，其解释方差为95.13%，故不存在转置的情况，说明上海人才集聚规模也是一个单维指标。2015—2020年广州科技人才集聚规模提取因子后，有两个主成分值，分别为1.6892和0.3108，故而只有一个主成分的特征值大于1，其解释方差为84.46%。由于只提取了一个主成分，故不存在转置的情况，说明广州人才集聚规模是一个单维指标。2015—2020年深圳科技人才集聚规模提取因子后，有两个主成分值，分别为1.995和0.005，故而只有一个主成分的特征值大于1，其解释方差为99.73%。由于只提取了一个主成分，故不存在转置的情况，说明深圳人才集聚规模是一个单维指标。

表8-8 2015—2020年北上广深科技人才集聚规模总方差解释

城市	初始特征值				提取平方和载入后特征值			
	成分	总值	解释方差	累计值	成分	总值	解释方差	累计值
北京	1	1.8732	93.66%	93.66%	1	1.8732	93.66%	93.66%
	2	0.1268	6.34%	100%	—	—	—	—
上海	1	1.9026	95.13%	95.13%	1	1.9026	95.13%	95.13%
	2	0.0974	4.87%	100%	—	—	—	—

续表 8-8

城市	初始特征值				提取平方和载入后特征值			
	成分	总值	解释方差	累计值	成分	总值	解释方差	累计值
广州	1	1.6892	84.46%	84.46%	1	1.6892	84.46%	84.46%
	2	0.3108	15.54%	100%	—	—	—	—
深圳	1	1.995	99.73%	99.73%	1	1.995	99.73%	99.73%
	2	0.005	0.27%	100%	—	—	—	—

注：因子分析统计软件为 SPSS 19.0。

表 8-9 为 2015—2020 年北上广深科技人才集聚规模因子载荷表。2015—2020 年，北京科技人才集聚规模两个指标即 R&D 人员全时当量（A_{11}）与 R&D 人员集聚规模（A_{12}）的因子载荷成分值分别为 0.9413 和 0.8983，远超 0.6 的临界参考值，说明北京科技人才集聚规模指标选取得很好；上海科技人才集聚规模两个指标即 R&D 人员全时当量（A_{11}）与 R&D 人员集聚规模（A_{12}）的因子载荷成分值分别为 0.9368 和 0.9523，远超 0.6 的临界参考值，说明上海科技人才集聚规模指标选取得很好；广州科技人才集聚规模两个指标即 R&D 人员全时当量（A_{11}）与 R&D 人员集聚规模（A_{12}）的因子载荷成分值分别为 0.9476 和 0.8383，远超 0.6 的临界参考值，说明广州科技人才集聚规模指标选取得很好；深圳科技人才集聚规模两个指标即 R&D 人员全时当量（A_{11}）与 R&D 人员集聚规模（A_{12}）的因子载荷成分值分别为 0.9560 和 0.9327，远超 0.6 的临界参考值，说明深圳科技人才集聚规模指标选取得很好。

表 8-9　2015—2020 年北上广深科技人才集聚规模因子载荷

指标	因子载荷成分值			
	北京	上海	广州	深圳
A_{11}	0.9413	0.9368	0.9476	0.9560
A_{12}	0.8983	0.9523	0.8383	0.9327

注：因子分析统计软件为 SPSS 19.0。

2. 2015—2020 年北上广深科技人才集聚结构效度检验

我们通过 SPSS 19.0 软件对数据进行相关检验，检验结果如表 8-10 所示。从表 8-10 可以看出，2015—2020 年，北京科技人才集聚结构

KMO 统计值为 0.5364，上海为 0.5378，广州为 0.6233，深圳为 0.7312，均超过了可以进行因子分析的 KMO 临界值 0.5 的要求，说明因子分析的效果较好。

表 8-10　2015—2020 年北上广深科技人才集聚结构
KMO 统计值和 Bartlett 球形检验

测度和检验类型		北京	上海	广州	深圳
KMO 统计值		0.5364	0.5378	0.6233	0.7312
Bartlett 球形检验	检验值	18.025	19.302	21.304	24.326
	自由度	3	3	3	3
	统计显著性水平	0.0000	0.0000	0.0000	0.0000

注：数据检验统计软件为 SPSS 19.0。

2015—2020 年，北京科技人才集聚结构 Bartlett 球形检验值为 18.025，检验的显著性概率为 0.000，因此，否定了原假设，即拒绝科技人才集聚结构的三个指标——基础研发人员全时当量占比（A_{21}）、应用研发人员全时当量占比（A_{22}）、试验发展人员全时当量占比（A_{23}）是相互独立的假设，认为指标间具有一定的相关性，可以进行因子分析；上海科技人才集聚结构 Bartlett 球形检验值为 19.302，检验的显著性概率为 0.000，也表明基础研发人员全时当量占比（A_{21}）、应用研发人员全时当量占比（A_{22}）、试验发展人员全时当量占比（A_{23}）三个指标之间具有一定的相关性，可以进行因子分析；广州科技人才集聚结构的 Bartlett 球形检验值为 21.304，检验的显著性概率为 0.000，也表明基础研发人员全时当量占比（A_{21}）、应用研发人员全时当量占比（A_{22}）、试验发展人员全时当量占比（A_{23}）三个指标之间具有一定的相关性，可以进行因子分析；深圳科技人才集聚结构的 Bartlett 球形检验值为 24.326，检验的显著性概率为 0.000，也表明基础研发人员全时当量占比（A_{21}）、应用研发人员全时当量占比（A_{22}）、试验发展人员全时当量占比（A_{23}）三个指标之间具有一定的相关性，可以进行因子分析。

表 8-11 为 2015—2020 年北上广深科技人才集聚结构因子分析法的总方差解释表。从表 8-11 可以看出，2015—2020 年北京科技人才集聚结构提取因子后，有三个主成分值，分别为 2.1341、0.8325 和 0.0335，故而只有一个主成分的特征值大于 1，其解释方差为 71.13%。由于只提

取了一个主成分，故不存在转置的情况，说明北京人才集聚结构是一个单维指标。2015—2020 年上海科技人才集聚结构提取因子后，有三个主成分值，分别为 2.2348、0.6211 和 0.1441，故而只有一个主成分的特征值大于 1，其解释方差为 74.49%，不存在转置的情况，说明上海人才集聚结构也是一个单维指标。2015—2020 年广州科技人才集聚结构提取因子后，有三个主成分值，分别为 1.9883、0.9521 和 0.0596，故而只有一个主成分的特征值大于 1，其解释方差为 66.28%。由于只提取了一个主成分，故不存在转置的情况，说明广州人才集聚结构是一个单维指标。2015—2020 年深圳科技人才集聚结构提取因子后，有三个主成分值，分别为 2.5432、0.4011 和 0.0558，故而只有一个主成分的特征值大于 1，其解释方差为 84.77%。由于只提取了一个主成分，故不存在转置的情况，说明深圳人才集聚结构是一个单维指标。

表 8－11　2015—2020 年北上广深科技人才集聚结构总方差解释

城市	初始特征值			提取平方和载入后特征值			
	成分	总值	解释方差	累计值	成分	总值	解释方差	累计值
北京	1	2.1341	71.13%	71.13%	1	2.1341	71.13%	71.13%
	2	0.8325	27.73%	98.86%	—	—	—	—
	3	0.0335	1.14%	100%	—	—	—	—
上海	1	2.2348	74.49%	74.49%	1	2.2348	74.49%	74.49%
	2	0.6211	20.70%	95.19%	—	—	—	—
	3	0.1441	4.81%	100%	—	—	—	—
广州	1	1.9883	66.28%	66.28%	1	1.9883	66.28%	66.28%
	2	0.9521	31.74%	98.02%	—	—	—	—
	3	0.0596	1.98%	100%	—	—	—	—
深圳	1	2.5432	84.77%	84.77%	1	2.5432	84.77%	84.77%
	2	0.4011	13.37%	98.14%	—	—	—	—
	3	0.0558	1.86%	100%	—	—	—	—

注：因子分析统计软件为 SPSS 19.0。

表 8-12 为 2015—2020 年北上广深科技人才集聚结构因子载荷表。从表 8-12 可以看出，2015—2020 年北京科技人才集聚结构三个指标即基础研发人员全时当量占比（A_{21}）、应用研发人员全时当量占比（A_{22}）、试验发展人员全时当量占比（A_{23}）的因子载荷成分值分别为 0.8933、0.9122和 0.9031，远超 0.6 的临界参考值，说明北京科技人才集聚结构指标选取得很好。2015—2020 年上海科技人才集聚结构三个指标即基础研发人员全时当量占比（A_{21}）、应用研发人员全时当量占比（A_{22}）、试验发展人员全时当量占比（A_{23}）的因子载荷成分值分别为 0.9422、0.9644 和 0.9533，远超 0.6 的临界参考值，说明上海科技人才集聚结构指标选取得很好。2015—2020 年广州科技人才集聚结构三个指标即基础研发人员全时当量占比（A_{21}）、应用研发人员全时当量占比（A_{22}）、试验发展人员全时当量占比（A_{23}）的因子载荷成分值分别为 0.8836、0.9022 和 0.8934，远超 0.6 的临界参考值，说明广州科技人才集聚结构指标选取得很好。2015—2020 年深圳科技人才集聚结构三个指标即基础研发人员全时当量占比（A_{21}）、应用研发人员全时当量占比（A_{22}）、试验发展人员全时当量占比（A_{23}）的因子载荷成分值分别为 0.9906、0.9842 和 0.9833，远超 0.6 的临界参考值，说明深圳科技人才集聚结构指标选取得很好。

表 8-12 2015—2020 年北上广深科技人才集聚结构因子载荷

指标	因子载荷成分值			
	北京	上海	广州	深圳
A_{21}	0.8933	0.9422	0.8836	0.9906
A_{22}	0.9122	0.9644	0.9022	0.9842
A_{23}	0.9031	0.9533	0.8934	0.9833

注：因子分析统计软件为 SPSS 19.0。

3. 2015—2020 年北上广深科技人才集聚质量效度检验

我们通过 SPSS 19.0 软件对数据进行相关检验，检验结果如表 8-13所示。从表 8-13 可以看出，2015—2020 年，北京科技人才集聚质量KMO 统计值为 0.7534，上海为 0.8921，广州为 0.5344，深圳为 0.7621，均超过了可以进行因子分析的 KMO 临界值 0.5 的要求，说明因子分析的效果较好。

表 8 - 13　2015—2020 年北上广深科技人才集聚质量
KMO 统计值和 Bartlett 球形检验

测度和检验类型		北京	上海	广州	深圳
KMO 统计值		0.7534	0.8921	0.5344	0.7621
Bartlett 球形检验	检验值	17.342	15.354	18.756	20.205
	自由度	1	1	1	1
	统计显著性水平	0.0000	0.0000	0.0000	0.0000

注：数据检验统计软件为 SPSS 19.0。

2015—2020 年北京科技人才集聚质量 Bartlett 球形检验值为 17.342，检验的显著性概率为 0.000，因此，否定了原假设，即拒绝科技人才集聚质量的两个指标——R&D 人员中具有大学本科及以上学历人员占比（A_{31}）、R&D 人员中具有专业技术中级及以上职称人员占比（A_{32}）是相互独立的假设，认为指标间具有一定的相关性，可以进行因子分析。2015—2020 年上海科技人才集聚质量 Bartlett 球形检验值为 15.354，检验的显著性概率为 0.000，因此，否定了原假设，即拒绝科技人才集聚质量的两个指标——R&D 人员中具有大学本科及以上学历人员占比（A_{31}）、R&D 人员中具有专业技术中级及以上职称人员占比（A_{32}）是相互独立的假设，认为指标间具有一定的相关性，可以进行因子分析。2015—2020 年广州科技人才集聚质量 Bartlett 球形检验值为 18.756，检验的显著性概率为 0.000，因此，否定了原假设，即拒绝科技人才集聚质量的两个指标——R&D 人员中具有大学本科及以上学历人员占比（A_{31}）、R&D 人员中具有专业技术中级及以上职称人员占比（A_{32}）是相互独立的假设，认为指标间具有一定的相关性，可以进行因子分析。2015—2020 年深圳科技人才集聚质量 Bartlett 球形检验值为 20.205，检验的显著性概率为 0.000，因此，否定了原假设，即拒绝科技人才集聚质量的两个指标——R&D 人员中具有大学本科及以上学历人员占比（A_{31}）、R&D 人员中具有专业技术中级及以上职称人员占比（A_{32}）是相互独立的假设，认为指标间具有一定的相关性，可以进行因子分析。

表 8 - 14 为 2015—2020 年北上广深科技人才集聚质量因子分析法的总方差解释表。从表 8 - 14 不难看出，2015—2020 年北京科技人才集聚质量提取因子后，有两个主成分值，分别为 1.9322 和 0.0678，故而只有

一个主成分的特征值大于 1，其解释方差为 96.61%。由于只提取了一个主成分，故不存在转置的情况，说明北京人才集聚质量是一个单维指标。2015—2020 年上海科技人才集聚质量提取因子后，有两个主成分值，分别为 1.9104 和 0.0896，故而只有一个主成分的特征值大于 1，其解释方差为 95.52%。由于只提取了一个主成分，故不存在转置的情况，说明上海人才集聚质量是一个单维指标。2015—2020 年广州科技人才集聚质量提取因子后，有两个主成分值，分别为 1.8342 和 0.1658，故而只有一个主成分的特征值大于 1，其解释方差为 91.71%。由于只提取了一个主成分，故不存在转置的情况，说明广州人才集聚质量是一个单维指标。2015—2020 年深圳科技人才集聚质量提取因子后，有两个主成分值，分别为 1.9854 和 0.0146，故而只有一个主成分的特征值大于 1，其解释方差为 99.27%。由于只提取了一个主成分，故不存在转置的情况，说明深圳人才集聚质量是一个单维指标。

表 8 – 14　2015—2020 年北上广深科技人才集聚质量总方差解释

城市	初始特征值				提取平方和载入后特征值			
	成分	总值	解释方差	累计值	成分	总值	解释方差	累计值
北京	1	1.9322	96.61%	96.61%	1	1.9322	96.61%	96.61%
	2	0.0678	3.39%	100%	—	—	—	—
上海	1	1.9104	95.52%	95.52%	1	1.9104	95.52%	95.52%
	2	0.0896	4.48%	100%	—	—	—	—
广州	1	1.8342	91.71%	91.71%	1	1.8342	91.71%	91.71%
	2	0.1658	8.29%	100%	—	—	—	—
深圳	1	1.9854	99.27%	99.27%	1	1.9854	99.27%	99.27%
	2	0.0146	0.73%	100%	—	—	—	—

注：因子分析统计软件为 SPSS 19.0。

表 8 – 15 为 2015—2020 年北上广深科技人才集聚质量因子载荷表。从表 8 – 15 可以看出，2015—2020 年北京科技人才集聚质量两个指标即 R&D 人员中具有大学本科及以上学历人员占比（A_{31}）、R&D 人员中具有专业技术中级及以上职称人员占比（A_{32}）的因子载荷成分值分别为 0.9033 和 0.9100，远超 0.6 的临界参考值，说明北京科技人才集聚质量指标选取得

很好。2015—2020 年上海科技人才集聚质量两个指标即 R&D 人员中具有大学本科及以上学历人员占比（A_{31}）、R&D 人员中具有专业技术中级及以上职称人员占比（A_{32}）的因子载荷成分值分别为 0.9211 和 0.9314，远超 0.6 的临界参考值，说明上海科技人才集聚质量指标选取得很好。2015—2020 年广州科技人才集聚质量两个指标即 R&D 人员中具有大学本科及以上学历人员占比（A_{31}）、R&D 人员中具有专业技术中级及以上职称人员占比（A_{32}）的因子载荷成分值分别为 0.9045 和 0.8938，远超 0.6 的临界参考值，说明广州科技人才集聚质量指标选取得很好。2015—2020 年深圳科技人才集聚质量两个指标即 R&D 人员中具有大学本科及以上学历人员占比（A_{31}）、R&D 人员中具有专业技术中级及以上职称人员占比（A_{32}）的因子载荷成分值分别为 0.9856 和 0.9764，远超 0.6 的临界参考值，说明深圳科技人才集聚质量指标选取得很好。

表 8-15　2015—2020 年北上广深科技人才集聚质量因子载荷

指标	因子载荷成分值			
	北京	上海	广州	深圳
A_{31}	0.9033	0.9211	0.9045	0.9856
A_{32}	0.9100	0.9314	0.8938	0.9764

注：因子分析统计软件为 SPSS 19.0。

4. 2015—2020 年北上广深科技人才集聚潜力效度检验

我们通过 SPSS 19.0 软件对数据进行相关检验，检验结果如表 8-16 所示。从表 8-16 可以看出，2015—2020 年，北京科技人才集聚潜力 KMO 统计值为 0.6322，上海为 0.5416，广州为 0.5590，深圳为 0.8432，均超过了可以进行因子分析的 KMO 临界值 0.5 的要求，说明因子分析的效果较好。2015—2020 年北京科技人才集聚潜力 Bartlett 球形检验值为 31.234，检验的显著性概率为 0.000，因此，否定了原假设，即拒绝科技人才集聚潜力的三个指标——高等学校在校生人数（A_{41}）、高等学校招生人数（A_{42}）和每万人中大专及以上学历人口占比（A_{43}）是相互独立的假设，认为指标间具有一定的相关性，可以进行因子分析。2015—2020 年上海科技人才集聚潜力 Bartlett 球形检验值为 27.888，检验的显著性概率为 0.000，因此，否定了原假设，即拒绝科技人才集聚潜力的三个指标——

高等学校在校生人数（A_{41}）、高等学校招生人数（A_{42}）和每万人中大专及以上学历人口占比（A_{43}）是相互独立的假设，认为指标间具有一定的相关性，可以进行因子分析。2015—2020 年广州科技人才集聚潜力 Bartlett 球形检验值为 26.902，检验的显著性概率为 0.000，因此，否定了原假设，即拒绝科技人才集聚潜力的三个指标——高等学校在校生人数（A_{41}）、高等学校招生人数（A_{42}）和每万人中大专及以上学历人口占比（A_{43}）是相互独立的假设，认为指标间具有一定的相关性，可以进行因子分析。2015—2020 年深圳科技人才集聚潜力 Bartlett 球形检验值为 25.455，检验的显著性概率为 0.000，因此，否定了原假设，即拒绝科技人才集聚潜力的三个指标——高等学校在校生人数（A_{41}）、高等学校招生人数（A_{42}）和每万人中大专及以上学历人口占比（A_{43}）是相互独立的假设，认为指标间具有一定的相关性，可以进行因子分析。

表 8 - 16　2015—2020 年北上广深科技人才集聚潜力
KMO 统计值和 Bartlett 球形检验

测度和检验类型		北京	上海	广州	深圳
KMO 统计值		0.6322	0.5416	0.5590	0.8432
Bartlett 球形检验	检验值	31.234	27.888	26.902	25.455
	自由度	3	3	3	3
	统计显著性水平	0.0000	0.0000	0.0000	0.0000

注：数据检验统计软件为 SPSS 19.0。

表 8 - 17 为 2015—2020 年北上广深科技人才集聚潜力因子分析法的总方差解释表。从表 8 - 17 可以看出，2015—2020 年北京科技人才集聚潜力提取因子后，有三个主成分值，分别为 2.5239、0.4465 和 0.0026，故而只有一个主成分的特征值大于 1，其解释方差为 84.13%。由于只提取了一个主成分，故不存在转置的情况，说明北京人才集聚潜力是一个单维指标。2015—2020 年上海科技人才集聚潜力提取因子后，有三个主成分值，分别为 2.4383、0.5102 和 0.0513，故而只有一个主成分的特征值大于 1，其解释方差为 81.28%。由于只提取了一个主成分，故不存在转置的情况，说明上海人才集聚潜力是一个单维指标。2015—2020 年广州科技人才集聚潜力提取因子后，有三个主成分值，分别为 2.3409、0.6012 和 0.0578，故而只有一个主成分的特征值大于 1，其解释方差为 78.03%。

由于只提取了一个主成分，故不存在转置的情况，说明广州人才集聚潜力是一个单维指标。2015—2020 年深圳科技人才聚集潜力提取因子后，有三个主成分值，分别为 2.6120、0.3873 和 0.0007，故而只有一个主成分的特征值大于 1，其解释方差为 87.07%。由于只提取了一个主成分，故不存在转置的情况，说明深圳人才集聚潜力是一个单维指标。

表 8 - 17　2015—2020 年北上广深科技人才集聚潜力总方差解释

城市	初始特征值				提取平方和载入后特征值			
	成分	总值	解释方差	累计值	成分	总值	解释方差	累计值
北京	1	2.5239	84.13%	84.13%	1	2.5239	84.13%	84.13%
	2	0.4465	14.88%	99.01%	—	—	—	—
	3	0.0026	0.99%	100%	—	—	—	—
上海	1	2.4383	81.28%	81.28%	1	2.4383	81.28%	81.28%
	2	0.5102	17.01%	98.29%	—	—	—	—
	3	0.0513	1.71%	100%	—	—	—	—
广州	1	2.3409	78.03%	78.03%	1	2.3409	78.03%	78.03%
	2	0.6012	20.04%	98.07%	—	—	—	—
	3	0.0578	1.93%	100%	—	—	—	—
深圳	1	2.6120	87.07%	87.07%	1	2.6120	87.07%	87.07%
	2	0.3873	12.91%	99.98%	—	—	—	—
	3	0.0007	0.02%	100%	—	—	—	—

注：因子分析统计软件为 SPSS 19.0。

表 8 - 18 为 2015—2020 年北上广深科技人才集聚潜力因子载荷表。从表 8 - 18 不难看出，2015—2020 年北京科技人才集聚潜力三个指标即高等学校在校生人数（A_{41}）、高等学校招生人数（A_{42}）和每万人中大专及以上学历人口占比（A_{43}）的因子载荷成分值分别为 0.9543、0.9436 和 0.9466，远超 0.6 的临界参考值，说明北京科技人才集聚潜力指标选取得很好。2015—2020 年上海科技人才集聚潜力三个指标即高等学校在校生人数（A_{41}）、高等学校招生人数（A_{42}）和每万人中大专及以上学历人口占比（A_{43}）的因子载荷成分值分别为 0.9122、0.9508 和 0.9403，远超 0.6 的临界参考值，说明上海科技人才集聚潜力指标选取得很好。2015—2020 年

广州科技人才集聚潜力三个指标即高等学校在校生人数（A_{41}）、高等学校招生人数（A_{42}）和每万人中大专及以上学历人口占比（A_{43}）的因子载荷成分值分别为 0.9034、0.9122 和 0.9066，远超 0.6 的临界参考值，说明广州科技人才集聚潜力指标选取得很好。2015—2020 年深圳科技人才集聚潜力三个指标即高等学校在校生人数（A_{41}）、高等学校招生人数（A_{42}）和每万人中大专及以上学历人口占比（A_{43}）的因子载荷成分值分别为 0.9657、0.9587 和 0.9644，远超 0.6 的临界参考值，说明深圳科技人才集聚潜力指标选取得很好。

表 8 – 18　2015—2020 年北上广深科技人才集聚潜力因子载荷

指标	因子载荷成分值			
	北京	上海	广州	深圳
A_{41}	0.9543	0.9122	0.9034	0.9657
A_{42}	0.9436	0.9508	0.9122	0.9587
A_{43}	0.9466	0.9403	0.9066	0.9644

注：因子分析统计软件为 SPSS 19.0。

5. 2015—2020 年北上广深科技创新载体系统效度检验

我们通过 SPSS 19.0 软件对数据进行相关检验，检验结果如下表 8 – 19 所示。从表 8 – 19 可以看出，2015—2020 年，北京科技创新载体系统 KMO 统计值为 0.5134，上海为 0.5637，广州为 0.5487，深圳为 0.7302，均超过了可以进行因子分析的 KMO 临界值 0.5 的要求，说明因子分析的效果较好。2015—2020 年北京科技创新载体系统 Bartlett 球形检验值为 22.341，检验的显著性概率为 0.000，因此，否定了原假设，即拒绝科技创新载体系统的四个指标——拥有 R&D 活动的工业企业数量（B_{11}）、科研院所数量（B_{12}）、高等学校数量（B_{13}）、拥有 R&D 活动的高新技术企业数量（B_{14}）是相互独立的假设，认为指标间具有一定的相关性，可以进行因子分析。2015—2020 年上海科技创新载体系统 Bartlett 球形检验值为 21.635，检验的显著性概率为 0.000，因此，否定了原假设，即拒绝科技创新载体系统的四个指标——拥有 R&D 活动的工业企业数量（B_{11}）、科研院所数量（B_{12}）、高等学校数量（B_{13}）、拥有 R&D 活动的高新技术企业数量（B_{14}）是相互独立的假设，认为指标间具有一定的相关性，可以进行因子分析。2015—2020 年广州科技创新载体系统 Bartlett 球形检验值为

25.402，检验的显著性概率为 0.000，因此，否定了原假设，即拒绝科技创新载体系统的四个指标——拥有 R&D 活动的工业企业数量（B_{11}）、科研院所数量（B_{12}）、高等学校数量（B_{13}）、拥有 R&D 活动的高新技术企业数量（B_{14}）是相互独立的假设，认为指标间具有一定的相关性，可以进行因子分析。2015—2020 年深圳科技创新载体系统 Bartlett 球形检验值为 24.322，检验的显著性概率为 0.000，因此，否定了原假设，即拒绝科技创新载体系统的四个指标——拥有 R&D 活动的工业企业数量（B_{11}）、科研院所数量（B_{12}）、高等学校数量（B_{13}）、拥有 R&D 活动的高新技术企业数量（B_{14}）是相互独立的假设，认为指标间具有一定的相关性，可以进行因子分析。

表 8 - 19　2015—2020 年北上广深科技创新载体系统
KMO 统计值和 Bartlett 球形检验

测度和检验类型		北京	上海	广州	深圳
KMO 统计值		0.5134	0.5637	0.5487	0.7302
Bartlett 球形检验	检验值	22.341	21.635	25.402	24.322
	自由度	4	4	4	4
	统计显著性水平	0.0000	0.0000	0.0000	0.0000

注：数据检验统计软件为 SPSS 19.0。

表 8 - 20 为 2015—2020 年北上广深科技创新载体系统因子分析法的总方差解释表。从表 8 - 20 不难看出，2015—2020 年北京科技创新载体系统提取因子后，有四个主成分值，分别为 3.3266、0.4584、0.1326 和 0.0824，故而只有一个主成分的特征值大于 1，其解释方差为 83.17%。由于只提取了一个主成分，故不存在转置的情况，说明北京人才集聚潜力是一个单维指标。2015—2020 年上海科技创新载体系统提取因子后，有四个主成分值，分别为 3.3025、0.4729、0.1732 和 0.0444，故而只有一个主成分的特征值大于 1，其解释方差为 82.56%。由于只提取了一个主成分，故不存在转置的情况，说明上海人才集聚潜力是一个单维指标。2015—2020 年广州科技创新载体系统提取因子后，有四个主成分值，分别为 3.0486、0.8032、0.1012 和 0.0470，故而只有一个主成分的特征值大于 1，其解释方差为 76.22%。由于只提取了一个主成分，故不存在转

置的情况，说明广州人才集聚潜力是一个单维指标。2015—2020 年深圳科技创新载体系统提取因子后，有四个主成分值，分别为 3.5018、0.3612、0.1017 和 0.0356，故而只有一个主成分的特征值大于 1，其解释方差为 87.54%。由于只提取了一个主成分，故不存在转置的情况，说明深圳人才集聚潜力是一个单维指标。

表 8-20 2015—2020 年北上广深科技创新载体系统总方差解释

城市	初始特征值				提取平方和载入后特征值			
	成分	总值	解释方差	累计值	成分	总值	解释方差	累计值
北京	1	3.3266	83.17%	83.17%	1	3.3266	83.17%	83.17%
	2	0.4584	11.46%	94.63%	—	—	—	—
	3	0.1326	3.32%	97.95%	—	—	—	—
	4	0.0824	2.05%	100%	—	—	—	—
上海	1	3.3025	82.56%	82.56%	1	3.3025	82.56%	82.56%
	2	0.4729	11.82%	94.38%	—	—	—	—
	3	0.1732	4.33%	98.71%	—	—	—	—
	4	0.0444	1.2%	100%	—	—	—	—
广州	1	3.0486	76.22%	76.22%	1	3.0486	76.22%	76.22%
	2	0.8032	20.08%	96.30%	—	—	—	—
	3	0.1012	2.53%	98.83%	—	—	—	—
	4	0.0470	1.17%	100%	—	—	—	—
深圳	1	3.5018	87.54%	87.54%	1	3.5018	87.54%	87.54%
	2	0.3612	9.03%	96.57%	—	—	—	—
	3	0.1017	2.54%	99.11%	—	—	—	—
	4	0.0356	0.89%	100%	—	—	—	—

注：因子分析统计软件为 SPSS 19.0。

表 8-21 为 2015—2020 年北上广深科技创新载体系统因子载荷表。从表 8-21 不难看出，2015—2020 年北京科技创新载体系统四个指标即拥有 R&D 活动的工业企业数量（B_{11}）、科研院所数量（B_{12}）、高等学校数量（B_{13}）、拥有 R&D 活动的高新技术企业数量（B_{14}）的因子载荷成分值分别为 0.9011、0.8734、0.9203 和 0.9034，远超 0.6 的临界参考值，说明

北京科技创新载体系统指标选取得很好。2015—2020 年上海科技创新载体系统四个指标即拥有 R&D 活动的工业企业数量（B_{11}）、科研院所数量（B_{12}）、高等学校数量（B_{13}）、拥有 R&D 活动的高新技术企业数量（B_{14}）的因子载荷成分值分别为 0.9012、0.8906、0.9216 和 0.9302，远超 0.6 的临界参考值，说明上海科技创新载体系统指标选取得很好。2015—2020 年广州科技创新载体系统四个指标即拥有 R&D 活动的工业企业数量（B_{11}）、科研院所数量（B_{12}）、高等学校数量（B_{13}）、拥有 R&D 活动的高新技术企业数量（B_{14}）的因子载荷成分值分别为 0.8836、0.8964、0.9102 和 0.9038，远超 0.6 的临界参考值，说明广州科技创新载体系统指标选取得很好。2015—2020 年深圳科技创新载体系统四个指标即拥有 R&D 活动的工业企业数量（B_{11}）、科研院所数量（B_{12}）、高等学校数量（B_{13}）、拥有 R&D 活动的高新技术企业数量（B_{14}）的因子载荷成分值分别为 0.9274、0.9348、0.9433 和 0.9504，远超 0.6 的临界参考值，说明深圳科技创新载体系统指标选取得很好。

表8-21　2015—2020 年北上广深科技创新载体系统因子载荷

指标	因子载荷成分值			
	北京	上海	广州	深圳
B_{11}	0.9011	0.9012	0.8836	0.9274
B_{12}	0.8734	0.8906	0.8964	0.9348
B_{13}	0.9203	0.9216	0.9102	0.9433
B_{14}	0.9034	0.9302	0.9038	0.9504

注：因子分析统计软件为 SPSS 19.0。

6. 2015—2020 年北上广深科技创新投入系统效度检验

我们通过 SPSS 19.0 软件对数据进行相关检验，检验结果如表 8 - 22 所示。从表 8 - 22 可以看出，2015—2020 年北京科技创新投入系统 KMO 统计值为 0.7512，上海为 0.6902，广州为 0.5374，深圳为 0.8102，均超过了可以进行因子分析的 KMO 临界值 0.5 的要求，说明因子分析的效果较好。2015—2020 年北京科技创新投入系统 Bartlett 球形检验值为 29.354，检验的显著性概率为 0.000，因此，否定了原假设，即拒绝科技创新投入系统的八个指标——工业企业 R&D 人员全时当量 (B_{21})、工业企业 R&D 内部经费支出 (B_{22})、科研院所 R&D 人员全时当量 (B_{23})、科研院所 R&D 内部经费支出 (B_{24})、高等学校 R&D 人员全时当量 (B_{25})、高等学校 R&D 内部经费支出 (B_{26})、高新技术企业 R&D 人员全时当量 (B_{27})、高新技术企业 R&D 内部经费支出 (B_{28}) 是相互独立的假设，认为指标间具有一定的相关性，可以进行因子分析。2015—2020 年上海科技创新投入系统 Bartlett 球形检验值为 31.268，检验的显著性概率为 0.000，因此，否定了原假设，即拒绝科技创新投入系统的八个指标——工业企业 R&D 人员全时当量 (B_{21})、工业企业 R&D 内部经费支出 (B_{22})、科研院所 R&D 人员全时当量 (B_{23})、科研院所 R&D 内部经费支出 (B_{24})、高等学校 R&D 人员全时当量 (B_{25})、高等学校 R&D 内部经费支出 (B_{26})、高新技术企业 R&D 人员全时当量 (B_{27})、高新技术企业 R&D 内部经费支出 (B_{28}) 是相互独立的假设，认为指标间具有一定的相关性，可以进行因子分析。2015—2020 年广州科技创新投入系统 Bartlett 球形检验值为 28.363，检验的显著性概率为 0.000，因此，否定了原假设，即拒绝科技创新投入系统的八个指标——工业企业 R&D 人员全时当量 (B_{21})、工业企业 R&D 内部经费支出 (B_{22})、科研院所 R&D 人员全时当量 (B_{23})、科研院所 R&D 内部经费支出 (B_{24})、高等学校 R&D 人员全时当量 (B_{25})、高等学校 R&D 内部经费支出 (B_{26})、高新技术企业 R&D 人员全时当量 (B_{27})、高新技术企业 R&D 内部经费支出 (B_{28}) 是相互独立的假设，认为指标间具有一定的相关性，可以进行因子分析。2015—2020 年深圳科技创新投入系统 Bartlett 球形检验值为 27.398，检验的显著性概率为 0.000，因此，否定了原假设，即拒绝科技创新投入系统的八个指标——工业企业 R&D 人员全时当量 (B_{21})、工业企业 R&D 内部经费支出 (B_{22})、科研院所 R&D 人员全时当量 (B_{23})、科研院所 R&D 内部经费支出 (B_{24})、高等学校 R&D 人员全时当量 (B_{25})、高等学校 R&D 内部经费支出 (B_{26})、高新技术企业 R&D 人员全时当量 (B_{27})、高新技术企业 R&D 内部经费支出 (B_{28}) 是相互独立的假设，认为指标间具有一定的相关性，可以进行因子分析。

表 8 - 22 2015—2020 年北上广深科技创新投入系统

KMO 统计值和 Bartlett 球形检验

测度和检验类型		北京	上海	广州	深圳
KMO 统计值		0.7512	0.6902	0.5374	0.8102
Bartlett 球形检验	检验值	29.354	31.268	28.363	27.398
	自由度	8	8	8	8
	统计显著性水平	0.0000	0.0000	0.0000	0.0000

注：数据检验统计软件为 SPSS 19.0。

表 8 - 23 为 2015—2020 年北上广深科技创新投入系统因子分析法的总方差解释表。不难看出，2015—2020 年北京科技创新投入系统提取因子后，有八个主成分值，分别为 7.1024、0.2518、0.2432、0.2017、0.1059、0.0612、0.0204 和 0.0134，故而只有一个主成分的特征值大于 1，其解释方差为 88.78%。由于只提取了一个主成分，故不存在转置的情况，说明北京人才集聚潜力是一个单维指标。2015—2020 年上海科技创新投入系统提取因子后，有八个主成分值，分别为 7.0942、0.2436、0.2350、0.1935、0.1141、0.0694、0.0286 和 0.0216，故而只有一个主成分的特征值大于 1，其解释方差为 88.68%。由于只提取了一个主成分，故不存在转置的情况，说明上海人才集聚潜力是一个单维指标。2015—2020 年广州科技创新投入系统提取因子后，有八个主成分值，分别为 7.0781、0.2275、0.2189、0.1774、0.1302、0.0855、0.0447 和 0.0377，故而只有一个主成分的特征值大于 1，其解释方差为 88.48%。由于只提取了一个主成分，故不存在转置的情况，说明广州人才集聚潜力是一个单维指标。2015—2020 年深圳科技创新投入系统提取因子后，有八个主成分值，分别为 7.1160、0.2654、0.2568、0.2153、0.0923、0.0472、0.0070 和 0.0000，故而只有一个主成分的特征值大于 1，其解释方差为 88.95%。由于只提取了一个主成分，故不存在转置的情况，说明深圳人才集聚潜力是一个单维指标。

表 8 - 23   2015—2020 年北上广深科技创新投入系统总方差解释

城市	初始特征值				提取平方和载入后特征值			
	成分	总值	解释方差	累计值	成分	总值	解释方差	累计值
北京	1	7.1024	88.78%	88.78%	1	7.1024	88.78%	88.78%
	2	0.2518	3.15%	91.93%	—	—	—	—
	3	0.2432	3.04%	94.97%	—	—	—	—
	4	0.2017	2.52%	97.49%	—	—	—	—
	5	0.1059	1.32%	98.81%	—	—	—	—
	6	0.0612	0.77%	99.58%	—	—	—	—
	7	0.0204	0.26%	99.84%	—	—	—	—
	8	0.0134	0.17%	100%	—	—	—	—
上海	1	7.0942	88.68%	88.68%	1	7.0942	88.68%	88.68%
	2	0.2436	3.05%	91.73%	—	—	—	—
	3	0.2350	2.94%	94.67%	—	—	—	—
	4	0.1935	2.42%	97.09%	—	—	—	—
	5	0.1141	1.43%	98.52%	—	—	—	—
	6	0.0694	0.87%	99.39%	—	—	—	—
	7	0.0286	0.36%	99.75%	—	—	—	—
	8	0.0216	0.27%	100%	—	—	—	—
广州	1	7.0781	88.48%	88.48%	1	7.0781	88.48%	88.48%
	2	0.2275	2.84%	91.32%	—	—	—	—
	3	0.2189	2.74%	94.06%	—	—	—	—
	4	0.1774	2.22%	96.28%	—	—	—	—
	5	0.1302	1.63%	97.91%	—	—	—	—
	6	0.0855	1.07%	98.98%	—	—	—	—
	7	0.0447	0.56%	99.54%	—	—	—	—
	8	0.0377	0.47%	100%	—	—	—	—

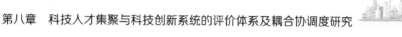

续表 8 - 23

城市	初始特征值				提取平方和载入后特征值			
	成分	总值	解释方差	累计值	成分	总值	解释方差	累计值
深圳	1	7.1160	88.95%	88.95%	1	7.1160	88.95%	88.95%
	2	0.2654	3.32%	92.27%	—	—	—	—
	3	0.2568	3.21%	95.48%	—	—	—	—
	4	0.2153	2.69%	98.17%	—	—	—	—
	5	0.0923	1.15%	99.32%	—	—	—	—
	6	0.0472	0.59%	99.91%	—	—	—	—
	7	0.0070	0.09%	100%	—	—	—	—
	8	0.0000	0.00%	100%	—	—	—	—

注：因子分析统计软件为 SPSS 19.0。

表 8 - 24 为 2015—2020 年北上广深科技创新投入系统因子载荷表。不难看出，2015—2020 年北京科技创新投入系统八个指标即工业企业 R&D 人员全时当量（B_{21}）、工业企业 R&D 内部经费支出（B_{22}）、科研院所 R&D 人员全时当量（B_{23}）、科研院所 R&D 内部经费支出（B_{24}）、高等学校 R&D 人员全时当量（B_{25}）、高等学校 R&D 内部经费支出（B_{26}）、高新技术企业 R&D 人员全时当量（B_{27}）、高新技术企业 R&D 内部经费支出（B_{28}）的因子载荷成分值分别为 0.9013、0.8864、0.9025、0.8975、0.8836、0.9012、0.9034 和 0.9578，远超 0.6 的临界参考值，说明北京科技创新投入系统指标选取得很好。2015—2020 年上海科技创新投入系统八个指标即工业企业 R&D 人员全时当量（B_{21}）、工业企业 R&D 内部经费支出（B_{22}）、科研院所 R&D 人员全时当量（B_{23}）、科研院所 R&D 内部经费支出（B_{24}）、高等学校 R&D 人员全时当量（B_{25}）、高等学校 R&D 内部经费支出（B_{26}）、高新技术企业 R&D 人员全时当量（B_{27}）、高新技术企业 R&D 内部经费支出（B_{28}）的因子载荷成分值分别为 0.9213、0.9342、0.9203、0.8935、0.8836、0.9012、0.8763 和 0.9037，远超 0.6 的临界参考值，说明上海科技创新投入系统指标选取得很好。2015—2020 年广州科技创新投入系统八个指标即工业企业 R&D 人员全时当量（B_{21}）、工业企业 R&D 内部经费支出（B_{22}）、科研院所 R&D 人员全时当量（B_{23}）、科研院所 R&D

内部经费支出（B_{24}）、高等学校 R&D 人员全时当量（B_{25}）、高等学校 R&D 内部经费支出（B_{26}）、高新技术企业 R&D 人员全时当量（B_{27}）、高新技术企业 R&D 内部经费支出（B_{28}）的因子载荷成分值分别为 0.9012、0.9074、0.9138、0.9201、0.9213、0.9031、0.9255 和 0.9347，远超 0.6 的临界参考值，说明广州科技创新投入系统指标选取得很好。2015—2020 年深圳科技创新投入系统八个指标即工业企业 R&D 人员全时当量（B_{21}）、工业企业 R&D 内部经费支出（B_{22}）、科研院所 R&D 人员全时当量（B_{23}）、科研院所 R&D 内部经费支出（B_{24}）、高等学校 R&D 人员全时当量（B_{25}）、高等学校 R&D 内部经费支出（B_{26}）、高新技术企业 R&D 人员全时当量（B_{27}）、高新技术企业 R&D 内部经费支出（B_{28}）的因子载荷成分值分别为 0.9431、0.9522、0.9618、0.9257、0.9012、0.8963、0.9702 和 0.9201，远超 0.6 的临界参考值，说明深圳科技创新投入系统指标选取得很好。

表 8-24　2015—2020 年北上广深科技创新投入系统因子载荷

指标	因子载荷成分值			
	北京	上海	广州	深圳
B_{21}	0.9013	0.9213	0.9012	0.9431
B_{22}	0.8864	0.9342	0.9074	0.9522
B_{23}	0.9025	0.9203	0.9138	0.9618
B_{24}	0.8975	0.8935	0.9201	0.9257
B_{25}	0.8836	0.8836	0.9213	0.9012
B_{26}	0.9012	0.9012	0.9031	0.8963
B_{27}	0.9034	0.8763	0.9255	0.9702
B_{28}	0.9578	0.9037	0.9347	0.9201

注：因子分析统计软件为 SPSS 19.0。

7. 2015—2020 年北上广深科技创新产出系统效度检验

我们通过 SPSS 19.0 软件对数据进行相关检验，检验结果如表 8-25 所示。从表 8-25 可以看出，2015—2020 年北京科技创新产出系统 KMO 统计值为 0.5213，上海为 0.5378，广州为 0.5109，深圳为 0.6022，均超过了可以进行因子分析的 KMO 临界值 0.5 的要求，说明因子分析的效果较好。2015—2020 年北京科技创新产出系统 Bartlett 球形检验值为20.178，检验的显著性概率为 0.000，因此，否定了原假设，即拒绝科技创新产出系统的八个指标——工业企业新产品产值（B_{31}）、工业企业专利授权数量（B_{32}）、科研院所新产品产值（B_{33}）、科研院所专利授权数量（B_{34}）、高等学校新产品产值（B_{35}）、高等学校专利授权数量（B_{36}）、高新技术企业新产品产值（B_{37}）、高新技术企业专利授权量（B_{38}）是相互独立的假设，认为指标间具有一定的相关性，可以进行因子分析。2015—2020 年上海科技创新产出系统 Bartlett 球形检验值为 19.352，检验的显著性概率为 0.000，因此，否定了原假设，即拒绝科技创新产出系统的八个指标——工业企业新产品产值（B_{31}）、工业企业专利授权数量（B_{32}）、科研院所新产品产值（B_{33}）、科研院所专利授权数量（B_{34}）、高等学校新产品产值（B_{35}）、高等学校专利授权数量（B_{36}）、高新技术企业新产品产值（B_{37}）、高新技术企业专利授权量（B_{38}）是相互独立的假设，认为指标间具有一定的相关性，可以进行因子分析。2015—2020 年广州科技创新产出系统 Bartlett 球形检验值为 22.047，检验的显著性概率为 0.000，因此，否定了原假设，即拒绝科技创新产出系统的八个指标——工业企业新产品产值（B_{31}）、工业企业专利授权数量（B_{32}）、科研院所新产品产值（B_{33}）、科研院所专利授权数量（B_{34}）、高等学校新产品产值（B_{35}）、高等学校专利授权数量（B_{36}）、高新技术企业新产品产值（B_{37}）、高新技术企业专利授权量（B_{38}）相互独立的假设，认为指标间具有一定的相关性，可以进行因子分析。2015—2020 年深圳科技创新产出系统 Bartlett 球形检验值为18.325，检验的显著性概率为 0.000，因此，否定了原假设，即拒绝科技创新产出系统的八个指标——工业企业新产品产值（B_{31}）、工业企业专利授权数量（B_{32}）、科研院所新产品产值（B_{33}）、科研院所专利授权数量（B_{34}）、高等学校新产品产值（B_{35}）、高等学校专利授权数量（B_{36}）、高新技术企业新产品产值（B_{37}）、高新技术企业专利授权量（B_{38}）是相互独立的假设，认为指标间具有一定的相关性，可以进行因子分析。

表 8 - 25　2015—2020 年北上广深科技创新产出系统
KMO 统计值和 Bartlett 球形检验

测度和检验类型		北京	上海	广州	深圳
KMO 统计值		0.5213	0.5378	0.5109	0.6022
Bartlett 球形检验	检验值	20.178	19.352	22.047	18.325
	自由度	8	8	8	8
	统计显著性水平	0.0000	0.0000	0.0000	0.0000

注：数据检验统计软件为 SPSS 19.0。

表 8 - 26 为 2015—2020 年北上广深科技创新产出系统因子分析法的总方差解释表。从表 8 - 26 不难看出，2015—2020 年北京科技创新产出系统提取因子后，有八个主成分值，分别为 7.0495、0.1989、0.1903、0.1588、0.1488、0.1141、0.0733 和 0.0663，故而只有一个主成分的特征值大于 1，其解释方差为 88.12%。由于只提取了一个主成分，故不存在转置的情况，说明北京人才集聚潜力是一个单维指标。2015—2020 年上海科技创新产出系统提取因子后，有八个主成分值，分别为 7.0820、0.2314、0.2228、0.1813、0.1263、0.0816、0.0408 和 0.0338，故而只有一个主成分的特征值大于 1，其解释方差为 88.53%。由于只提取了一个主成分，故不存在转置的情况，说明上海人才集聚潜力是一个单维指标。2015—2020 年广州科技创新产出系统提取因子后，有八个主成分值，分别为 7.0717、0.2211、0.2125、0.1710、0.1366、0.0919、0.0511 和 0.0441，故而只有一个主成分的特征值大于 1，其解释方差为 88.40%。由于只提取了一个主成分，故不存在转置的情况，说明广州人才集聚潜力是一个单维指标。2015—2020 年深圳科技创新产出系统提取因子后，有八个主成分值，分别为 7.1144、0.2638、0.2552、0.2137、0.0939、0.0492、0.0084 和 0.0014，故而只有一个主成分的特征值大于 1，其解释方差为 88.93%。由于只提取了一个主成分，故不存在转置的情况，说明深圳人才集聚潜力是一个单维指标。

表 8-26 2015—2020 年北上广深科技创新产出系统总方差解释

城市	初始特征值				提取平方和载入后特征值			
	成分	总值	解释方差	累计值	成分	总值	解释方差	累计值
北京	1	7.0495	88.12%	88.12%	1	7.0495	88.12%	88.12%
	2	0.1989	2.49%	90.61%	—	—	—	—
	3	0.1903	2.38%	92.99%	—	—	—	—
	4	0.1588	1.99%	94.98%	—	—	—	—
	5	0.1488	1.86%	96.84%	—	—	—	—
	6	0.1141	1.43%	98.27%	—	—	—	—
	7	0.0733	0.92%	99.19%	—	—	—	—
	8	0.0663	0.83%	100%	—	—	—	—
上海	1	7.0820	88.53%	88.53%	1	7.0820	88.53%	88.53%
	2	0.2314	2.89%	91.42%	—	—	—	—
	3	0.2228	2.79%	94.21%	—	—	—	—
	4	0.1813	2.27%	96.48%	—	—	—	—
	5	0.1263	1.58%	98.06%	—	—	—	—
	6	0.0816	1.02%	99.08%	—	—	—	—
	7	0.0408	0.51%	99.59%	—	—	—	—
	8	0.0338	0.41%	100%	—	—	—	—
广州	1	7.0717	88.40%	88.40%	1	7.0717	88.40%	88.40%
	2	0.2211	2.76%	91.16%	—	—	—	—
	3	0.2125	2.66%	93.82%	—	—	—	—
	4	0.1710	2.14%	95.96%	—	—	—	—
	5	0.1366	1.71%	97.67%	—	—	—	—
	6	0.0919	1.15%	98.82%	—	—	—	—
	7	0.0511	0.64%	99.46%	—	—	—	—
	8	0.0441	0.55%	100%	—	—	—	—

续表 8 – 26

城市	初始特征值				提取平方和载入后特征值			
	成分	总值	解释方差	累计值	成分	总值	解释方差	累计值
深圳	1	7.1144	88.93%	88.93%	1	7.1144	88.93%	88.93%
	2	0.2638	3.30%	92.23%	—	—	—	—
	3	0.2552	3.19%	95.42%	—	—	—	—
	4	0.2137	2.67%	98.09%	—	—	—	—
	5	0.0939	1.17%	99.26%	—	—	—	—
	6	0.0492	0.62%	99.88%	—	—	—	—
	7	0.0084	0.11%	99.99%	—	—	—	—
	8	0.0014	0.02%	100%	—	—	—	—

注：因子分析统计软件为 SPSS 19.0。

表 8 – 27 为 2015—2020 年北上广深科技创新产出系统因子载荷表。不难看出，2015—2020 年北京科技创新产出系统八个指标即工业企业新产品产值（B_{31}）、工业企业专利授权数量（B_{32}）、科研院所新产品产值（B_{33}）、科研院所专利授权数量（B_{34}）、高等学校新产品产值（B_{35}）、高等学校专利授权数量（B_{36}）、高新技术企业新产品产值（B_{37}）、高新技术企业专利授权量（B_{38}）因子载荷成分值分别为 0.8977、0.9104、0.9023、0.9347、0.9214、0.8896、0.9013 和 0.9033，远超 0.6 的临界参考值，说明北京科技创新产出系统指标选取得很好。2015—2020 年上海科技创新产出系统八个指标即工业企业新产品产值（B_{31}）、工业企业专利授权数量（B_{32}）、科研院所新产品产值（B_{33}）、科研院所专利授权数量（B_{34}）、高等学校新产品产值（B_{35}）、高等学校专利授权数量（B_{36}）、高新技术企业新产品产值（B_{37}）、高新技术企业专利授权量（B_{38}）的因子载荷成分值分别为 0.9147、0.9304、0.9027、0.9217、0.9013、0.9028、0.9204 和 0.9102，远超 0.6 的临界参考值，说明上海科技创新产出系统指标选取得很好。2015—2020 年广州科技创新产出系统八个指标即工业企业新产品产值（B_{31}）、工业企业专利授权数量（B_{32}）、科研院所新产品产值（B_{33}）、科研院所专利授权数量（B_{34}）、高等学校新产品产值（B_{35}）、高等学校专利授权数量（B_{36}）、高新技术企业新产品产值（B_{37}）、高新技术企业专利授权量

（B_{38}）的因子载荷成分值分别为 0.9134、0.9011、0.9010、0.8935、0.8875、0.8961、0.9034 和 0.9142，远超 0.6 的临界参考值，说明广州科技创新产出系统指标选取得很好。2015—2020 年深圳科技创新产出系统八个指标即工业企业新产品产值（B_{31}）、工业企业专利授权数量（B_{32}）、科研院所新产品产值（B_{33}）、科研院所专利授权数量（B_{34}）、高等学校新产品产值（B_{35}）、高等学校专利授权数量（B_{36}）、高新技术企业新产品产值（B_{37}）、高新技术企业专利授权量（B_{38}）的因子载荷成分值分别为 0.9245、0.9503、0.9403、0.9347、0.9248、0.9312、0.9024 和 0.9078，远超 0.6 的临界参考值，说明深圳科技创新产出系统指标选取得很好。

表 8-27　2015—2020 年北上广深科技创新产出系统因子载荷

指标	因子载荷成分值			
	北京	上海	广州	深圳
B_{31}	0.8977	0.9147	0.9134	0.9245
B_{32}	0.9104	0.9304	0.9011	0.9503
B_{33}	0.9023	0.9027	0.9010	0.9403
B_{34}	0.9347	0.9217	0.8935	0.9347
B_{35}	0.9214	0.9013	0.8875	0.9248
B_{36}	0.8896	0.9028	0.8961	0.9312
B_{37}	0.9013	0.9204	0.9034	0.9024
B_{38}	0.9033	0.9102	0.9142	0.9078

注：因子分析统计软件为 SPSS 19.0。

表 8-28 是 2015—2020 年北上广深科技创新环境系统效度检验。我们通过 SPSS 19.0 软件对数据进行相关检验，检验结果如表 8-28 所示。从表 8-28 可以看出，2015—2020 年北京科技创新环境系统 KMO 统计值为 0.7024，上海为 0.7321，广州为 0.6834，深圳为 0.8021，均超过了可以进行因子分析的 KMO 临界值 0.5 的要求，说明因子分析的效果较好。2015—2020 年北京科技创新环境系统 Bartlett 球形检验值为 34.234，检验的显著性概率为 0.000，因此，否定了原假设，即拒绝科技创新环境系统的五个指标——人均 GDP（B_{41}）、R&D 经费占 GDP 比重（B_{42}）、市场化率（B_{43}）、科技投入占公共财政比重（B_{44}）以及城市化率（B_{45}）是相互独立的

假设，认为指标间具有一定的相关性，可以进行因子分析。2015—2020年上海科技创新环境系统 Bartlett 球形检验值为32.065，检验的显著性概率为0.000，因此，否定了原假设，即拒绝科技创新环境系统的五个指标——人均 GDP（B_{41}）、R&D 经费占 GDP 比重（B_{42}）、市场化率（B_{43}）、科技投入占公共财政比重（B_{44}）以及城市化率（B_{45}）是相互独立的假设，认为指标间具有一定的相关性，可以进行因子分析。2015—2020年广州科技创新环境系统 Bartlett 球形检验值为31.032，检验的显著性概率为0.000，因此，否定了原假设，即拒绝科技创新环境系统的五个指标——人均 GDP（B_{41}）、R&D 经费占 GDP 比重（B_{42}）、市场化率（B_{43}）、科技投入占公共财政比重（B_{44}）以及城市化率（B_{45}）相互独立的假设，认为指标间具有一定的相关性，可以进行因子分析。2015—2020年深圳科技创新环境系统 Bartlett 球形检验值为37.431，检验的显著性概率为0.000，因此，否定了原假设，即拒绝科技创新环境系统的五个指标——人均 GDP（B_{41}）、R&D 经费占 GDP 比重（B_{42}）、市场化率（B_{43}）、科技投入占公共财政比重（B_{44}）以及城市化率（B_{45}）是相互独立的假设，认为指标间具有一定的相关性，可以进行因子分析。

表8－28　2015—2020 年北上广深科技创新环境系统
KMO 统计值和 Bartlett 球形检验

测度和检验类型		北京	上海	广州	深圳
KMO 统计值		0.7024	0.7321	0.6834	0.8021
Bartlett 球形检验	检验值	34.234	32.065	31.032	37.431
	自由度	5	5	5	5
	统计显著性水平	0.0000	0.0000	0.0000	0.0000

注：数据检验统计软件为 SPSS 19.0。

表8－29 为 2015—2020 年北上广深科技创新环境系统因子分析法的总方差解释表。可以看出，2015—2020 年北京科技创新环境系统提取因子后，有五个主成分值，分别为 4.1342、0.5022、0.2626、0.0832 和 0.0178，故而只有一个主成分的特征值大于1，其解释方差为 82.68%。由于只提取了一个主成分，故不存在转置的情况，说明北京人才集聚潜力是一个单维指标。2015—2020 年上海科技创新环境系统提取因子后，有五个主成分值，分别为 4.1696、0.5376、0.2458、0.0301 和 0.0169，故

而只有一个主成分的特征值大于1，其解释方差为83.39%。由于只提取了一个主成分，故不存在转置的情况，说明上海人才集聚潜力是一个单维指标。2015—2020年广州科技创新环境系统提取因子后，有五个主成分值，分别为4.1443、0.5123、0.2525、0.0741和0.0178，故而只有一个主成分的特征值大于1，其解释方差为82.89%。由于只提取了一个主成分，故不存在转置的情况，说明广州人才集聚潜力是一个单维指标。2015—2020年深圳科技创新环境系统提取因子后，有五个主成分值，分别为4.2032、0.3102、0.2504、0.2121和0.0241，只有一个主成分的特征值大于1，其解释方差为84.06%，说明深圳人才集聚潜力是一个单维指标。

表8-29 2015—2020北上广深年科技创新环境系统总方差解释

城市	初始特征值				提取平方和载入后特征值			
	成分	总值	解释方差	累计值	成分	总值	解释方差	累计值
北京	1	4.1342	82.68%	82.68%	1	4.1342	82.68%	82.68%
	2	0.5022	10.04%	92.72%	—	—	—	—
	3	0.2626	5.25%	97.97%	—	—	—	—
	4	0.0832	1.66%	99.63%	—	—	—	—
	5	0.0178	0.36%	100%	—	—	—	—
上海	1	4.1696	83.39%	83.39%	1	4.1696	83.39%	83.39%
	2	0.5376	10.75%	94.14%	—	—	—	—
	3	0.2458	4.92%	99.06%	—	—	—	—
	4	0.0301	0.60%	99.66%	—	—	—	—
	5	0.0169	0.34%	100%	—	—	—	—
广州	1	4.1443	82.89%	82.89%	1	4.1443	82.89%	82.89%
	2	0.5123	10.25%	93.14%	—	—	—	—
	3	0.2525	5.05%	98.19%	—	—	—	—
	4	0.0741	1.48%	99.67%	—	—	—	—
	5	0.0178	0.36%	100%	—	—	—	—

续表 8-29

城市	初始特征值				提取平方和载入后特征值			
	成分	总值	解释方差	累计值	成分	总值	解释方差	累计值
深圳	1	4.2032	84.06%	84.06%	1	4.2032	84.06%	84.06%
	2	0.3102	6.20%	90.26%	—	—	—	—
	3	0.2504	5.01%	95.27%	—	—	—	—
	4	0.2121	4.24%	99.51%	—	—	—	—
	5	0.0241	0.48%	100%	—	—	—	—

注：因子分析统计软件为 SPSS 19.0。

表 8-30 为 2015—2020 年北上广深科技创新环境系统因子载荷表。不难看出，2015—2020 年北京科技创新环境系统五个指标即人均 GDP（B_{41}）、R&D 经费占 GDP 比重（B_{42}）、市场化率（B_{43}）、科技投入占公共财政比重（B_{44}）以及城市化率（B_{45}）因子载荷成分值分别为 0.9121、0.9222、0.9913、0.9399 和 0.9839，远超 0.6 的临界值，说明北京科技创新环境系统指标选取得很好。2015—2020 年上海科技创新环境系统五个指标即人均 GDP（B_{41}）、R&D 经费占 GDP 比重（B_{42}）、市场化率（B_{43}）、科技投入占公共财政比重（B_{44}）以及城市化率（B_{45}）的因子载荷成分值分别为 0.9515、0.9829、0.9006、0.9786 和 0.9046，远超 0.6 的临界值，说明上海科技创新环境系统指标选取得很好。2015—2020 年广州科技创新环境系统五个指标即人均 GDP（B_{41}）、R&D 经费占 GDP 比重（B_{42}）、市场化率（B_{43}）、科技投入占公共财政比重（B_{44}）以及城市化率（B_{45}）的因子载荷成分值分别为 0.9310、0.9857、0.9343、0.9439 和 0.9334，远超 0.6 的临界值，说明广州科技创新环境系统指标选取得很好。2015—2020 年深圳科技创新环境系统五个指标即人均 GDP（B_{41}）、R&D 经费占 GDP 比重（B_{42}）、市场化率（B_{43}）、科技投入占公共财政比重（B_{44}）以及城市化率（B_{45}）的因子载荷成分值分别为 0.9113、0.9686、0.9002、0.9260 和 0.9999，远超 0.6 的临界值，说明深圳科技创新环境系统指标选取得很好。

表8-30　2015—2020年北上广深科技创新环境系统因子载荷

指标	因子载荷成分值			
	北京	上海	广州	深圳
B_{41}	0.9121	0.9515	0.9310	0.9113
B_{42}	0.9222	0.9829	0.9857	0.9686
B_{43}	0.9913	0.9006	0.9343	0.9002
B_{44}	0.9399	0.9786	0.9439	0.9260
B_{45}	0.9839	0.9046	0.9334	0.9999

注：因子分析统计软件为 SPSS 19.0。

第三节　科技人才集聚与科技创新系统综合评价模型及耦合协调度模型构建

一、数据来源与标准化处理

本章的研究数据来自北上广深的统计局官方网站发布的各年度统计年鉴和《中国火炬统计年鉴》，并在进行评估之前对变量数据进行了标准化处理。

假设 A_{ij} 表示第 i 年（$i = 1,2,3 \ldots m$）第 j 个（$j = 1,2,3 \ldots n$）指标的北上广深的科技人才集聚数值，B_{ij} 表示第 i 年（$i = 1,2,3 \ldots m$）第 j 个（$j = 1,2,3 \ldots p$）指标的北上广深的科技创新系统数值。应用极差值标准化处理上述数据，得到：

$$\begin{cases} A'_{ij} = \dfrac{A_{ij} - \min\{A_{ij}\}}{\max\{A_{ij}\} - \min\{A_{ij}\}} \\ B'_{ij} = \dfrac{B_{ij} - \min\{B_{ij}\}}{\max\{B_{ij}\} - \min\{B_{ij}\}} \end{cases} \qquad (8-1)$$

其中，A'_{ij} 表示第 i 年（$i = 1,2,3 \ldots m$）第 j 个（$j = 1,2,3 \ldots n$）指标的北上广深的科技人才集聚标准化处理后的数值，B'_{ij} 表示第 i 年（$i = 1,2,3 \ldots m$）第 j 个（$j = 1,2,3 \ldots p$）指标的北上广深的科技创新系统标准化处理后的数值，$0 \leqslant A'_{ij} \leqslant 1$，$0 \leqslant B'_{ij} \leqslant 1$。假设北上广深的科技人才集聚原始数据标

准化处理为 A，北上广深的科技创新系统原始数据标准化处理为 B，则有：

$$A = \begin{bmatrix} A'_{11} & A'_{12} & \cdots & A'_{1n} \\ A'_{21} & A'_{22} & L & A'_{2n} \\ M & M & L & M \\ A'_{m1} & A'_{m2} & L & A'_{mn} \end{bmatrix} \qquad (8-2)$$

$$B = \begin{bmatrix} B'_{11} & B'_{12} & \cdots & B'_{1p} \\ B'_{21} & B'_{22} & \cdots & B'_{2p} \\ \vdots & \vdots & \cdots & \vdots \\ B'_{m1} & B'_{m2} & \cdots & B'_{mp} \end{bmatrix} \qquad (8-3)$$

二、指标权重的确定

本章采用熵值法对指标数据进行客观赋值。熵值法的基本原理是根据各指标数据的变异程度所反映的信息量的大小来确定权重。指标提供的信息量越大，则信息的无序度越低，在综合评价中信息的效用度就越大，因此应赋予该指标较高的权重。反之，指标提供的信息量越小，则信息的无效性越高，因此赋予对应指标的权重也就越小。

科技人才集聚指标权重计算公式为：

$$\omega_{ij} = \frac{A'_{ij}}{\sum\limits_{i=1}^{m} A'_{ij}}, \quad j = 1,2\ldots n \qquad (8-4)$$

科技创新系统指标权重计算公式为：

$$\lambda_{ij} = \frac{B'_{ij}}{\sum\limits_{i=1}^{m} B'_{ij}}, \quad j = 1,2\ldots p \qquad (8-5)$$

科技型人才集聚指标熵值计算公式为：

$$e_j = -\frac{1}{\ln m}\sum_{i=1}^{m}\omega_{ij}\ln\omega_{ij}, \quad j = 1,2\ldots n; 若\ \omega_{ij} = 0,则令\ \ln\omega_{ij} = 0$$

区域创新系统指标熵值计算公式为：

$$f_j = -\frac{1}{\ln m}\sum_{i=1}^{m}\lambda_{ij}\ln\lambda_{ij}, \quad j = 1,2\ldots p; 若\ \lambda_{ij} = 0,则令\ \ln\lambda_{ij} = 0$$

将熵值代入熵权公式确定各级组的权重，科技型人才集聚指标的熵权公式为：

$$W_j = \frac{1 - e_j}{\sum_{i=1}^{m} (1 - e_j)}, \quad j = 1,2\dots n \qquad (8-6)$$

区域创新系统指标熵权公式为：

$$M_j = \frac{1 - f_j}{\sum_{i=1}^{m} (1 - f_j)}, \quad j = 1,2\dots p \qquad (8-7)$$

三、综合评价模型构建

由于科技型人才集聚与区域创新系统均属于复合大系统，因此，对大系统进行描述时，首先需要对各个子系统中的众多指标进行标度，然后通过权重系数调节各准则层的比重，最后将各个子系统通过线性加权综合构成科技型人才集聚系统和区域创新系统，即利用综合评价函数计算获得两个系统发展水平的数值。对北上广深科技型人才集聚水平的综合评价函数为：

$$S(A) = \sum_{j=1}^{n} W_{ij} \cdot A'_{ij}, \quad i = 1,2\dots m; j = 1,2\dots n \qquad (8-8)$$

对区域创新系统的综合评价函数为：

$$S(B) = \sum_{j=1}^{n} M_{ij} \cdot A'_{ij}, \quad i = 1,2\dots m; j = 1,2\dots n \qquad (8-9)$$

四、耦合协调度模型构建

耦合协调是一个物理学概念，是指两个或者两个以上要素或运动形式相互作用、彼此影响、共同进步的状态。我们将科技人才集聚与科技创新相互影响的状态称为耦合协调度，并通过数学模型研究这种耦合协调度。

假设 $Z_{ij}(i = 1,2; j = 1,2\dots n)$ 分别表示科技人才集聚与区域科技创新的各个指标值，$u_{ij}(i = 1,2; j = 1,2\dots n)$ 为科技人才集聚和科技创新耦合系统的功效系数，$U_i(i = 1,2)$ 分别为科技人才集聚和区域科技创新系统的综合评价情况，$\lambda_{ij}(i = 1,2; j = 1,2\dots n)$ 表示各个指标的权重，则有：

$$u_{ij} = \begin{cases} \dfrac{(Z_{ij} - \beta_{ij})}{(\alpha_{ij} - \beta_{ij})}, & u_{ij} \text{ 具有正功效} \\[3mm] \dfrac{(\alpha_{ij} - Z_{ij})}{(\alpha_{ij} - \beta_{ij})}, & u_{ij} \text{ 具有负功效} \end{cases} \qquad (8-10)$$

$$U_i = \sum_{j=1}^{n} \lambda_{ij} \cdot u_{ij}, \quad i = 1,2; j = 1,2 \dots n \qquad (8-11)$$

$$\sum_{j=1}^{n} \lambda_{ij} = 1, \quad i = 1,2; j = 1,2 \dots n \qquad (8-12)$$

依据物理学中的耦合系数模型，可以得出科技人才集聚与科技创新之间的耦合度模型：

$$\xi = \sqrt{\frac{U_1 \cdot U_2}{(U_1 + U_2)^2}} \qquad (8-13)$$

式（8-13）中，ξ 为科技人才集聚与区域科技创新之间的耦合协调度，ξ 的取值范围在 0 到 1 之间，当 $\xi = 1$ 时，两者之间的耦合协调度最大，形成了良性耦合的局面；当 $\xi = 0$ 时，两者之间的耦合协调度最小，两者之间呈现无序发展的状态。

耦合度对判别科技人才集聚与区域科技创新耦合作用的强弱具有重要意义，但由于二者之间的动态性，在进行多区域空间对比研究时，有可能会出现二者的综合评价值 U_1 和 U_2 都较低且得分相近，耦合度 ξ 却较高的伪耦合情形。因此，为评判不同区域科技人才集聚与区域科技创新交互耦合的协调程度，这里引入科技人才集聚与区域科技创新的耦合协调度模型，具体表述如下：

$$\phi = \sqrt{\xi \cdot \varphi}, \quad \varphi = \alpha U_1 + \beta U_2 \qquad (8-14)$$

式（8-14）中，ϕ 为修正后的科技人才集聚与区域科技创新之间的耦合协调度；φ 为科技人才集聚与区域科技创新之间的综合调和指数，取值范围在 0 到 1 之间，反映了科技人才集聚与区域科技创新之间的整体协同效应；α 和 β 均为科技人才集聚与区域科技创新的协同贡献参数，二者之和为 1，通常分别取 0.5 和 0.5。借助统计学中两个变量之间的相关关系表述，相关系数 ρ 是用来衡量两个变量之间线性相关关系的方法。当 $\rho > 0$ 时，两变量正相关；当 $\rho < 0$ 时，两变量为负相关；当 $|\rho| = 1$ 时，两变量为完全线性相关；当 $\rho = 0$ 时，两变量间无线性相关关系；当 $0 < |\rho| < 1$ 时，两变量存在一定程度的线性相关。$|\rho|$ 越接近 1，表示两变量的线性关系越密切；$|\rho|$ 越接近于 0，表示两变量的线性关系越弱。相关系数一般可按三级划分：$|\rho| < 0.4$ 为低度线性相关；$0.4 \leqslant |\rho| < 0.7$ 为显著线性相关；$0.7 \leqslant |\rho| \leqslant 1$ 为高度线性相关。据此，我们将科技人才集聚与区域科技创新之间的耦合协调度划分为如下五种情况：一是当 $0 < \phi \leqslant 0.1$ 时，

科技人才集聚与区域科技创新发展处于极度缺乏耦合协调的阶段，科技人才集聚缺乏有效的创新环境支撑，同时由于科技人才集聚的积极性不高，区域科技创新活动受到制约，科技创新水平低；二是当 $0.1 < \phi \leq 0.3$ 时，科技人才集聚与区域科技创新处于低度协调耦合阶段，二者之间尚未形成良好的协调互动关系，正处于磨合期；三是当 $0.3 < \phi \leq 0.5$ 时，科技人才集聚与区域科技创新之间处于中度耦合协调阶段，二者之间的协调度可待进一步提高；四是当 $0.5 < \phi \leq 0.8$ 时，科技人才集聚与区域科技创新之间处于高度耦合协调阶段，二者之间初步形成了相互促进的良性耦合协调发展，科技人才集聚在一定程度上能够有效促进区域科技创新能力的提升，同时区域科技创新能力的提升又能反过来促进科技人才的集聚；五是当 $0.8 < \phi \leq 1$ 时，科技人才集聚与区域科技创新之间处于极度协调耦合阶段，即二者之间协调度达到最佳协调状态，呈现螺旋上升的共同发展态势。

第四节　北上广深科技人才集聚与科技创新系统的评价体系及耦合协调度对比研究

我们将原始数据按照式（8-1）进行标准化处理，可分别得到北上广深四个城市的科技人才集聚与科技创新系统指标的规范化矩阵。科技人才集聚具体如表8-31、表8-32、表8-33和表8-34所示，科技创新系统评价矩阵如表8-35、表8-36、表8-37和表8-38所示。

表8-31为2015—2020年北京科技人才集聚评价指标规范化矩阵，该表按照式（8-1）对原始数据进行了标准化处理。在这种标准化处理中，最低值为0.0000，最高值则为1.0000。从表8-31的标准化数据结果来看，R&D人员全时当量（A_{11}）的标准化数据在2015年最低，为0.0000；在2018年最高，为1.0000。R&D人员集聚规模（A_{12}）的标准化数据在2015年最低，为0.0000；在2019年最高，为1.0000。基础研发人员全时当量占比（A_{21}）的标准化数据在2016年最低，为0.0000；在2020年最高，为1.0000。应用研发人员全时当量占比（A_{22}）的标准化数据在2016年最低，为0.0000；在2020年最高，为1.0000。试验发展人员全时当量占比（A_{23}）的标准化数据在2015年最低，为0.0000，在2019年最

高，为 1.0000。R&D 人员中具有大学本科及以上学历人员占比（A_{31}）的标准化数据在 2016 年最低，为 0.0000；在 2020 年最高，为 1.0000。R&D 人员中具有专业技术中级及以上职称人员占比（A_{32}）的标准化数据在 2015 年最低，为 0.0000；在 2020 年最高，为 1.0000。高等学校在校生人数（A_{41}）的标准化数据在 2015 年最低，为 0.0000；在 2020 年最高，为 1.0000。高等学校招生人数（A_{42}）的标准化数据在 2015 年最低，为 0.0000；在 2019 年最高，为 1.0000。每万人中大专及以上学历人口占比（A_{43}）的标准化数据在 2015 年最低，为 0.0000；在 2020 年最高，为 1.0000。

表 8-31　2015—2020 年北京科技人才集聚评价指标规范化矩阵

指标	2015 年	2016 年	2017 年	2018 年	2019 年	2020 年
A_{11}	0.0000	0.6719	0.8716	1.0000	0.9318	0.9707
A_{12}	0.0000	0.7421	0.9271	0.7421	1.0000	0.8774
A_{21}	0.2809	0.0000	0.9729	0.3798	0.6246	1.0000
A_{22}	0.1082	0.0000	0.1447	0.4763	0.8753	1.0000
A_{23}	0.0000	0.6508	0.7312	0.9168	1.0000	0.8921
A_{31}	0.3798	0.0000	0.5163	0.8545	0.9488	1.0000
A_{32}	0.0000	0.3187	0.5620	0.8725	0.9752	1.0000
A_{41}	0.0000	0.4111	0.4328	0.6833	0.7187	1.0000
A_{42}	0.0000	0.3590	0.4249	0.9035	1.0000	0.8980
A_{43}	0.0000	0.1983	0.2842	0.7066	0.9537	1.0000

注：规范矩阵计算软件为 Matlab 7.0。

表 8-32 为 2015—2020 年上海科技人才集聚评价指标规范化矩阵，该表按照式（8-1）对原始数据进行了标准化处理。在这种标准化处理中，最低值为 0.0000，最高值则为 1.0000。从表 8-32 的标准化数据结果来看，R&D 人员全时当量（A_{11}）的标准化数据在 2015 年最低，为 0.0000；在 2020 年最高，为 1.0000。R&D 人员集聚规模（A_{12}）的标准化数据在 2015 年最低，为 0.0000；在 2019 年最高，为 1.0000。基础研发人员全时当量占比（A_{21}）的标准化数据在 2016 年最低，为 0.0000；在 2018 年最高，为 1.0000。应用研发人员全时当量占比（A_{22}）的标准化数据在

2016 年最低，为 0.0000；在 2018 年最高，为 1.0000。试验发展人员全时当量占比（A_{23}）的标准化数据在 2016 年最低，为 0.0000；在 2019 年最高，为 1.0000。R&D 人员中具有大学本科及以上学历人员占比（A_{31}）的标准化数据在 2015 年最低，为 0.0000；在 2020 年最高，为 1.0000。R&D 人员中具有专业技术中级及以上职称人员占比（A_{32}）的标准化数据在 2015 年最低，为 0.0000；在 2020 年最高，为 1.0000。高等学校在校生人数（A_{41}）的标准化数据在 2015 年最低，为 0.0000；在 2020 年最高，为 1.0000。高等学校招生人数（A_{42}）的标准化数据在 2016 年最低，为 0.0000；在 2020 年最高，为 1.0000。每万人中大专及以上学历人口占比（A_{43}）的标准化数据在 2016 年最低，为 0.0000；在 2019 年最高，为 1.0000。

表 8 - 32　2015—2020 年上海科技人才集聚评价指标规范化矩阵

指标	2015 年	2016 年	2017 年	2018 年	2019 年	2020 年
A_{11}	0.0000	0.1719	0.5925	0.6059	0.9819	1.0000
A_{12}	0.0000	0.7348	0.5098	0.5907	1.0000	0.9738
A_{21}	0.4949	0.0000	0.8228	1.0000	0.7324	0.9631
A_{22}	0.3725	0.0000	0.8998	1.0000	0.8302	0.8853
A_{23}	0.7647	0.0000	0.9096	0.9935	1.0000	0.9080
A_{31}	0.0000	0.4930	0.5519	0.4477	0.7705	1.0000
A_{32}	0.0000	0.5233	0.8453	0.9371	0.8125	1.0000
A_{41}	0.0000	0.6526	0.7108	0.7785	0.8513	1.0000
A_{42}	0.3744	0.0000	0.4415	0.6513	0.9812	1.0000
A_{43}	0.3153	0.0000	0.4200	0.9431	1.0000	0.9149

注：规范矩阵计算软件为 Matlab 7.0。

表 8 - 33 为 2015—2020 年广州科技人才集聚评价指标规范化矩阵，该表按照式（8 - 1）对原始数据进行了标准化处理。在这种标准化处理中，最低值为 0.0000，最高值则为 1.0000。从表 8 - 33 的标准化数据结果来看，指标 R&D 人员全时当量（A_{11}）的标准化数据在 2016 年最低，为 0.0000；在 2020 年最高，为 1.0000。R&D 人员集聚规模（A_{12}）的标准化数据在 2015 年最低，为 0.0000；在 2020 年最高，为 1.0000。基础研发人

员全时当量占比（A_{21}）的标准化数据在 2015 年最低，为 0.0000；在 2019 年最高，为 1.0000。应用研发人员全时当量占比（A_{22}）的标准化数据在 2015 年最低，为 0.0000；在 2020 年最高，为 1.0000。试验发展人员全时当量占比（A_{23}）的标准化数据在 2016 年最低，为 0.0000；在 2019 年最高，为 1.0000。R&D 人员中具有大学本科及以上学历人员占比（A_{31}）的标准化数据在 2016 年最低，为 0.0000；在 2020 年最高，为 1.0000。R&D 人员中具有专业技术中级及以上职称人员占比（A_{32}）的标准化数据在 2017 年最低，为 0.0000；在 2019 年最高，为 1.0000。高等学校在校生人数（A_{41}）的标准化数据在 2015 年最低，为 0.0000；在 2020 年最高，为 1.0000。高等学校招生人数（A_{42}）的标准化数据在 2015 年最低，为 0.0000；在 2020 年最高，为 1.0000。每万人中大专及以上学历人口占比（A_{43}）的标准化数据在 2016 年最低，为 0.0000；在 2019 年最高，为 1.0000。

表 8-33　2015—2020 年广州科技人才集聚评价指标规范化矩阵

指标	2015 年	2016 年	2017 年	2018 年	2019 年	2020 年
A_{11}	0.1763	0.0000	0.7564	0.8460	0.8541	1.0000
A_{12}	0.0000	0.1588	0.8887	0.3389	0.9673	1.0000
A_{21}	0.0000	0.4106	0.8159	0.5267	1.0000	0.9307
A_{22}	0.0000	0.1479	0.4863	0.5969	0.7848	1.0000
A_{23}	0.1009	0.0000	0.8957	0.7711	1.0000	0.9320
A_{31}	0.2676	0.0000	0.5743	0.7465	0.8012	1.0000
A_{32}	0.1765	0.7453	0.0000	0.8296	1.0000	0.6910
A_{41}	0.0000	0.2568	0.4341	0.4945	0.7690	1.0000
A_{42}	0.0000	0.1742	0.6518	0.7127	0.8867	1.0000
A_{43}	0.4880	0.0000	0.5420	0.7132	1.0000	0.9442

注：规范矩阵计算软件为 Matlab 7.0。

表 8-34 为 2015—2020 年深圳科技人才集聚评价指标规范化矩阵，该表按照式（8-1）对原始数据进行了标准化处理。在这种标准化处理中，最低值为 0.0000，最高值则为 1.0000。从表 8-34 的标准化数据结果来看，R&D 人员全时当量（A_{11}）的标准化数据在 2016 年最低，为

0.0000；在 2020 年最高，为 1.0000。R&D 人员集聚规模（A_{12}）的标准化数据在 2015 年最低，为 0.0000；在 2019 年最高，为 1.0000。基础研发人员全时当量占比（A_{21}）的标准化数据在 2015 年最低，为 0.0000；在 2020 年最高，为 1.0000。应用研发人员全时当量占比（A_{22}）的标准化数据在 2015 年最低，为 0.0000；在 2019 年最高，为 1.0000。试验发展人员全时当量占比（A_{23}）的标准化数据在 2016 年最低，为 0.0000；在 2020 年最高，为 1.0000。R&D 人员中具有大学本科及以上学历人员占比（A_{31}）的标准化数据在 2015 年最低，为 0.0000；在 2020 年最高，为 1.0000。R&D 人员中具有专业技术中级及以上职称人员占比（A_{32}）的标准化数据在 2015 年最低，为 0.0000；在 2020 年最高，为 1.0000。高等学校在校生人数（A_{41}）的标准化数据在 2015 年最低，为 0.0000；在 2019 年最高，为 1.0000。高等学校招生人数（A_{42}）的标准化数据在 2015 年最低，为 0.0000；在 2020 年最高，为 1.0000。每万人中大专及以上学历人口占比（A_{43}）的标准化数据在 2015 年最低，为 0.0000；在 2020 年最高，为 1.0000。

表 8 - 34　2015—2020 年深圳科技型人才集聚评价指标规范化矩阵

指标	2015 年	2016 年	2017 年	2018 年	2019 年	2020 年
A_{11}	0.2291	0.0000	0.4281	0.5841	0.8956	1.0000
A_{12}	0.0000	0.2590	0.6196	0.7728	1.0000	0.9243
A_{21}	0.0000	0.7224	0.5933	0.8752	0.9793	1.0000
A_{22}	0.0000	0.7675	0.6399	0.8467	1.0000	0.9564
A_{23}	0.2355	0.0000	0.5337	0.7684	0.8705	1.0000
A_{31}	0.0000	0.4359	0.5090	0.8997	0.9499	1.0000
A_{32}	0.0000	0.1235	0.5125	0.8003	0.9598	1.0000
A_{41}	0.0000	0.7148	0.9237	0.8537	1.0000	0.9463
A_{42}	0.0000	0.3449	0.5120	0.5883	0.7891	1.0000
A_{43}	0.0000	0.1244	0.3634	0.5648	0.8470	1.0000

注：规范矩阵计算软件为 Matlab 7.0。

表 8 - 35 为 2015—2020 年北京科技创新系统评价指标规范化矩阵，该表按照式（8 - 1）对原始数据进行了标准化处理。在这种标准化处理

中，最低值为 0.0000，最高值则为 1.0000。从表 8 - 35 的标准化数据结果来看，拥有 R&D 活动的工业企业数量（B_{11}）的标准化数据在 2015 年最低，为 0.0000；在 2020 年最高，为 1.0000。科研院所数量（B_{12}）的标准化数据在 2015 年最低，为 0.0000；在 2019 年最高，为 1.0000。高等学校数量（B_{13}）的标准化数据在 2016 年最低，为 0.0000；在 2020 年最高，为 1.0000。拥有 R&D 活动的高新技术企业数量（B_{14}）的标准化数据在 2015 年最低，为 0.0000；在 2019 年最高，为 1.0000。工业企业 R&D 人员全时当量（B_{21}）的标准化数据在 2016 年最低，为 0.0000；在 2020 年最高，为 1.0000。工业企业 R&D 内部经费支出（B_{22}）的标准化数据在 2015 年最低，为 0.0000；在 2020 年最高，为 1.0000。科研院所 R&D 人员全时当量（B_{23}）的标准化数据在 2017 年最低，为 0.0000；在 2019 年最高，为 1.0000。科研院所 R&D 内部经费支出（B_{24}）的标准化数据在 2016 年最低，为 0.0000；在 2019 年最高，为 1.0000。高等学校 R&D 人员全时当量（B_{25}）的标准化数据在 2015 年最低，为 0.0000；在 2020 年最高，为 1.0000。高等学校 R&D 内部经费支出（B_{26}）的标准化数据在 2016 年最低，为 0.0000；在 2020 年最高，为 1.0000。高新技术企业 R&D 人员全时当量（B_{27}）的标准化数据在 2016 年最低，为 0.0000；在 2019 年最高，为 1.0000。高新技术企业 R&D 内部经费支出（B_{28}）的标准化数据在 2015 年最低，为 0.0000；在 2019 年最高，为 1.0000。工业企业新产品产值（B_{31}）的标准化数据在 2015 年最低，为 0.0000；在 2018 年最高，为 1.0000。工业企业专利授权数量（B_{32}）的标准化数据在 2015 年最低，为 0.0000；在 2020 年最高，为 1.0000。科研院所新产品产值（B_{33}）的标准化数据在 2016 年最低，为 0.0000；在 2019 年最高，为 1.0000。科研院所专利授权数量（B_{34}）的标准化数据在 2015 年最低，为 0.0000；在 2020 年最高，为 1.0000。高等学校新产品产值（B_{35}）的标准化数据在 2016 年最低，为 0.0000；在 2020 年最高，为 1.0000。高等学校专利授权数量（B_{36}）的标准化数据在 2015 年最低，为 0.0000；在 2019 年最高，为 1.0000。高新技术企业新产品产值（B_{37}）的标准化数据在 2016 年最低，为 0.0000；在 2020 年最高，为 1.0000。高新技术企业专利授权量（B_{38}）的标准化数据在 2015 年最低，为 0.0000；在 2019 年最高，为 1.0000。人均 GDP（B_{41}）的标准化数据在 2016 年最低，为 0.0000；在 2020 年最高，为 1.0000。R&D 经费占 GDP 比重（B_{42}）的标准化数据在 2015 年最低，为

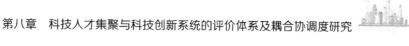

0.0000；在 2020 年最高，为 1.0000。市场化率（B_{43}）的标准化数据在 2016 年最低，为 0.0000；在 2019 年最高，为 1.0000。科技投入占公共财政比重（B_{44}）的标准化数据在 2016 年最低，为 0.0000；在 2020 年最高，为 1.0000。城市化率（B_{45}）的标准化数据在 2015 年最低，为 0.0000；在 2020 年最高，为 1.0000。

表 8-35　2015—2020 年北京科技创新系统评价指标规范化矩阵

指标	2015 年	2016 年	2017 年	2018 年	2019 年	2020 年
B_{11}	0.0000	0.3982	0.4490	0.5225	0.8725	1.0000
B_{12}	0.0000	0.4628	0.7391	0.5985	1.0000	0.9264
B_{13}	0.1531	0.0000	0.3874	0.5067	0.7907	1.0000
B_{14}	0.0000	0.2830	0.4227	0.5160	1.0000	0.7353
B_{21}	0.1150	0.0000	0.3744	0.8761	0.9127	1.0000
B_{22}	0.0000	0.7434	0.8432	0.8592	0.9040	1.0000
B_{23}	0.3466	0.6044	0.0000	0.7420	1.0000	0.8422
B_{24}	0.2275	0.0000	0.2879	0.5317	1.0000	0.8202
B_{25}	0.0000	0.5969	0.6810	0.8186	0.9777	1.0000
B_{26}	0.1813	0.0000	0.2703	0.5884	0.8395	1.0000
B_{27}	0.3349	0.0000	0.6971	0.8453	1.0000	0.9302
B_{28}	0.0000	0.1693	0.3750	0.4321	1.0000	0.8656
B_{31}	0.0000	0.1074	0.6181	1.0000	0.3137	0.6501
B_{32}	0.0000	0.5907	0.7164	0.9223	0.9584	1.0000
B_{33}	0.1880	0.0000	0.3923	0.6062	1.0000	0.8972
B_{34}	0.0000	0.4985	0.6809	0.8556	0.9780	1.0000
B_{35}	0.2098	0.0000	0.4003	0.6839	0.8892	1.0000
B_{36}	0.0000	0.3489	0.5448	0.8249	1.0000	0.9014
B_{37}	0.2199	0.0000	0.6296	0.7289	0.8209	1.0000
B_{38}	0.0000	0.1703	0.2785	0.8811	1.0000	0.9160
B_{41}	0.3365	0.0000	0.5869	0.7014	0.9207	1.0000

续表 8 - 35

指标	2015 年	2016 年	2017 年	2018 年	2019 年	2020 年
B_{42}	0.0000	0.1124	0.4356	0.5867	0.8686	1.0000
B_{43}	0.0122	0.0000	0.4110	0.7176	1.0000	0.9313
B_{44}	0.1543	0.0000	0.8514	0.9636	0.9146	1.0000
B_{45}	0.0000	0.2022	0.3842	0.4516	0.7025	1.0000

注：规范矩阵计算软件为 Matlab 7.0。

表 8 - 36 为 2015—2020 年上海科技创新系统评价指标规范化矩阵，该表按照式（8 - 1）对原始数据进行了标准化处理。从表 8 - 36 的标准化数据结果来看，拥有 R&D 活动的工业企业数量（B_{11}）的标准化数据在 2015 年最低，为 0.0000；在 2020 年最高，为 1.0000。科研院所数量（B_{12}）的标准化数据在 2016 年最低，为 0.0000；在 2020 年最高，为 1.0000。高等学校数量（B_{13}）的标准化数据在 2016 年最低，为 0.0000；在 2020 年最高，为 1.0000。拥有 R&D 活动的高新技术企业数量（B_{14}）的标准化数据在 2015 年最低，为 0.0000；在 2019 年最高，为 1.0000。工业企业 R&D 人员全时当量（B_{21}）的标准化数据在 2016 年最低，为 0.0000；在 2020 年最高，为 1.0000。工业企业 R&D 内部经费支出（B_{22}）的标准化数据在 2015 年最低，为 0.0000；在 2019 年最高，为 1.0000。科研院所 R&D 人员全时当量（B_{23}）的标准化数据在 2015 年最低，为 0.0000；在 2019 年最高，为 1.0000。科研院所 R&D 内部经费支出（B_{24}）的标准化数据在 2016 年最低，为 0.0000；在 2020 年最高，为 1.0000。高等学校 R&D 人员全时当量（B_{25}）的标准化数据在 2015 年最低，为 0.0000；在 2020 年最高，为 1.0000。高等学校 R&D 内部经费支出（B_{26}）的标准化数据在 2016 年最低，为 0.0000；在 2018 年最高，为 1.0000。高新技术企业 R&D 人员全时当量（B_{27}）的标准化数据在 2015 年最低，为 0.0000；在 2020 年最高，为 1.0000。高新技术企业 R&D 内部经费支出（B_{28}）的标准化数据在 2016 年最低，为 0.0000；在 2019 年最高，为 1.0000。工业企业新产品产值（B_{31}）的标准化数据在 2016 年最低，为 0.0000；在 2020 年最高，为 1.0000。工业企业专利授权数量（B_{32}）的标准化数据在 2015 年最低，为 0.0000；在 2020 年最高，为 1.0000。科研院所新产品产值（B_{33}）的标准化数据在 2016 年最低，为 0.0000；在 2019 年最高，为 1.0000。科

研院所专利授权数量（B_{34}）的标准化数据在 2017 年最低，为 0.0000；在 2020 年最高，为 1.0000。高等学校新产品产值（B_{35}）的标准化数据在 2015 年最低，为 0.0000；在 2019 年最高，为 1.0000。高等学校专利授权数量（B_{36}）的标准化数据在 2016 年最低，为 0.0000；在 2020 年最高，为 1.0000。高新技术企业新产品产值（B_{37}）的标准化数据在 2016 年最低，为 0.0000；在 2019 年最高，为 1.0000。高新技术企业专利授权量（B_{38}）的标准化数据在 2015 年最低，为 0.0000；在 2020 年最高，为 1.0000。人均 GDP（B_{41}）的标准化数据在 2016 年最低，为 0.0000；在 2019 年最高，为 1.0000。R&D 经费占 GDP 比重（B_{42}）的标准化数据在 2016 年最低，为 0.0000；在 2020 年最高，为 1.0000。市场化率（B_{43}）的标准化数据在 2015 年最低，为 0.0000；在 2020 年最高，为 1.0000。科技投入占公共财政比重（B_{44}）的标准化数据在 2015 年最低，为 0.0000；在 2019 年最高，为 1.0000。城市化率（B_{45}）的标准化数据在 2015 年最低，为 0.0000；在 2020 年最高，为 1.0000。

表 8-36　2015—2020 年上海科技创新系统评价指标规范化矩阵

指标	2015 年	2016 年	2017 年	2018 年	2019 年	2020 年
B_{11}	0.0000	0.6777	0.8132	0.8442	0.9440	1.0000
B_{12}	0.2038	0.0000	0.8082	0.7714	0.8355	1.0000
B_{13}	0.3332	0.0000	0.5382	0.8529	0.9178	1.0000
B_{14}	0.0000	0.4389	0.5852	0.7105	1.0000	0.9694
B_{21}	0.1340	0.0000	0.4555	0.6944	0.9984	1.0000
B_{22}	0.0000	0.1216	0.5976	0.7066	1.0000	0.9203
B_{23}	0.0000	0.1584	0.6930	0.8829	1.0000	0.9253
B_{24}	0.1354	0.0000	0.2260	0.7417	0.8327	1.0000
B_{25}	0.0000	0.1225	0.3451	0.5192	0.8529	1.0000
B_{26}	0.2102	0.0000	0.3173	1.0000	0.7290	0.8945
B_{27}	0.0000	0.3671	0.4683	0.5819	0.8333	1.0000
B_{28}	0.1951	0.0000	0.4668	0.5751	1.0000	0.8221
B_{31}	0.2743	0.0000	0.5603	0.4117	0.8348	1.0000
B_{32}	0.0000	0.2052	0.3422	0.9207	0.6192	1.0000

续表 8 - 36

指标	2015 年	2016 年	2017 年	2018 年	2019 年	2020 年
B_{33}	0.1599	0.0000	0.4925	0.6357	1.0000	0.9620
B_{34}	0.1960	0.2299	0.0000	0.7138	0.9425	1.0000
B_{35}	0.0000	0.3208	0.6270	0.8939	1.0000	0.8872
B_{36}	0.1109	0.0000	0.4616	0.5456	0.8029	1.0000
B_{37}	0.2036	0.0000	0.3550	0.5801	1.0000	0.9605
B_{38}	0.0000	0.3112	0.5142	0.7716	0.8634	1.0000
B_{41}	0.7953	0.0000	0.8666	0.9389	1.0000	0.9487
B_{42}	0.3053	0.0000	0.4989	0.7639	0.8297	1.0000
B_{43}	0.0000	0.2202	0.3049	0.9081	0.9172	1.0000
B_{44}	0.0000	0.4645	0.8264	0.7204	1.0000	0.9157
B_{45}	0.0000	0.6733	0.6802	0.8322	0.9238	1.0000

注：规范矩阵计算软件为 Matlab 7.0。

表 8 - 37 为 2015—2020 年广州科技创新系统评价指标规范化矩阵，该表按照式（8 - 1）对原始数据进行了标准化处理。这种标准化处理中，最低值为 0.0000，最高值则为 1.0000。从表 8 - 37 的标准化数据结果来看，拥有 R&D 活动的工业企业数量（B_{11}）的标准化数据在 2016 年最低，为 0.0000；在 2020 年最高，为 1.0000。科研院所数量（B_{12}）的标准化数据在 2015 年最低，为 0.0000；在 2019 年最高，为 1.0000。高等学校数量（B_{13}）的标准化数据在 2016 年最低，为 0.0000；在 2020 年最高，为 1.0000。拥有 R&D 活动的高新技术企业数量（B_{14}）的标准化数据在 2015 年最低，为 0.0000；2019 年最高，为 1.0000。工业企业 R&D 人员全时当量（B_{21}）的标准化数据在 2016 年最低，为 0.0000；在 2020 年最高，为 1.0000。工业企业 R&D 内部经费支出（B_{22}）的标准化数据在 2016 年最低，为 0.0000；在 2019 年最高，为 1.0000。科研院所 R&D 人员全时当量（B_{23}）的标准化数据在 2016 年最低，为 0.0000；在 2020 年最高，为 1.0000。科研院所 R&D 内部经费支出（B_{24}）的标准化数据在 2015 年最低，为 0.0000；在 2019 年最高，为 1.0000。高等学校 R&D 人员全时当量（B_{25}）的标准化数据在 2016 年最低为 0.0000，在 2020 年最高，为 1.0000。高等学校 R&D 内部经费支出（B_{26}）的标准化数据在 2015 年最低，

为 0.0000；在 2019 年最高，为 1.0000。高新技术企业 R&D 人员全时当量（B_{27}）的标准化数据在 2015 年最低，为 0.0000；在 2019 年最高，为 1.0000。高新技术企业 R&D 内部经费支出（B_{28}）的标准化数据在 2015 年最低，为 0.0000；在 2020 年最高，为 1.0000。工业企业新产品产值（B_{31}）的标准化数据在 2016 年最低，为 0.0000；在 2019 年最高，为 1.0000。工业企业专利授权数量（B_{32}）的标准化数据在 2015 年最低，为 0.0000；在 2020 年最高，为 1.0000。科研院所新产品产值（B_{33}）的标准化数据在 2016 年最低，为 0.0000；在 2019 年最高，为 1.0000。科研院所专利授权数量（B_{34}）的标准化数据在 2015 年最低，为 0.0000；在 2020 年最高，为 1.0000。高等学校新产品产值（B_{35}）的标准化数据在 2015 年最低，为 0.0000；在 2019 年最高，为 1.0000。高等学校专利授权数量（B_{36}）的标准化数据在 2015 年最低，为 0.0000；在 2020 年最高，为 1.0000。高新技术企业新产品产值（B_{37}）的标准化数据在 2015 年最低，为 0.0000；在 2019 年最高，为 1.0000。高新技术企业专利授权量（B_{38}）的标准化数据在 2015 年最低，为 0.0000；在 2020 年最高，为 1.0000。人均 GDP（B_{41}）的标准化数据在 2015 年最低，为 0.0000；在 2018 年最高，为 1.0000。R&D 经费占 GDP 比重（B_{42}）的标准化数据在 2016 年最低，为 0.0000；在 2020 年最高，为 1.0000。市场化率（B_{43}）的标准化数据在 2016 年最低，为 0.0000；在 2020 年最高，为 1.0000。科技投入占公共财政比重（B_{44}）的标准化数据在 2015 年最低，为 0.0000；在 2019 年最高，为 1.0000。城市化率（B_{45}）的标准化数据在 2016 年最低，为 0.0000；在 2019 年最高，为 1.0000。

表 8−37　2015—2020 年广州科技创新系统评价指标规范化矩阵

指标	2015 年	2016 年	2017 年	2018 年	2019 年	2020 年
B_{11}	0.3164	0.0000	0.4257	0.6778	0.7109	1.0000
B_{12}	0.0000	0.3702	0.5150	0.7922	1.0000	0.8211
B_{13}	0.3643	0.0000	0.7013	0.7986	0.8649	1.0000
B_{14}	0.0000	0.4642	0.7448	0.8855	1.0000	0.9501
B_{21}	0.1546	0.0000	0.6232	0.7820	0.8667	1.0000
B_{22}	0.2648	0.0000	0.5690	0.4933	1.0000	0.7627

续表 8 - 37

指标	2015 年	2016 年	2017 年	2018 年	2019 年	2020 年
B_{23}	0.4829	0.0000	0.7043	0.7319	0.8319	1.0000
B_{24}	0.0000	0.4323	0.7548	0.8362	1.0000	0.8341
B_{25}	0.1788	0.0000	0.5433	0.7100	0.8983	1.0000
B_{26}	0.0000	0.3063	0.5135	0.6079	1.0000	0.9108
B_{27}	0.0000	0.1303	0.5881	0.6535	1.0000	0.9609
B_{28}	0.0000	0.2405	0.3570	0.7809	0.9502	1.0000
B_{31}	0.1897	0.0000	0.2718	0.4991	1.0000	0.8801
B_{32}	0.0000	0.2122	0.4705	0.7013	0.7267	1.0000
B_{33}	0.5723	0.0000	0.8998	0.9163	1.0000	0.9182
B_{34}	0.0000	0.3751	0.5554	0.8511	0.9072	1.0000
B_{35}	0.0000	0.3078	0.4904	0.7606	1.0000	0.8796
B_{36}	0.0000	0.4113	0.5203	0.8478	0.9779	1.0000
B_{37}	0.0000	0.5297	0.7482	0.8734	1.0000	0.9106
B_{38}	0.0000	0.3280	0.4413	0.6265	0.8199	1.0000
B_{41}	0.0000	0.1578	0.5828	1.0000	0.6388	0.4722
B_{42}	0.2311	0.0000	0.3409	0.7001	0.9172	1.0000
B_{43}	0.1345	0.0000	0.5841	0.7491	0.9665	1.0000
B_{44}	0.0000	0.4181	0.5490	0.7394	1.0000	0.7533
B_{45}	0.2136	0.0000	0.3310	0.4583	1.0000	0.8372

注：规范矩阵计算软件为 Matlab 7.0。

表 8 - 38 为 2015—2020 年深圳科技创新系统评价指标规范化矩阵，我们是按照式（8 - 1）对原始数据进行了标准化处理。在这种标准化处理中，最低值为 0.0000，最高值则为 1.0000。从表 8 - 38 的标准化数据结果来看，拥有 R&D 活动的工业企业数量（B_{11}）的标准化数据在 2015 年最低，为 0.0000；在 2020 年最高，为 1.0000。科研院所数量（B_{12}）的标准化数据在 2016 年最低，为 0.0000；在 2019 年最高。高等学校数量（B_{13}）的标准化数据在 2016 年最低，为 0.0000；在 2020 年最高，为 1.0000。拥有 R&D 活动的高新技术企业数量（B_{14}）的标准化数据在 2016

年最低，为0.0000；在2019年最高，为1.0000。工业企业R&D人员全时当量（B_{21}）的标准化数据在2016年最低，为0.0000；在2019年最高，为1.0000。工业企业R&D内部经费支出（B_{22}）的标准化数据在2017年最低，为0.0000；在2020年最高，为1.0000。科研院所R&D人员全时当量（B_{23}）的标准化数据在2015年最低，为0.0000；在2020年最高，为1.0000。科研院所R&D内部经费支出（B_{24}）的标准化数据在2016年最低，为0.0000；在2019年最高，为1.0000。高等学校R&D人员全时当量（B_{25}）的标准化数据在2016年最低，为0.0000；在2019年最高，为1.0000。高等学校R&D内部经费支出（B_{26}）的标准化数据在2015年最低，为0.0000；在2020年最高，为1.0000。高新技术企业R&D人员全时当量（B_{27}）的标准化数据在2016年最低，为0.0000；在2020年最高，为1.0000。高新技术企业R&D内部经费支出（B_{28}）的标准化数据在2015年最低，为0.0000；在2019年最高，为1.0000。工业企业新产品产值（B_{31}）的标准化数据在2015年最低，为0.0000；在2020年最高，为1.0000。工业企业专利授权数量（B_{32}）的标准化数据在2015年最低，为0.0000；在2019年最高，为1.0000。科研院所新产品产值（B_{33}）的标准化数据在2015年最低，为0.0000；在2019年最高，为1.0000。科研院所专利授权数量（B_{34}）的标准化数据在2016年最低，为0.0000；在2020年最高，为1.0000。高等学校新产品产值（B_{35}）的标准化数据在2015年最低，为0.0000；在2019年最高，为1.0000。高等学校专利授权数量（B_{36}）的标准化数据在2016年最低，为0.0000；在2020年最高，为1.0000。高新技术企业新产品产值（B_{37}）的标准化数据在2015年最低，为0.0000；在2019年最高，为1.0000。高新技术企业专利授权量（B_{38}）的标准化数据在2016年最低，为0.0000；在2020年最高，为1.0000。人均GDP（B_{41}）的标准化数据在2015年最低，为0.0000；在2019年最高，为1.0000。R&D经费占GDP比重（B_{42}）的标准化数据在2016年最低，为0.0000；在2020年最高，为1.0000。市场化率（B_{43}）的标准化数据在2015年最低，为0.0000；在2020年最高，为1.0000。科技投入占公共财政比重（B_{44}）的标准化数据在2015年最低，为0.0000；在2019年最高，为1.0000。城市化率（B_{45}）的标准化数据在2016年最低，为0.0000；在2020年最高，为1.0000。

表 8 − 38　2015—2020 年深圳科技创新系统评价指标规范化矩阵

指标	2015 年	2016 年	2017 年	2018 年	2019 年	2020 年
B_{11}	0.0000	0.2372	0.4921	0.6850	0.8559	1.0000
B_{12}	0.1021	0.0000	0.4938	0.5852	1.0000	0.8645
B_{13}	0.2219	0.0000	0.5487	0.7566	0.8252	1.0000
B_{14}	0.3877	0.0000	0.5502	0.7811	1.0000	0.8649
B_{21}	0.1114	0.0000	0.9008	0.8543	1.0000	0.8825
B_{22}	0.3387	0.5616	0.0000	0.4537	0.7947	1.0000
B_{23}	0.0000	0.3925	0.4861	0.6253	0.8197	1.0000
B_{24}	0.2201	0.0000	0.6244	0.7892	1.0000	0.9678
B_{25}	0.3753	0.0000	0.5080	0.7211	1.0000	0.9161
B_{26}	0.0000	0.5540	0.6401	0.7481	0.7707	1.0000
B_{27}	0.2993	0.0000	0.3382	0.4307	0.8599	1.0000
B_{28}	0.0000	0.1857	0.6663	0.5443	1.0000	0.8151
B_{31}	0.0000	0.2288	0.6325	0.7680	0.8545	1.0000
B_{32}	0.0000	0.3025	0.4784	0.6644	1.0000	0.8324
B_{33}	0.0000	0.1646	0.4541	0.6159	1.0000	0.8037
B_{34}	0.3451	0.0000	0.6461	0.7391	0.8874	1.0000
B_{35}	0.0000	0.5142	0.6795	0.9090	1.0000	0.8486
B_{36}	0.2351	0.0000	0.5972	0.7143	0.9272	1.0000
B_{37}	0.0000	0.2796	0.6155	0.7338	1.0000	0.8786
B_{38}	0.3761	0.0000	0.6875	0.7926	0.9140	1.0000
B_{41}	0.0000	0.1595	0.7498	0.8628	1.0000	0.8627
B_{42}	0.1553	0.0000	0.5797	0.7440	0.8795	1.0000
B_{43}	0.0000	0.2319	0.4807	0.6161	0.7793	1.0000
B_{44}	0.0000	0.4809	0.6531	0.8526	1.0000	0.9139
B_{45}	0.3181	0.0000	0.5432	0.6447	0.9473	1.0000

注：规范矩阵计算软件为 Matlab 7.0。

根据计算熵值和熵权式（8-4）、式（8-5）、式（8-6）、式（8-7），可分别计算出2015—2020年北上广深科技人才集聚与科技创新熵值及熵权，具体如表8-39所示。

客观赋权的结果显示，北京 R&D 人员全时当量（A_{11}）的熵权为12.13%，R&D 人员集聚规模（A_{12}）的熵权为9.54%，基础研发人员全时当量占比（A_{21}）的熵权为8.15%，应用研发人员全时当量占比（A_{22}）的熵权为10.09%，试验发展人员全时当量占比（A_{23}）的熵权为6.68%，R&D人员中具有大学本科及以上学历人员占比（A_{31}）的熵权为7.90%，R&D人员中具有专业技术中级及以上职称人员占比（A_{32}）的熵权为11.22%，高等学校在校生人数（A_{41}）的熵权为7.52%，高等学校招生人数（A_{42}）的熵权为14.94%，每万人中大专及以上学历人口占比（A_{43}）的熵权为11.83%，科技人才集聚熵权总和为100%；北京拥有 R&D 活动的工业企业数量（B_{11}）的熵权为3.64%，科研院所数量（B_{12}）的熵权为3.23%，高等学校数量（B_{13}）的熵权为2.89%，拥有 R&D 活动的高新技术企业数量（B_{14}）的熵权为3.57%，工业企业 R&D 人员全时当量（B_{21}）的熵权为2.56%，工业企业 R&D 内部经费支出（B_{22}）的熵权为5.07%，科研院所 R&D 人员全时当量（B_{23}）的熵权为3.41%，科研院所 R&D 内部经费支出（B_{24}）的熵权为3.64%，高等学校 R&D 人员全时当量（B_{25}）的熵权为6.56%，高等学校 R&D 内部经费支出（B_{26}）的熵权为4.71%，高新技术企业 R&D 人员全时当量（B_{27}）的熵权为3.31%，高新技术企业 R&D 内部经费支出（B_{28}）的熵权为3.59%，工业企业新产品产值（B_{31}）的熵权为3.14%，工业企业专利授权数量（B_{32}）的熵权为6.05%，科研院所新产品产值（B_{33}）的熵权为4.13%，科研院所专利授权数量（B_{34}）的熵权为3.88%，高等学校新产品产值（B_{35}）的熵权为5.37%，高等学校专利授权数量（B_{36}）的熵权为1.84%，高新技术企业新产品产值（B_{37}）的熵权为4.06%，高新技术企业专利授权量（B_{38}）的熵权为4.72%，人均GDP（B_{41}）的熵权为5.37%，R&D 经费占 GDP 比重（B_{42}）的熵权为3.13%，市场化率（B_{43}）的熵权为5.72%，科技投入占公共财政比重（B_{44}）的熵权为3.01%，城市化率（B_{45}）的熵权为3.38%，科技创新熵权总和为100%。

上海 R&D 人员全时当量（A_{11}）的熵权为10.28%，R&D 人员集聚规模（A_{12}）的熵权为10.07%，基础研发人员全时当量占比（A_{21}）的熵权为9.17%，应用研发人员全时当量占比（A_{22}）的熵权为8.26%，试验发展人员全时当量占比（A_{23}）的熵权为10.14%，R&D人员中具有大学本科及以上学历人员占比（A_{31}）的熵权为10.65%，R&D人员中具有专业技术中级及以上职称人员占比（A_{32}）的熵权为13.08%，高等学校在校生人数（A_{41}）的熵权为6.73%，高等学校招生人数（A_{42}）的熵权为5.28%，每万人中大专及以上学历人口占比（A_{43}）的熵权为16.34%，科技人才集聚熵权总和为100%；上海拥有R&D活动的工业企业数量（B_{11}）的熵权为2.41%，科研院所数量（B_{12}）的熵权为3.42%，高等学校数量（B_{13}）的熵权为4.38%，拥有R&D活动的高新技术企业数量（B_{14}）的熵权为3.06%，工业企业R&D人员全时当量（B_{21}）的熵权为3.78%，工业企业R&D内部经费支出（B_{22}）的熵权为2.93%，科研院所R&D人员全时当量（B_{23}）的熵权为3.69%，科研院所R&D内部经费支出（B_{24}）的熵权为3.91%，高等学校R&D人员全时当量（B_{25}）的熵权为2.75%，高等学校R&D内部经费支出（B_{26}）的熵权为2.91%，高新技术企业R&D人员全时当量（B_{27}）的熵权为2.59%，高新技术企业R&D内部经费支出（B_{28}）的熵权为4.72%，工业企业新产品产值（B_{31}）的熵权为4.39%，工业企业专利授权数量（B_{32}）的熵权为3.14%，科研院所新产品产值（B_{33}）的熵权为6.23%，科研院所专利授权数量（B_{34}）的熵权为5.00%，高等学校新产品产值（B_{35}）的熵权为3.98%，高等学校专利授权数量（B_{36}）的熵权为5.29%，高新技术企业新产品产值（B_{37}）的熵权为3.38%，高新技术企业专利授权量（B_{38}）的熵权为5.77%，人均GDP（B_{41}）的熵权为5.84%，R&D经费占GDP比重（B_{42}）的熵权为5.99%，市场化率（B_{43}）的熵权为3.20%，科技投入占公共财政比重（B_{44}）的熵权为3.67%，城市化率（B_{45}）的熵权为3.58%，科技创新熵权总和为100%。

广州R&D人员全时当量（A_{11}）的熵权为16.08%，R&D人员集聚规模（A_{12}）的熵权为8.61%，基础研发人员全时当量占比（A_{21}）的熵权为4.88%，应用研发人员全时当量占比（A_{22}）的熵权为10.74%，试验发展人员全时当量占比（A_{23}）的熵权为11.72%，R&D人员中具有大学本科及以上学历人员占比（A_{31}）的熵权为10.40%，R&D人员中具有专业技术中级及以上职称人员占比（A_{32}）的熵权为9.85%，高等学校在校生人数（A_{41}）的熵权为7.24%，高等学校招生人数（A_{42}）的熵权为9.68%，每万人中大专及以上学历人口占比（A_{43}）的熵权为 10.81%，科技人才集聚熵权总和为 100%；广州拥有 R&D 活动的工业企业数量（B_{11}）的熵权为 3.61%，科研院所数量（B_{12}）的熵权为 2.92%，高等学校数量（B_{13}）的熵权为 4.16%，拥有 R&D 活动的高新技术企业数量（B_{14}）的熵权为 4.55%，工业企业 R&D 人员全时当量（B_{21}）的熵权为 3.56%，工业企业 R&D 内部经费支出（B_{22}）的熵权为 3.79%，科研院所 R&D 人员全时当量（B_{23}）的熵权为 2.67%，科研院所 R&D 内部经费支出（B_{24}）的熵权为 5.07%，高等学校 R&D 人员全时当量（B_{25}）的熵权为 2.96%，高等学校 R&D 内部经费支出（B_{26}）的熵权为 5.90%，高新技术企业 R&D 人员全时当量（B_{27}）的熵权为 3.79%，高新技术企业 R&D 内部经费支出（B_{28}）的熵权为 5.12%，工业企业新产品产值（B_{31}）的熵权为 4.54%，工业企业专利授权数量（B_{32}）的熵权为 3.75%，科研院所新产品产值（B_{33}）的熵权为 4.12%，科研院所专利授权数量（B_{34}）的熵权为 5.99%，高等学校新产品产值（B_{35}）的熵权为 2.91%，高等学校专利授权数量（B_{36}）的熵权为 2.92%，高新技术企业新产品产值（B_{37}）的熵权为 3.16%，高新技术企业专利授权量（B_{38}）的熵权为 3.79%，人均 GDP（B_{41}）的熵权为 4.90%，R&D 经费占 GDP 比重（B_{42}）的熵权为 3.02%，市场化率（B_{43}）的熵权为 3.47%，科技投入占公共财政比重（B_{44}）的熵权为 5.38%，城市化率（B_{45}）的熵权为 3.94%，科技创新熵权总和为 100%。

深圳 R&D 人员全时当量（A_{11}）的熵权为 7.49%，R&D 人员集聚规模（A_{12}）的熵权为 8.22%，基础研发人员全时当量占比（A_{21}）的熵权为 7.33%，应用研发人员全时当量占比（A_{22}）的熵权为 12.70%，试验发展人员全时当量占比（A_{23}）的熵权为 7.53%，R&D 人员中具有大学本科及以上学历人员占比（A_{31}）的熵权为 9.25%，R&D 人员中具有专业技术中级及以上职称人员占比（A_{32}）的熵权为 14.94%，高等学校在校生人数（A_{41}）的熵权为 12.57%，高等学校招生人数（A_{42}）的熵权为 13.69%，每万人中大专及以上学历人口占比（A_{43}）的熵权为 6.28%，科技人才集聚熵权总和为 100%；深圳拥有 R&D 活动的工业企业数量（B_{11}）的熵权为 5.06%，科研院所数量（B_{12}）的熵权为 4.54%，高等学校数量（B_{13}）的熵权为 3.81%，拥有 R&D 活动的高新技术企业数量（B_{14}）的熵权为 4.91%，工业企业 R&D 人员全时当量（B_{21}）的熵权为 6.14%，工业企业 R&D 内部经费支出（B_{22}）的熵权为 3.45%，科研院所 R&D 人员全时当量（B_{23}）的熵权为 3.32%，科研院所 R&D 内部经费支出（B_{24}）的熵权为 2.82%，高等学校 R&D 人员全时当量（B_{25}）的熵权为 3.75%，高等学校 R&D 内部经费支出（B_{26}）的熵权为 2.78%，高新技术企业 R&D 人员全时当量（B_{27}）的熵权为 5.39%，高新技术企业 R&D 内部经费支出（B_{28}）的熵权为 2.65%，工业企业新产品产值（B_{31}）的熵权为 4.47%，工业企业专利授权数量（B_{32}）的熵权为 4.35%，科研院所新产品产值（B_{33}）的熵权为 5.18%，科研院所专利授权数量（B_{34}）的熵权为 3.01%，高等学校新产品产值（B_{35}）的熵权为 3.36%，高等学校专利授权数量（B_{36}）的熵权为 2.41%，高新技术企业新产品产值（B_{37}）的熵权为 4.12%，高新技术企业专利授权量（B_{38}）的熵权为 4.00%，人均 GDP（B_{41}）的熵权为 4.52%，R&D 经费占 GDP 比重（B_{42}）的熵权为 5.05%，市场化率（B_{43}）的熵权为 3.38%，科技投入占公共财政比重（B_{44}）的熵权为 2.65%，城市化率（B_{45}）的熵权为 4.87%，科技创新熵权总和为 100%。

表 8-39　2015—2020 年北上广深科技人才集聚
与科技创新熵值及熵权

指标	北京		上海		广州		深圳	
	熵值	熵权	熵值	熵权	熵值	熵权	熵值	熵权
A_{11}	0.8069	12.13%	0.8348	10.28%	0.7689	16.08%	0.8710	7.49%
A_{12}	0.8481	9.54%	0.8382	10.07%	0.8762	8.61%	0.8584	8.22%
A_{21}	0.8703	8.15%	0.8526	9.17%	0.9298	4.88%	0.8737	7.33%
A_{22}	0.8394	10.09%	0.8672	8.26%	0.8457	10.74%	0.7812	12.70%
A_{23}	0.8937	6.68%	0.8371	10.14%	0.8316	11.72%	0.8702	7.53%
A_{31}	0.8743	7.90%	0.8288	10.65%	0.8506	10.40%	0.8406	9.25%
A_{32}	0.8215	11.22%	0.7898	13.08%	0.8585	9.85%	0.7425	14.94%
A_{41}	0.8803	7.52%	0.8919	6.73%	0.896	7.24%	0.7834	12.57%
A_{42}	0.7622	14.94%	0.9152	5.28%	0.8609	9.68%	0.7641	13.69%
A_{43}	0.8118	11.83%	0.7374	16.34%	0.8446	10.81%	0.8918	6.28%
B_{11}	0.8576	3.64%	0.8963	2.41%	0.8471	3.61%	0.7792	5.06%
B_{12}	0.8736	3.23%	0.8528	3.42%	0.8763	2.92%	0.8018	4.54%

续表 8 - 39

指标	北京		上海		广州		深圳	
	熵值	熵权	熵值	熵权	熵值	熵权	熵值	熵权
B_{13}	0.8868	2.89%	0.8116	4.38%	0.8240	4.16%	0.8339	3.81%
B_{14}	0.8604	3.57%	0.8685	3.06%	0.8074	4.55%	0.7859	4.91%
B_{21}	0.8997	2.56%	0.8377	3.78%	0.8494	3.56%	0.7320	6.14%
B_{22}	0.8018	5.07%	0.8741	2.93%	0.8397	3.79%	0.8497	3.45%
B_{23}	0.8666	3.41%	0.8414	3.69%	0.8872	2.67%	0.8553	3.32%
B_{24}	0.8576	3.64%	0.8321	3.91%	0.7856	5.07%	0.8770	2.82%
B_{25}	0.7434	6.56%	0.8816	2.75%	0.8749	2.96%	0.8362	3.75%
B_{26}	0.8157	4.71%	0.8750	2.91%	0.7504	5.90%	0.8787	2.78%
B_{27}	0.8707	3.31%	0.8887	2.59%	0.8397	3.79%	0.7649	5.39%
B_{28}	0.8597	3.59%	0.7972	4.72%	0.7833	5.12%	0.8845	2.65%
B_{31}	0.8773	3.14%	0.8112	4.39%	0.8078	4.54%	0.8048	4.47%
B_{32}	0.7634	6.05%	0.8650	3.14%	0.8415	3.75%	0.8103	4.35%
B_{33}	0.8384	4.13%	0.7322	6.23%	0.8255	4.12%	0.7738	5.18%
B_{34}	0.8482	3.88%	0.7850	5.00%	0.7466	5.99%	0.8688	3.01%
B_{35}	0.7898	5.37%	0.8290	3.98%	0.8767	2.91%	0.8533	3.36%
B_{36}	0.9279	1.84%	0.7725	5.29%	0.8764	2.92%	0.8948	2.41%
B_{37}	0.8413	4.06%	0.8547	3.38%	0.8661	3.16%	0.8203	4.12%
B_{38}	0.8154	4.72%	0.7521	5.77%	0.8395	3.79%	0.8254	4.00%
B_{41}	0.7900	5.37%	0.7490	5.84%	0.7926	4.90%	0.8028	4.52%
B_{42}	0.8775	3.13%	0.7427	5.99%	0.8721	3.02%	0.7798	5.05%
B_{43}	0.7763	5.72%	0.8624	3.20%	0.8533	3.47%	0.8525	3.38%
B_{44}	0.8821	3.01%	0.8422	3.67%	0.7724	5.38%	0.8843	2.65%
B_{45}	0.8679	3.38%	0.8463	3.58%	0.8335	3.94%	0.7874	4.87%

表 8 - 40 为 2015—2020 年北京科技人才集聚评价指标权重，指标层

的权重来自表 8-39 中计算出来的各个指标的熵权值。将这些熵权值按照准则层分别进行加总，可计算出北京科技人才集聚规模（A_1）的权重为 21.67%，科技人才集聚结构（A_2）的权重为 24.92%，科技人才集聚质量（A_3）的权重为 19.12%，科技人才集聚潜力（A_4）的权重为 34.29%，总和为 100%。

表 8-40　2015—2020 年北京科技人才集聚评价指标权重

目标层	准则层	权重	指标层	权重
科技人才集聚 $S(A)$	人才集聚规模（A_1）	21.67%	R&D 人员全时当量（A_{11}）	12.13%
			R&D 人员集聚规模（A_{12}）	9.54%
	人才集聚结构（A_2）	24.92%	基础研发人员全时当量占比（A_{21}）	8.15%
			应用研发人员全时当量占比（A_{22}）	10.09%
			试验发展人员全时当量占比（A_{23}）	6.68%
	人才集聚质量（A_3）	19.12%	R&D 人员中具有大学本科及以上学历人员占比（A_{31}）	7.90%
			R&D 人员中具有专业技术中级及以上职称人员占比（A_{32}）	11.22%
	人才集聚潜力（A_4）	34.29%	高等学校在校生人数（A_{41}）	7.52%
			高等学校招生人数（A_{42}）	14.94%
			每万人中大专及以上学历人口占比（A_{43}）	11.83%

表 8-41 为 2015—2020 年上海科技人才集聚评价指标权重，指标层的权重来表 8-39 中计算出来的各个指标的熵权值。将这些熵权值按照准则层分别进行加总，可计算出上海科技人才集聚规模（A_1）的权重为 20.35%，科技人才集聚结构（A_2）的权重为 27.57%，科技人才集聚质量（A_3）的权重为 23.73%，科技人才集聚潜力（A_4）的权重为 28.35%，总和为 100%。

表 8-42 为 2015—2020 年广州科技人才集聚评价指标权重，指标层的权重来自表 8-39 中计算出来的各个指标的熵权值。将这些熵权值按照准则层分别进行加总，可计算出广州科技人才集聚规模（A_1）的权重为 24.69%，科技人才集聚结构（A_2）的权重为 27.34%，科技人才集聚质量（A_3）的权重为 20.25%，科技人才集聚潜力（A_4）的权重为 27.73%，总和为 100%。

表 8-41　2015—2020 年上海科技人才集聚评价指标权重

目标层	准则层	权重	指标层	权重
科技人才集聚 $S(A)$	人才集聚规模 (A_1)	20.35%	R&D 人员全时当量 (A_{11})	10.28%
			R&D 人员集聚规模 (A_{12})	10.07%
	人才集聚结构 (A_2)	27.57%	基础研发人员全时当量占比 (A_{21})	9.17%
			应用研发人员全时当量占比 (A_{22})	8.26%
			试验发展人员全时当量占比 (A_{23})	10.14%
	人才集聚质量 (A_3)	23.73%	R&D 人员中具有大学本科及以上学历人员占比 (A_{31})	10.65%
			R&D 人员中具有专业技术中级及以上职称人员占比 (A_{32})	13.08%
	人才集聚潜力 (A_4)	28.35%	高等学校在校生人数 (A_{41})	6.73%
			高等学校招生人数 (A_{42})	5.28%
			每万人中大专及以上学历人口占比 (A_{43})	16.34%

表 8-42　2015—2020 年广州科技人才集聚评价指标权重

目标层	准则层	权重	指标层	权重
科技人才集聚 $S(A)$	人才集聚规模 (A_1)	24.69%	R&D 人员全时当量 (A_{11})	16.08%
			R&D 人员集聚规模 (A_{12})	8.61%
	人才集聚结构 (A_2)	27.34%	基础研发人员全时当量占比 (A_{21})	4.88%
			应用研发人员全时当量占比 (A_{22})	10.74%
			试验发展人员全时当量占比 (A_{23})	11.72%
	人才集聚质量 (A_3)	20.25%	R&D 人员中具有大学本科及以上学历人员占比 (A_{31})	10.40%
			R&D 人员中具有专业技术中级及以上职称人员占比 (A_{32})	9.85%
	人才集聚潜力 (A_4)	27.73%	高等学校在校生人数 (A_{41})	7.24%
			高等学校招生人数 (A_{42})	9.68%
			每万人中大专及以上学历人口占比 (A_{43})	10.81%

表8–43 为2015—2020 年深圳科技人才集聚评价指标权重，指标层的权重来自表8–39 中计算出来的各个指标的熵权值。将这些熵权值按照准则层分别进行加总，可计算出深圳科技人才集聚规模（A_1）的权重为15.71%，科技人才集聚结构（A_2）的权重为27.56%，科技人才集聚质量（A_3）的权重为24.19%，科技人才集聚潜力（A_4）的权重为32.54%，总和为100%。

表8–43 2015—2020 年深圳科技人才集聚评价指标权重

目标层	准则层	权重	指标层	权重
科技人才集聚 $S(A)$	人才集聚规模（A_1）	15.71%	R&D 人员全时当量（A_{11}）	7.49%
			R&D 人员集聚规模（A_{12}）	8.22%
	人才集聚结构（A_2）	27.56%	基础研发人员全时当量占比（A_{21}）	7.33%
			应用研发人员全时当量占比（A_{22}）	12.70%
			试验发展人员全时当量占比（A_{23}）	7.53%
	人才集聚质量（A_3）	24.19%	R&D 人员中具有大学本科及以上学历人员占比（A_{31}）	9.25%
			R&D 人员中具有专业技术中级及以上职称人员占比（A_{32}）	14.94%
	人才集聚潜力（A_4）	32.54%	高等学校在校生人数（A_{41}）	12.57%
			高等学校招生人数（A_{42}）	13.69%
			每万人中大专及以上学历人占比（A_{43}）	6.28%

表8–44 为2015—2020 年北京科技创新系统评价指标的权重，指标层的权重来自表8–39 中计算出来的各个指标的熵权。将这些熵权值按照准则层分别进行加总，可计算出北京科技创新载体系统（B_1）的权重为13.33%，科技创新投入系统（B_2）的权重为32.85%，科技创新产出系统（B_3）的权重为33.19%，科技创新环境系统（B_4）的权重为20.61%，总和为100%。

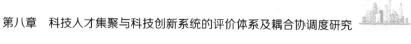

表 8 - 44　2015—2020 年北京科技创新系统评价指标体系

目标层	准则层	权重	分解层	权重	指标层	权重
科技创新系统 $S(B)$	科技创新载体系统 (B_1)	13.33%	工业企业	3.64%	拥有 R&D 活动的工业企业数量 (B_{11})	3.64%
			科研院所	3.23%	科研院所数量 (B_{12})	3.23%
			高等学校	2.89%	高等学校数量 (B_{13})	2.89%
			高新技术企业	3.57%	拥有 R&D 活动的高新技术企业数量 (B_{14})	3.57%
	科技创新投入系统 (B_2)	32.85%	工业企业	7.63%	工业企业 R&D 人员全时当量 (B_{21})	2.56%
					工业企业 R&D 内部经费支出 (B_{22})	5.07%
			科研院所	7.05%	科研院所 R&D 人员全时当量 (B_{23})	3.41%
					科研院所 R&D 内部经费支出 (B_{24})	3.64%
			高等学校	11.27%	高等学校 R&D 人员全时当量 (B_{25})	6.56%
					高等学校 R&D 内部经费支出 (B_{26})	4.71%
			高新技术企业	6.90%	高新技术企业 R&D 人员全时当量 (B_{27})	3.31%
					高新技术企业 R&D 内部经费支出 (B_{28})	3.59%
	科技创新产出系统 (B_3)	33.19%	工业企业	9.19%	工业企业新产品产值 (B_{31})	3.14%
					工业企业专利授权数量 (B_{32})	6.05%
			科研院所	8.01%	科研院所新产品产值 (B_{33})	4.13%
					科研院所专利授权数量 (B_{34})	3.88%
			高等学校	7.21%	高等学校新产品产值 (B_{35})	5.37%
					高等学校专利授权数量 (B_{36})	1.84%
			高新技术企业	8.78%	高新技术企业新产品产值 (B_{37})	4.06%
					高新技术企业专利授权量 (B_{38})	4.72%
	科技创新环境系统 (B_4)	20.61%	经济环境	8.50%	人均 GDP (B_{41})	5.37%
					R&D 经费占 GDP 比重 (B_{42})	3.13%
			政策环境	8.73%	市场化率 (B_{43})	5.72%
					科技投入占公共财政比重 (B_{44})	3.01%
			社会环境	3.38%	城市化率 (B_{45})	3.38%

表 8 - 45 为 2015—2020 年上海科技创新系统评价指标的权重，指标

层的权重来自表8－39中计算出来的各个指标的熵权值。将这些熵权值按照准则层分别进行加总，可计算出上海科技创新载体系统（B_1）的权重为13.27%，科技创新投入系统（B_2）的权重为27.28%，科技创新产出系统（B_3）的权重为37.18%，科技创新环境系统（B_4）的权重为22.28%，总和为100%。

表8－45　2015—2020年上海科技创新系统评价指标体系

目标层	准则层	权重	分解层	权重	指标层	权重
科技创新系统 $S(B)$	科技创新载体系统（B_1）	13.27%	工业企业	2.41%	拥有 R&D 活动的工业企业数量（B_{11}）	2.41%
			科研院所	3.42%	科研院所数量（B_{12}）	3.42%
			高等学校	4.38%	高等学校数量（B_{13}）	4.38%
			高新技术企业	3.06%	拥有 R&D 活动的高新技术企业数量（B_{14}）	3.06%
	科技创新投入系统（B_2）	27.28%	工业企业	6.71%	工业企业 R&D 人员全时当量（B_{21}）	3.78%
					工业企业 R&D 内部经费支出（B_{22}）	2.93%
			科研院所	7.60%	科研院所 R&D 人员全时当量（B_{23}）	3.69%
					科研院所 R&D 内部经费支出（B_{24}）	3.91%
			高等学校	5.66%	高等学校 R&D 人员全时当量（B_{25}）	2.75%
					高等学校 R&D 内部经费支出（B_{26}）	2.91%
			高新技术企业	7.31%	高新技术企业 R&D 人员全时当量（B_{27}）	2.59%
					高新技术企业 R&D 内部经费支出（B_{28}）	4.72%
	科技创新产出系统（B_3）	37.18%	工业企业	7.53%	工业企业新产品产值（B_{31}）	4.39%
					工业企业专利授权数量（B_{32}）	3.14%
			科研院所	11.23%	科研院所新产品产值（B_{33}）	6.23%
					科研院所专利授权数量（B_{34}）	5.00%
			高等学校	9.27%	高等学校新产品产值（B_{35}）	3.98%
					高等学校专利授权数量（B_{36}）	5.29%
			高新技术企业	9.15%	高新技术企业新产品产值（B_{37}）	3.38%
					高新技术企业专利授权量（B_{38}）	5.77%
	科技创新环境系统（B_4）	22.28%	经济环境	11.83%	人均 GDP（B_{41}）	5.84%
					R&D 经费占 GDP 比重（B_{42}）	5.99%
			政策环境	6.87%	市场化率（B_{43}）	3.20%
					科技投入占公共财政比重（B_{44}）	3.67%
			社会环境	3.58%	城市化率（B_{45}）	3.58%

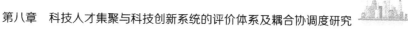

　　表8-46为2015—2020年广州科技创新系统评价指标的权重，指标层的权重来自表8-39中计算出来的各个指标的熵权值。将这些熵权值按照准则层分别进行加总，可计算出广州科技创新载体系统（B_1）的权重为15.24%，科技创新投入系统（B_2）的权重为32.86%，科技创新产出系统（B_3）的权重为31.18%，科技创新环境系统（B_4）的权重为20.71%，总和为100%。

表8-46　2015—2020年广州科技创新系统评价指标体系

目标层	准则层	权重	分解层	权重	指标层	权重
科技创新系统 $S(B)$	科技创新载体系统（B_1）	15.24%	工业企业	3.61%	拥有 R&D 活动的工业企业数量（B_{11}）	3.61%
			科研院所	2.92%	科研院所数量（B_{12}）	2.92%
			高等学校	4.16%	高等学校数量（B_{13}）	4.16%
			高新技术企业	4.55%	拥有 R&D 活动的高新技术企业数量（B_{14}）	4.55%
	科技创新投入系统（B_2）	32.86%	工业企业	7.35%	工业企业 R&D 人员全时当量（B_{21}）	3.56%
					工业企业 R&D 内部经费支出（B_{22}）	3.79%
			科研院所	7.74%	科研院所 R&D 人员全时当量（B_{23}）	2.67%
					科研院所 R&D 内部经费支出（B_{24}）	5.07%
			高等学校	8.86%	高等学校 R&D 人员全时当量（B_{25}）	2.96%
					高等学校 R&D 内部经费支出（B_{26}）	5.90%
			高新技术企业	8.91%	高新技术企业 R&D 人员全时当量（B_{27}）	3.79%
					高新技术企业 R&D 内部经费支出（B_{28}）	5.12%

续表 8 - 46

目标层	准则层	权重	分解层	权重	指标层	权重
科技创新系统 $S(B)$	科技创新产出系统 (B_3)	31.18%	工业企业	8.29%	工业企业新产品产值 (B_{31})	4.54%
					工业企业专利授权数量 (B_{32})	3.75%
			科研院所	10.11%	科研院所新产品产值 (B_{33})	4.12%
					科研院所专利授权数量 (B_{34})	5.99%
			高等学校	5.83%	高等学校新产品产值 (B_{35})	2.91%
					高等学校专利授权数量 (B_{36})	2.92%
			高新技术企业	6.95%	高新技术企业新产品产值 (B_{37})	3.16%
					高新技术企业专利授权量 (B_{38})	3.79%
	科技创新环境系统 (B_4)	20.71%	经济环境	7.92%	人均 GDP (B_{41})	4.90%
					R&D 经费占 GDP 比重 (B_{42})	3.02%
			政策环境	8.85%	市场化率 (B_{43})	3.47%
					科技投入占公共财政比重 (B_{44})	5.38%
			社会环境	3.94%	城市化率 (B_{45})	3.94%

表 8 - 47 为 2015—2020 年深圳科技创新系统评价指标的权重，指标层的权重来自表 8 - 39 中计算出来的各个指标的熵权值。将这些熵权值按照准则层分别进行加总，可计算出深圳科技创新载体系统（B_1）的权重为 18.32%，科技创新投入系统（B_2）的权重为 30.30%，科技创新产出系统（B_3）的权重为 30.90%，科技创新环境系统（B_4）的权重为 20.47%，总和为 100%。

表 8 - 47 2015—2020 年深圳科技创新系统评价指标体系

目标层	准则层	权重	分解层	权重	指标层	权重
科技创新系统 $S(B)$	科技创新载体系统 (B_1)	18.32%	工业企业	5.06%	拥有 R&D 活动的工业企业数量 (B_{11})	5.06%
			科研院所	4.54%	科研院所数量 (B_{12})	4.54%
			高等学校	3.81%	高等学校数量 (B_{13})	3.81%
			高新技术企业	4.91%	拥有 R&D 活动的高新技术企业数量 (B_{14})	4.91%

续表 8 - 47

目标层	准则层	权重	分解层	权重	指标层	权重
科技创新系统 $S(B)$	科技创新投入系统 (B_2)	30.30%	工业企业	9.59%	工业企业 R&D 人员全时当量 (B_{21})	6.14%
					工业企业 R&D 内部经费支出 (B_{22})	3.45%
			科研院所	6.14%	科研院所 R&D 人员全时当量 (B_{23})	3.32%
					科研院所 R&D 内部经费支出 (B_{24})	2.82%
			高等学校	6.53%	高等学校 R&D 人员全时当量 (B_{25})	3.75%
					高等学校 R&D 内部经费支出 (B_{26})	2.78%
			高新技术企业	8.04%	高新技术企业 R&D 人员全时当量 (B_{27})	5.39%
					高新技术企业 R&D 内部经费支出 (B_{28})	2.65%
	科技创新产出系统 (B_3)	30.90%	工业企业	8.82%	工业企业新产品产值 (B_{31})	4.47%
					工业企业专利授权数量 (B_{32})	4.35%
			科研院所	8.19%	科研院所新产品产值 (B_{33})	5.18%
					科研院所专利授权数量 (B_{34})	3.01%
			高等学校	5.77%	高等学校新产品产值 (B_{35})	3.36%
					高等学校专利授权数量 (B_{36})	2.41%
			高新技术企业	8.12%	高新技术企业新产品产值 (B_{37})	4.12%
					高新技术企业专利授权量 (B_{38})	4.00%
	科技创新环境系统 (B_4)	20.47%	经济环境	9.57%	人均 GDP (B_{41})	4.52%
					R&D 经费占 GDP 比重 (B_{42})	5.05%
			政策环境	6.03%	市场化率 (B_{43})	3.38%
					科技投入占公共财政比重 (B_{44})	2.65%
			社会环境	4.87%	城市化率 (B_{45})	4.87%

在给出了科技人才集聚与科技创新系统各三级指标的熵权和熵值后，用式（8-6）与式（8-7）可计算出2015—2020年北上广深科技人才集聚与科技创新系统的综合评价结果。

表8-48为2015—2020年北京科技型人才集聚与科技创新综合评价结果。其中，科技人才集聚综合评分在2015年最低，为0.0638；综合评分在2020年最高，为0.9623。具体就科技人才集聚规模而言，2015年评分最低，为0.0000；2019年评分最高，为0.2084。就科技人才集聚结构而言，2015年评分最低，为0.0388；2020年评分最高，为0.2420。就科技人才集聚质量而言，2015年评分最低，为0.0300；2020年评分最高，为0.1912。就科技人才集聚潜力而言，2015年评分最低，为0.0000；2020年评分最高，为0.3277。科技创新系统综合评分在2015年最低，为0.0985；综合评分在2020年最高，为0.9440。具体就科技创新载体系统而言，2015年评分最低，为0.0044；2019年评分最高，为0.1226。就科技创新投入系统而言，2015年评分最低，为0.0427；2019年评分最高，为0.3124。就科技人才创新产出系统而言，2015年评分最低，为0.0280；2020年评分最高，为0.3109。就科技创新环境系统而言，2016年评分最低，为0.0104；2020年评分最高，为0.2022。

表8-48 2015—2020年北京科技型人才集聚与科技创新综合评价结果

系统	2015年	2016年	2017年	2018年	2019年	2020年
$S(A_1)$	0.0000	0.1523	0.1942	0.1921	0.2084	0.2014
$S(A_2)$	0.0338	0.0435	0.1427	0.1403	0.2060	0.2420
$S(A_3)$	0.0300	0.0358	0.1038	0.1654	0.1844	0.1912
$S(A_4)$	0.0000	0.1080	0.1296	0.2700	0.3163	0.3277
$S(A)$	0.0638	0.3395	0.5704	0.7677	0.9151	0.9623
$S(B_1)$	0.0044	0.0395	0.0665	0.0714	0.1226	0.1215
$S(B_2)$	0.0427	0.1035	0.1568	0.2356	0.3124	0.3094
$S(B_3)$	0.0280	0.0729	0.1756	0.2685	0.2938	0.3109
$S(B_4)$	0.0234	0.0104	0.1073	0.1413	0.1851	0.2022
$S(B)$	0.0985	0.2263	0.5061	0.7168	0.9138	0.9440

表8-49为2015—2020年上海科技型人才集聚与科技创新综合评价结果。科技人才集聚综合评分在2015年最低，为0.2250；综合评分在

2020 年最高，为 0.9613。具体就科技人才集聚规模而言，2015 年评分最低，为 0.0000；2019 年评分最高，为 0.2016。就科技人才集聚结构而言，2016 年评分最低，为 0.0000；2018 年评分最高，为 0.2750。就科技人才集聚质量而言，2015 年评分最低，为 0.0000；2020 年评分最高，为 0.2373。就科技人才集聚潜力而言，2016 年评分最低，为 0.0439；2019 年评分最高，为 0.2725。科技创新系统综合评分在 2015 年最低，为 0.1085；综合评分在 2020 年最高，为 0.9590。具体就科技创新载体系统而言，2015 年评分最低，为 0.0067；2020 年评分最高，为 0.1221。就科技创新投入系统而言，2015 年评分最低，为 0.0288；2020 年评分最高，为 0.2664。就科技人才创新产出系统而言，2016 年评分最低，为 0.0291；2020 年评分最高，为 0.3560。就科技创新环境系统而言，2015 年评分最低，为 0.0225；2020 年评分最高，为 0.2146。

表 8 - 49　2015—2020 年上海科技型人才集聚与科技创新综合评价结果

系统	2015 年	2016 年	2017 年	2018 年	2019 年	2020 年
$S(A_1)$	0.0000	0.0917	0.1122	0.1218	0.2016	0.2009
$S(A_2)$	0.1537	0.0000	0.2420	0.2750	0.2371	0.2535
$S(A_3)$	0.0000	0.1210	0.1693	0.1703	0.1883	0.2373
$S(A_4)$	0.0713	0.0439	0.1398	0.2409	0.2725	0.2696
$S(A)$	0.2250	0.2565	0.6634	0.8079	0.8996	0.9613
$S(B_1)$	0.0067	0.0341	0.0660	0.0710	0.1205	0.1221
$S(B_2)$	0.0288	0.0426	0.1664	0.2194	0.2585	0.2664
$S(B_3)$	0.0505	0.0291	0.1521	0.2527	0.3130	0.3560
$S(B_4)$	0.0225	0.0438	0.0838	0.1616	0.2082	0.2146
$S(B)$	0.1085	0.1496	0.4683	0.7048	0.9002	0.9590

表 8 - 50 为 2015—2020 年广州科技型人才集聚与科技创新综合评价结果。科技人才集聚综合评分在 2015 年最低，为 0.1381；综合评分在 2020 年最高，为 0.9523。具体就科技人才集聚规模而言，2016 年评分最低，为 0.0137；2020 年评分最高，为 0.2469。就科技人才集聚结构而言，2015 年评分最低，为 0.0118；2020 年评分最高，为 0.2620。就科技人才集聚质量而言，2015 年评分最低，为 0.0452；2019 年评分最高，为

0.1818。就科技人才集聚潜力而言，2016 年评分最低，为 0.0355；2020 年评分最高，为 0.2713。科技创新系统综合评分在 2015 年最低，为 0.1126；综合评分在 2019 年最高，为 0.9244。具体就科技创新载体系统而言，2015 年评分最低，为 0.0266；2020 年评分最高，为 0.1449。就科技创新投入系统而言，2015 年评分最低，为 0.0337；2019 年评分最高，为 0.3138。就科技人才创新产出系统而言，2015 年评分最低，为 0.0322；2020 年评分最高，为 0.2967。就科技创新环境系统而言，2015 年评分最低，为 0.0201；2019 年评分最高，为 0.1857。

表 8-50 2015—2020 年广州科技型人才集聚与科技创新综合评价结果

系统	2015 年	2016 年	2017 年	2018 年	2019 年	2020 年
$S(A_1)$	0.0283	0.0137	0.1981	0.1652	0.2206	0.2469
$S(A_2)$	0.0118	0.0359	0.1970	0.1802	0.2503	0.2620
$S(A_3)$	0.0452	0.0734	0.0597	0.1594	0.1818	0.1721
$S(A_4)$	0.0528	0.0355	0.1531	0.1819	0.2496	0.2713
$S(A)$	0.1381	0.1585	0.6080	0.6866	0.9023	0.9523
$S(B_1)$	0.0266	0.0319	0.0935	0.1211	0.1363	0.1449
$S(B_2)$	0.0337	0.0572	0.1878	0.2301	0.3138	0.3045
$S(B_3)$	0.0322	0.0806	0.1702	0.2359	0.2885	0.2967
$S(B_4)$	0.0201	0.0302	0.1017	0.1540	0.1857	0.1616
$S(B)$	0.1126	0.2000	0.5531	0.7411	0.9244	0.9076

表 8-51 为 2015—2020 年深圳科技型人才集聚与科技创新综合评价结果。科技人才集聚综合评分在 2015 年最低，为 0.0349；综合评分在 2020 年最高，为 0.9815。具体就科技人才集聚规模而言，2015 年评分最低，为 0.0172；2020 年评分最高，为 0.1509。就科技人才集聚结构而言，2015 年评分最低，为 0.0177；2020 年评分最高，为 0.2701。就科技人才集聚质量而言，2015 年评分最低，为 0.0000；2020 年评分最高，为 0.2419。就科技人才集聚潜力而言，2015 年评分最低，为 0.0000；2020 年评分最高，为 0.3186。科技创新系统综合评分在 2015 年最低，为 0.1415；综合评分在 2020 年最高，为 0.9349。具体就科技创新载体系统而言，2016 年评分最低，为 0.0120；2020 年评分最高，为 0.1704。就科

技创新投入系统而言，2016 年评分最低，为 0.0527；2020 年评分最高，为 0.2868。就科技人才创新产出系统而言，2015 年评分最低，为 0.0311；2019 年评分最高，为 0.2939。就科技创新环境系统而言，2015 年评分最低，为 0.0233；2020 年评分最高，为 0.1962。

表 8 - 51　2015—2020 年深圳科技型人才集聚与科技创新综合评价结果

系统	2015 年	2016 年	2017 年	2018 年	2019 年	2020 年
$S(A_1)$	0.0172	0.0213	0.0830	0.1073	0.1493	0.1509
$S(A_2)$	0.0177	0.1504	0.1649	0.2295	0.2643	0.2701
$S(A_3)$	0.0000	0.0588	0.1237	0.2028	0.2313	0.2419
$S(A_4)$	0.0000	0.1449	0.2090	0.2233	0.2869	0.3186
$S(A)$	0.0349	0.3754	0.5806	0.7629	0.9318	0.9815
$S(B_1)$	0.0321	0.0120	0.0952	0.1284	0.1692	0.1704
$S(B_2)$	0.0549	0.0527	0.1618	0.1966	0.2760	0.2868
$S(B_3)$	0.0311	0.0607	0.1821	0.2271	0.2939	0.2815
$S(B_4)$	0.0233	0.0278	0.1232	0.1514	0.1886	0.1962
$S(B)$	0.1415	0.1532	0.5623	0.7035	0.9278	0.9349

依据 2015—2020 年北上广深科技人才集聚与科技创新系统综合评分结果，根据耦合协调度模型中的式（8 - 8）和式（8 - 9），可计算出 2015—2020 年北上广深科技人才集聚与科技创新系统耦合协调度，并结合主观经验对计算结果划分为低度协调耦合阶段、中度耦合协调阶段、高度耦合协调阶段与极度协调耦合阶段。从表 8 - 52 与图 8 - 1 的计算结果来看，北上广深科技人才集聚与区域科技创新之间的耦合协调度呈逐年上升的态势。其中，2015 年北京科技人才集聚与区域科技创新之间修正后的耦合协调度为 0.1991，耦合协调度较低；2020 年北京科技人才集聚与区域科技创新之间修正后的耦合协调度为 0.6903，耦合协调度较显著。2015 年上海科技人才集聚与区域科技创新之间修正后的耦合协调度为 0.2795，耦合协调度较低；2020 年上海科技人才集聚与区域科技创新之间修正后的耦合协调度为 0.6929，耦合协调度较显著。2015 年广州科技人才集聚与区域科技创新之间修正后的耦合协调度为 0.2497，耦合协调度较低；2020 年广州科技人才集聚与区域科技创新之间修正后的耦合协调度

为0.6818，耦合协调度较显著。2015 年深圳科技人才集聚与区域科技创新之间修正后的耦合协调度为 0.1874，耦合协调度较低；2020 年深圳科技人才集聚与区域科技创新之间修正后的耦合协调度为 0.6921，耦合协调度较显著。

表 8－52　2015—2020 年北上广深科技人才集聚
与科技创新耦合协调度

城市	年份	科技人才集聚综合评分 U_1	科技创新综合评分 U_2	耦合协调度 ξ	综合调和指数 φ	修正后耦合协调度 ϕ	协调等级
北京	2015	0.0638	0.0985	0.4884	0.0812	0.1991	低度耦合协调度
	2016	0.3395	0.2263	0.4899	0.2829	0.3723	中度耦合协调度
	2017	0.5704	0.5061	0.4991	0.5383	0.5183	高度耦合协调度
	2018	0.7677	0.7168	0.4997	0.7423	0.6090	高度耦合协调度
	2019	0.9151	0.9138	0.5000	0.9145	0.6762	高度耦合协调度
	2020	0.9623	0.9440	0.5000	0.9532	0.6903	高度耦合协调度
上海	2015	0.2250	0.1085	0.4685	0.1668	0.2795	低度耦合协调度
	2016	0.2565	0.1496	0.4824	0.2031	0.3130	中度耦合协调度
	2017	0.6634	0.4683	0.4925	0.5659	0.5279	高度耦合协调度
	2018	0.8079	0.7048	0.4988	0.7564	0.6142	高度耦合协调度
	2019	0.8996	0.9002	0.5000	0.8999	0.6708	高度耦合协调度
	2020	0.9613	0.9590	0.5000	0.9602	0.6929	高度耦合协调度
广州	2015	0.1381	0.1126	0.4974	0.1254	0.2497	低度耦合协调度
	2016	0.1585	0.2000	0.4966	0.1793	0.2984	低度耦合协调度
	2017	0.6080	0.5531	0.4994	0.5806	0.5385	高度耦合协调度
	2018	0.6866	0.7411	0.4996	0.7139	0.5972	高度耦合协调度
	2019	0.9023	0.9244	0.5000	0.9134	0.6758	高度耦合协调度
	2020	0.9523	0.9076	0.4999	0.9300	0.6818	高度耦合协调度
深圳	2015	0.0349	0.1415	0.3984	0.0882	0.1874	低度耦合协调度
	2016	0.3754	0.1532	0.4537	0.2643	0.3463	中度耦合协调度
	2017	0.5806	0.5623	0.4999	0.5715	0.5345	高度耦合协调度
	2018	0.7629	0.7035	0.4996	0.7332	0.6052	高度耦合协调度
	2019	0.9318	0.9278	0.5000	0.9298	0.6818	高度耦合协调度
	2020	0.9815	0.9349	0.4999	0.9582	0.6921	高度耦合协调度

数据来源：根据《北京科技统计年鉴 2021》《上海科技统计年鉴 2021》《广州统计年鉴 2021》《深圳统计年鉴 2021》原始数据计算而得。

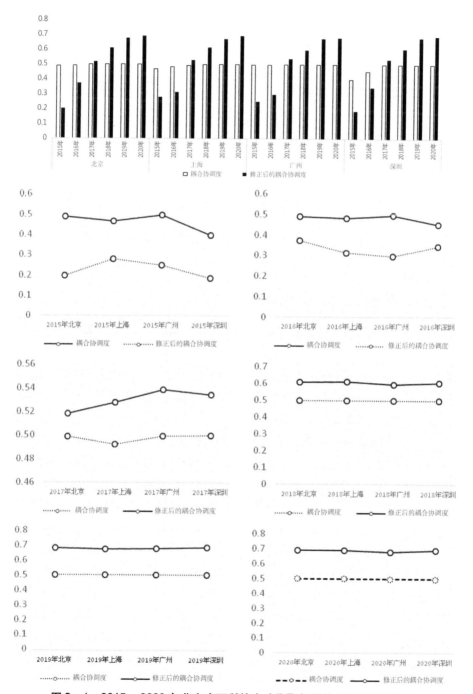

图 8-1　2015—2020 年北上广深科技人才集聚与科技创新耦合协调度

第九章　深圳科技人才集聚与科技创新协调发展对策研究

第一节　深圳科技创新与科技人才"评才"政策协调发展研究

一、健全人才评价机制

创新驱动的实质是人才驱动。用好人才评价这一"指挥棒"，对于激发各类科技人才发展活力，建立完善的分类评价机制及评价流程至关重要。当前，深圳人才评价制度存在着评价标准单一、分类评价机制欠缺等问题，不利于科技人才的良性发展。对此，在科技创新视域下，深圳有必要做好"评才"政策的革新工作。

1. 健全基础科学研究科技人才评价机制

基础科学研究评价一直是深圳人才评价制度的难题，由于基础科学研究成果难以定性、研究周期长，评价结果往往会受到评价人员、评价方法、评价程序的影响，进而影响评价结果的公正性。当前深圳对基础科学研究领域的评价还没形成系统化的分类标准，在评价适用上问题较多。首先，基础科学研究领域的评价标准不能用"有用"或者"没用"进行衡量。这是因为基础科学研究具有研究周期长但不能直接应用的特点，所以，在评价标准上应突出其贡献价值，建立以贡献为导向的评价机制。其次，应给予相关科技人才足够的耐心，淡化成果导向，增加阶段性成果评价机制。在阶段性评价中，可采取指标评价方式，依据科技人才的研究方向、难易度、阶段性成长要求达标与否来制定综合指标评价内容，依据不同的学科特点设置不同阶段的估值。基于基础科学研究的专业性要求较高，深圳在基础科学研究科技人才评价机制建设中应当积极引入同行评审机制，科技创新委员会等部门应当积极引导基础科学研究领域的联合，在此基础上，围绕同行评审机制搭建相应的科技人才评价试点，确保基础科学研究评价工作被放在专业领域的评价语境中。同行评审制度中，评审组织和影响力是评审制度的两个重要因素。在同行评审制度建设中，应重视同行评审组织流程的合法性和权威性，并完善群众监督机制。在同行评审流程中，应确保同行评审的公正性和保密性，确保评审人和被评审人之间没有亲属、同门、利益等关系。

2. 健全前沿技术研究领域科技人才评价机制

前沿技术是引领科技发展潮流、具有重大原始创新潜质和颠覆性质的研究。深圳基础科学研究资源较薄弱，但是深圳高科技企业发展良好，科技发展的潜力巨大。因此，完善前沿技术研究评价机制，对深圳科技创新发展影响深远。由于前沿技术在研究方向性上多为未知领域，在评价机制中，可以预先确定评价对象的研究领域，以减少评价方向上的盲目性。此外，前沿技术的研究方法、目标、要求等都是没有过往经验可以参考的，故可赋予科技人才一定比例自由权，同时突出强调科技人才在前沿基础科学研究领域的责任，以责任要求为评价依据。在评价方式上，一方面可以引入非正式评价机制。前沿技术领域创新，往往由专业领域水平较高的专家、学者和团队共同承担。因此，针对前沿技术研究领域，深圳可指引相关团队依据团队的整体素质和研究成果的重要性为评价对象，展开评估，以此确立前沿技术研究科技人才的成果贡献。另一方面，应完善交叉评价机制。前沿技术的发展呈现交叉学科深入发展的倾向，为此，相关部门有必要积极组织前沿技术研究领域专家，打造和优化专家数据库，完善专家的知识背景信息，以便于筛选评审专家。并在此基础上，通过出台关于该行业内交叉评价机制方面的引导性政策，明确交叉学科评审程序，从而保证前沿技术研究科技人才评价工作有效实现。

3. 健全应用型科技人才评价机制

深圳应用型科技发展产业占比较高，科学地对应用型科技人才进行评价，有助于推动深圳科技产业的发展。应用型科技人才的研究内容一般以市场为导向，研究成果直接作用于生产实践，能够产生社会经济效益。依据应用型人才特点，在评价机制中，应适当降低资质要求和理论贡献要求，淡化学术论文发表数量要求，以成果转换为导向，综合考虑对社会发展、产业发展的影响力。在应用型人才评价主体上，单一的行政管理不符合以市场为导向的人才评价，因此，在评价主体上，深圳应当出台相关指引，赋予用人单位一定的自主权，并引入第三方评价机构，确保应用研究市场化转化成果得到公平评价。在评价标准上，应将技术创新、创造、高新技术成果转化等方面取得的业绩以及所创造的经济效益和社会效益等作为评价依据。

4. 加强对科技人才评价及政策落实情况的监督

建立健全科技人才评价过程监督制度，从项目申报到审核标准、结果公示，都应当接受群众和社会的监督；建立畅通的反馈、申诉、举报渠道，评价的全过程应实行痕迹化管理，接受不定时的巡查及回溯。目前，深圳对科技人才评价和监督的权力层层下放，因此，基层对评价政策的执行情况、落实情况均需要上级有关部门通过定期监督和定期通报等权威性手段来跟进，以帮助其建立科学、完善的科技人才评价体系，使评价体系真正起到激励科技人才的作用，防止政策落实不到位。同时，上级机构也可派遣专业素质过硬的工作人员参与基层科研机构的科技人才评定流程，杜绝重形式轻内容、重人情拉关系等现象的发生。此外，还应实行领导负责和问责制，这是因为科研机构的主要负责人具有较大的自主权，故需要其对本单位科技人才评价激励政策的贯彻执行情况负责。

二、构建多元化评价体系

深圳要构建多元化科技人才评价体系，可以从以下三个方面入手。

第一，相关部门应当针对不同领域的科技人才，积极推进技能人才多元化评价改革。这种多元化的改革，既要主体上的多元，如政府授权行业协（学）会、行业领军企业和新型科研机构等，也要体现出评价内容以及评价方法的多元化。例如，对于基础理论研究型及实验研究型人才，应注重评价其对科学事实的探索和创新发现，论文质量也是这个领域科技人才的重要评价维度；对于基础研究类人才，应以鼓励科学探索和原始性创新为导向，注重科学研究价值和人才培养；对于应用类人才，应重点强调其对经典理论的创新系统应用研究，着重评价其对基础理论的发展，可以论文作为评价指标、以同行评议作为评价方式；对于技术研发类与应用研究领域的人才，评价则要以客户和市场需求为导向，从而更好地发挥其对深圳经济发展、科技创新的推动作用。

第二，针对不同类型的科技人才，要做好评价指标以及评价目标的差异化设计。同时，针对同一类型的科技人才，也应注重评价方法的多样性。例如，潜在科技人才主要指的是一些青年科技人才，在对他们进行评价时，不仅要关注他们现有的成绩，还要关注他们在未来的发展潜力。潜在科技人才的评价标准绝不是记忆力或学习知识的速度，而是逻辑思维能力、思维能力和创造性，兼顾相似性和差异性。除了认知特征，好奇心和对科学研究的兴趣也是重要的参考指标。青年科技人才正处于创造力旺盛的时期，但他们在专业领域的积累还不够。对青年科技人才的要求是不仅能够独立提出新的研究问题，还能在科研团队中发挥作用。也就是说，青年科技人才的评价标准是能够熟练运用最新的科研方法，独立或与他人合作，产出创新性的科研成果。此外，青年科技人才培养前景广阔，在评价中，不仅要注重绩效评价，更要注重其成长情况和发展潜力。因此，对青年科技人才的评价应体现多元化，除了要评价他们的潜力和能力外，还要对其创新力进行评价。

第三，科技人才评价是人才选拔和人才发展的共同基础，在评价过程中，不能完全依赖绩效评价，还需要将价值观特别是道德品质、自身的学习和发展，纳入人才评价指标体系。

第二节 深圳科技创新与科技人才"引才"政策协调发展研究

一、拓宽人才引进渠道

保证人才引进渠道的多样性和灵活性是人才引进过程中首先要思考的问题，而这也成为深圳科技人才引进的首要任务，以此来实现人才引进的主要途径的创新。例如，为确保深圳人才引进工作顺利开展，深圳市侨办会同相关行政区或园区，对专门从事人才引进的机构给予帮助。在政策宣传推广方面，深圳利用政策信息手册的制定和发布，引进各类人才。

1. 做好人才的合理选拔工作

一方面，要做好人才需求的评估工作。根据不同部门或岗位的实际需求，客观分析所需的科技人才的特点，制定相应的招聘计划，完成后续的招聘用人工作。另一方面，要做好人招聘机制的优化工作。从客观实际出发，及时补充缺失的人才，全面做好人才招聘工作；打破以往的传统限制，积极利用互联网等平台，进一步拓宽招聘渠道；在具体的招聘过程中，要明确选拔标准，注重人才的实际能力，不要过分强调学历。

2. 做好引才政策的拓宽工作

一方面，要积极从创新团队方向着手来引入大批科技人才。创新团队是以高层次科技创新人才为核心，集合了不同层次且在科技研发中能相互配合的科技人才群体。可引进能在科研活动中相互配合的科技人才，为发展成熟的研发团队提供人才储备，或者根据现有研发项目和研发条件，组织培育创新团队。对于深圳来说，还需要加快扭转企业中高新科技人才紧缺的局面，为此，可积极推动政校企三方合作，发挥三方在人才政策、人才资源、人才引进等方面的优势，提升深圳"引才"的效果，推动深圳科技创新发展。另一方面，要保证引才政策的针对性与灵活性。其中，针对性是促进科技人才发挥自身科技创新能力的重要保证。对此，深圳可加强与国内外猎头公司的合作，构建覆盖全市新兴产业及主导产业的科技创新人才引进网络，对那些为引进科技创新人才做出贡献的猎头公司给予奖励。同时，建立市级科技创新人才信息库，及时掌握动态信息，为深圳科技创新人才引进提供信息支持。

二、创新政企合作机制

1. 创新政企合作机制，提升基础科学资源整合力

科技领域发展经验表明，基础科学研究实力是推动创新的关键。核心技术缺乏问题，既是企业发展必须面对的问题，也是我国当前建设科技强国必须解决的问题。这也为政企合作推动基础科学研究领域创新奠定了基础。基础科学研究创新是一项系统性、长期性坚持基础科学发展的创新活动，借助政府和企业"合力"，整合优势资源，是深圳在基础科学研究领域实现"弯道超车"的有益举措。深圳创新发展的一大特色是企业扮演着研发活动的主角，但受企业运营目标等因素影响，企业在基础科学研发领域的投入意愿较低。为此，深圳可依据产业发展规划，在相关科技资源缺乏的情况下，加大对企业财力、物力、人力及优惠政策的投入，同时扩建高校、搭建新兴产业园区，确保基础科学研究平台和人才储备资源充足。首先，深圳市政府创新性地以"官助民办"的模式，培育了光启高等理工研究院、国创新能源研究院等一批源头创新科研机构，开启了对整合科技创新资源模式的有益探索。为进一步增强整合资源能力，可沿着"官助民

办"的道路，进一步支持基础科学研究领域中小科研单位和企业整合人才资源，共享研发成果，推动深圳基础科学研究实力提升。其次，保障基础研究人才享受相应的待遇和奖励，以此推动基础科学研究成果持续产出。最后，完善资助机制，鼓励企业和社会团体加入基础科学研究领域，完善相应成果的奖励制度和帮扶制度。

2. 以前瞻性、战略性为导向优化科技人才制度

以前瞻性、战略性为指引部署科技人才队伍，是推动深圳人才质量升级的重要一步，也是推动深圳科技创新高质量发展的关键。前瞻性、战略性科技人才的培养依赖载体与平台的创新发展。因此，创新载体和国际平台建设对于推动科技人才制度向前瞻性、战略性方向发展至关重要。2018年7月，深圳市委六届十次全会提出，大力发展战略性新兴产业，瞄准高端高新向上突围，布局发展战略性新兴产业，夯实先进制造业基础，推动现代服务业高端化发展。当前，创新产业载体首要是以新兴产业为导向，以产业载体和项目载体为抓手，推动招商引进和招才引智同步向前。产业载体的重点是企业，应突出大型企业在产业发展中的引导作用，同时重视中小企业在技术创新中的中坚力量，培育自主创新型中小企业群，打通产业发展链，奠定发展前瞻性、战略性科技产业的基础，以此构建"金字塔"形产业创新体系，借助"靶向"精准政策扶持，引导科技人才向前瞻性、战略性布局。同时，鼓励实验室、孵化机构等平台整合人才、技术、资本等各种要素，促进智能硬件、虚拟现实等新兴产业专业服务机构集群化、产业化发展，以此推动人才、资本、创新资源、产业链集聚的集群效应，形成区域品牌，助推领军型企业的诞生和集聚，推动科技人才发展。深圳有完善的高科技发展产业链及高科技产品市场转化经验，但是缺乏高质量的研发中心和研发人才；而香港有着优质的教育资源和科研院所，科技研发实力全球排名靠前，但是面临着传统产业转型升级"阵痛"，加强两地产学研合作，有利于两地共同发展。随着粤港澳大湾区协同一体化发展，深圳可以借助相应平台实现科研合作和人才培养双向发展。特别是深港两地天然的地理关系，以及双方发展需求互补，两地产学研合作具有一定的必要性。在推动深港产学研合作方面，应尽快完善两地人才交流保障机制，完善两地科研申请、设备采购、税费减免等具体执行环节问题，以此切实推动两地人才交流的便利性。

3. 完善参与国际化科技创新合作平台的建设

随着科学研究进入大科学时代，创新发展的范围、规模、复杂性不断扩大，调动科技人才资源在全球的配置，是当前推动科技创新人才向前瞻性、战略性发展的重要步骤和契机。深圳若想进一步发挥自身在吸引海外人才方面的优势和毗邻香港的优势，那么开辟国际化科技创新平台建设，引入国外前沿科技领域研究人才，创新合作机制至关重要。深圳科技发展中最突出的优势是电子信息产业，而其他产业发展相对缓慢，但即使在最具优势的电子信息产业，相关领域的核心技术掌握情况仍旧不太乐观，大型芯片产业发展相对于世界一流发达国家依旧落后。

为此，深圳应搭建国际化合作平台，通过国际化科技合作政策推动本地企业、科技人才与国际科技领域前沿团队合作，紧跟国际前沿趋势，培养本土的具有前瞻性、战略性的人才。同时，深圳可借助自身在高科技企业产业集群效应方面的优势，通过政策补贴等方式，鼓励国际优秀的科技企业在深圳设立分公司、研发中心，提升本地人才的国际化研究参与度，助力建设国际化创新型城市。另外，我们还应该看到，当前深圳部分海外投资仍停留在市场转化层面，还需要进一步引导科技投资资金向前瞻性、战略性方向倾斜，发挥金融资本对创新资源的调配范围和力度；进一步放宽科研合作范围，支持海外科研团队积极参与深圳地方重大科技项目申报，增加本地人才与国际科研团队的交流机会。

第三节　深圳科技创新与科技人才 "留才" 政策协调发展研究

一、完善人才激励管理

深圳对科技创新人才有大量需求，现有的教育机构和科研机构所能提供的人才数量有限，且现有的人才引进激励制度相对落后，因此，加大科技创新人才引进激励力度，提升深圳对科技创新人才的吸引力，是完善科技人才激励机制的首要工作。

1. 优化科技人才激励的相关措施

深圳在鼓励人才时要兼顾物质激励和精神激励，构建以社会力量和用人单位为主体、政府为导向的人才激励体系，多层次、多形式奖励科技创新人才，充分发挥社会荣誉激励和经济激励的作用。同时，深圳要坚持奖惩结合，全面提升激励效果；要根据实际，制定和实施吸引人才、培养人才、使用人才的奖励政策，全面调动科技创新人才的积极性。例如，设立"产业发展与科技人才奖""优秀科技创新人才奖""科技创新人才招聘奖"，对各类科技创新人才进行表彰和奖励，包括为深圳经济建设和社会进步做出突出贡献的科技创新人才，以及在人才招聘和人才引进方面做出突出贡献的机构。同时，应对在科技创新和科技成果转化方面取得显著成绩的科技创新人才按照贡献给予一定比例奖励。此外，深圳还应着力完善优秀科技创新人才特殊津贴制度，引导企事业单位设立灵活多样的科技创新人才特殊津贴等。

2. 完善科技人才评价机制

一是要做好绩效评价体系的完善工作。客观地说，只有建立科学、合理、能体现科技创新人才专业知识和能力的绩效评价体系，才能充分评价科技创新人才的工作绩效和贡献。同时，这也是科技创新人才工作绩效和贡献的基础和依据，是实现有效激励的前提。对于深圳来说，要建立科技创新人才考核体系，必须选择科学合理的人才考核指标，科学衡量科技创新人才在岗位上的工作绩效，做到既有针对性又有前瞻性。二是要明确考核主体，即谁来考核。目前，深圳科技人才考核指标单一，这种考核难以真正反映人才的工作绩效及能力。由于科技创新人才的工作成果具有很强的专业性，因此可以引进相关领域的专家对科技创新人才进行评价，评价内容不仅应包括现有成果，还应包括人才潜力，这是因为科技创新通常需要时间和投入来转化。

3. 加大在科技人才激励方面的投入

政府应加大对科技创新的投入力度，根据财政增长情况逐年增加科技创新人才专项资金，拨付地方配套资金。并在此基础上，统筹安排科技创新人才专项资金，提高专项资金使用效率，充分发挥专项资金的激励和保障作用。全面贯彻落实中央关于进一步加强科技创新人才建设的有关意见，加大科技人才建设投入，形成科技人才发展多元化投入机制，逐步开放科技人才发展市场，大力吸纳社会资本，鼓励深圳市内外社会组织和个人以多种形式支持科技创新人才发展，形成多元化的风险投资机制，以政府拨款为导向、企业投资为主导、社会各界和个人捐赠为补充的共享和利益共享，不断增强对科技创新人才的经济承载能力。同时，要进一步加大对部分重点领域科技创新人才培养的投入，加大对科技人才、"卡脖子"关键技术人才和高层次人才培养的资助力度。此外，还要引导企事业单位持续加大研发力度，并结合科技创新建设工程，做好对企事业单位在激励科技人才方面的引导工作。

4. 强化深圳市政府在人才激励方面的重要引导作用

首先，要确保人才激励能够有据可依。要结合产业结构调整，继续深入实施人才强市战略，建立健全以市政府为领导的人才工作领导小组，充分发挥相关政策的统筹规划、宏观指导、综合协调、督促检查作用，加强对科技创新人才工作的指导、督查和考核。

其次，要搭建科技人才的载体。要进一步发展能够吸引和凝聚科技创新人才的产业主体和生存空间，努力提高人才密集度，力争在以下四个方面取得突破。一是加强现有院士工作站和博士后科研工作站建设，发挥高层次人才的带动作用，鼓励和帮助有条件的企业申请设立博士后科研工作站和院士工作站。二是鼓励企业、学校和科研机构建立科研实验室，共建研发中心，支持和鼓励企事业单位在大中专院校和科研机构设立技术开发中心，开展双向合作。三是抓住国际产业转移和人才回流的有利时机，加强留学人员创业园建设，完善留学人员回国服务的政策措施，努力吸引更多"世界员工"，包括海外科技创新人才，推动实现高新技术产业和科技创新人才强度"双高"。在此基础上，深圳要抓紧建设高新技术产业开发区，积极探索引进人才新途径，创造新优势，大力促进高新技术产业开发区稳定可持续发展。四是大力发展民营企业。企业是科技人才的主要使用者，民营企业是当今乃至未来科技人才的最大载体。要采取多种优惠政策，着力减轻民营企业负担，提高民营企业对科技人才的重视程度，加大科技人才投入，特别是要制定切实措施，支持和鼓励创业型高新技术民营企业发展，帮助其做大做强。

最后，要做好政策评估工作的落实。制定和颁布科学的优惠政策，只是科技创新人才激励的第一步。只有政策得到有效落实，才能真正发挥其作用，进而提高科技人才的积极性。因此，应加强对科技人才的综合评价，不断提高科技人才在全市科学发展综合评价中的权重。例如，有关部门应加强对科技人才政策执行情况的跟踪，以及对各单位配套财政资金使用情况的考核；可以引入第三方评价机构，对各单位科技人才政策的执行情况和实施效果进行评价，奖惩分明，并根据评价结果进一步调整政策，调动各方的积极性。

二、优化分配制度政策

在市场经济中，合理的分配制度能最大程度地激发科技人才的潜力。深圳是"创业之都"，调整科技人才价值分配不合理的地方，使创新成果的收入分配更合理，是激发科技人才潜力的重要举措，也是符合市场要求的科技人才成果分配机制。

1. 完善科研经费管理制度，优化实施细则

首先，深圳每年投入科研开发的经费并不少，因此进一步规范横向课题激励措施十分必要。在课题奖励方面，可以设置为社会、为企业提供服务的横向课题奖励细则，加大基础研究、软科学研究、软件开发等项目课题组成员劳务和成果转化比例。其次，对于政府部门的战略研究、重大规划、决策研究，可全面推行政府购买服务。在对高校及科研机构的管理中，在科研院所考核达标或考核优良的前提下，拿出一定比例的自有资金用作绩效工资，奖励积极履职的科技人才，对有特别突出贡献的科技人才和团队，允许成果作价入股企业。最后，优化申报环节，简化申报流程和材料，借助现代科技进一步规范申报流程和经费管理办法，给科研人员"松绑"。

2. 推出负面清单，赋予科技人才一定的自主权

针对当前深圳科技人才普遍存在的奖励资金使用规定过细、成果价值分配较少等问题，可以通过制定负面清单，赋予科研人员一部分经费自由裁量权。随着社会交错发展，科研经费名目和涉及范围不断扩大，依靠指导性规范在某种程度上增加了管理的难度和复杂性，在合理的范围内适时推出负面清单，有助于赋激发科技人才科研管理的自主性，并在一定程度上减少管理支出。负面清单在一定程度上增加了科技人才成果转化收益的浮动空间。但是，科技人才经费的自主权并不是赋予得越多越好，应确保科研经费能合理体现科技人才的价值。为此，应积极推进实施绩效工资，改变个人收入与项目经费过度挂钩的评价激励方式，加强对科技人员的长期激励，确保负面清单管理制度长效运行。同时，调整劳务费开支范围，下放科研项目部分经费预算调整审批权，去除科研管理中的繁文缛节，推行有利于人才创新的经费审计方式。

3. 增强政策的延展性，扩大科技人才政策受益群体

随着深圳各类科技创新的主体数量和体量不断扩大，根据科技人才所属领域不同，差别化的收入分配激励政策，增强政策的延展性，扩大科技人才政策受益群体，是激励各类科技创新的主体有效举措。扩大受益群体是当前深圳科技人才分配制度必须着重考虑的方面，这不仅影响到科技人才队伍的发展，还影响到科技事业的发展进度。对于技能型科技人才应完善多劳者多得、技高者多得的技能人才收入分配政策，加大人力资本投资，提高科技人才待遇水平和社会地位，大力弘扬新时代工匠精神，培养高水平大国工匠队伍，带动广大产业工人增技能、增本领、增收入。同时，优化职业技能标准等级设置，向上增加等级级次，拓宽技术工人晋升通道。

第四节　深圳科技创新与科技人才"保才"政策协调发展研究

一、强化生活服务保障

深圳可以借鉴其他城市优秀经验，制定和出台吸引科技人才、发展科技人才的相关政策。例如，深圳人才公寓租赁政策作为过渡性政策，覆盖范围可以进一步扩大，如具有硕士及以上学历、中级及以上专业技术资格的人员以及深圳经济发展特别需要的特殊技能和特殊技能人员。可启动科技人才创业就业留守项目，落实普惠性住房保障措施，发挥政策效益。同时，探索放宽政策保障条件，使保障对象真正覆盖政府机关和企事业单位的科技人才。

1. 给予科技人才安居优惠政策

现阶段，深圳科技人才保障性住房的发展瓶颈主要是缺少有力的资金支持。在国外，许多发达国家都专门列支社会公共住房为科技人才住房保障政策的实施保驾护航。就深圳而言，应组建专业化科技人才安居运营机构，实施科技人才租赁住房资金支持专项计划；鼓励深圳各区就科技人才保障性住房的筹建工作与安居运营机构展开合作，拓展资金来源，提高运营水平。可参考上海和宁波模式，由市属国企出资建设运营，负责科技人才安居住房的投资建设和运营管理，为科技人才提供全链条、"一站式"

服务，政府相关部门负责指导与监督工作。深圳市政府可对安居运营机构提供政策和资本支持，与安居运营机构合作筹建科技人才安居工程。此外，还应健全科技人才保障住房信息统计机制。在人口统计方面，深圳外来人口多、流动性人口多等历史原因造成了统计上的不足，其需求分析所需的数据也存在一定的缺失。为了确保科技人才政策决策的基础性数据的真实性和有效性，建立一个专门的科技人才住房保障档案非常必要。

2. 健全科技人才健康保障制度

第一，为科技人才提供健康体检服务，政府也可以出台相关政策，引导企业为科技人才提供健康体检服务。第二，可积极组织相关专家为科技人才开展自我保健、科学健身提供指导服务，并在此基础上，建立公益性场馆，确保科技人才科学健身，逐步提升其身体素质、健康水平。在这一过程中，尤其要针对科技人才心理问题开辟相应的服务通道，邀请专家为其答疑解惑，保障其心理健康。第三，可借鉴发达国家和地区科技人才健康保健的人才保障工作做法，研究建立并落实我国科技人才健康档案、医疗保健等健康管理制度。这一点在《广州经济开发区吸引科技领军人才实施办法》中就有类似的规定，即为科技创新领军人才提供医疗管理服务，如提供有限医疗服务，特设一些面向科技领军人才的医疗服务机构，并提供跟踪医疗服务。在此基础上，建立科技人才的健康档案，随时追踪其健康情况，使其可以更专注地投入科技研发工作，省去后顾之忧。第四，健康服务还应向科技人才的家属扩展，如出台相关政策为科技人才的家属提供有限医疗服务或相关免费医疗服务等。总之，要确保科技人才身心健康以保证其工作积极性，使其能够更好地在推动科技创新中发挥自身的能力。

3. 完善科技人才福利休假制度

科学合理的休假制度关系着科技人才的工作效率。然而，结合现实情况来看，深圳在此方面做得还不够到位，缺乏一些针对性的激励措施。这主要表现在缺乏良好的福利休假制度，如科技人才年假、事假制度不科学等。针对这些问题，深圳有必要不断完善相关政策制度，引导企业注重科技人才的福利休假，着力落实科技人才的带薪休假和学术休假制度，通过此举进一步增强其工作幸福感、归属感。相关企业尤其是高新技术、科技创新企业，应当积极搭建人性化的科技人才管理机制，创造宽松、良好的工作环境。在此过程中，政府可出台相应的引导和监督政策，推动企业人性化管理各项指标的提升，引导企业组织优化科技人才的生活服务、工作服务，营造良好的物质环境与精神环境。具体来说，可重点围绕企业组织的硬件设施建设、工作设备更新等方面，解决科技人才在科研工作、实际生活中的难题，从而使他们能够更加专注科技研发，为深圳科技创新计划的进一步落实铺路搭桥。

二、注重发展环境优化

1. 优化深圳人才政策和服务环境

首先，加快实施人才环境改善重点工程，对区域内重点企业的培养和引进实行政策倾斜。充分发挥人才发展专项资金作用，资助领军人才培养、队伍建设等高层次人才培养工作。各有关主管部门要结合各领域人才资源现状制订人才发展培养计划，在人才专业发展、队伍建设、设施和资金保障等方面采取有效措施，调动人才的主动性和积极性，促进学术创新和专业发展。充分利用优质教育资源，为高层次人才及其子女的教育创造更好的条件。通过积极创造条件，吸引和争取优秀的国外专业技术人才和留学生回国服务，促进优秀人才的聚集。其次，做好"保障房"工程推进工作。通过奖励住房或发放住房补贴，解决高层次科技人才住房问题。根据中国科学院院士、中国工程院院士、国家杰出青年基金获得者、长江学者特聘教授的学科领域、研究项目和创业发展的实际情况，有关部门可给予科研、工作经费和保障，并酌情给予住房奖励或住房补贴。按照"政府引导、市场运作、只租不售、循环使用"的原则，大力推进人才公寓建设。同时，探索落实青年人才租房补贴政策。最后，完善深圳科技人才医疗服务工作。发展城市社区医疗卫生网络服务，满足科技人才对医疗卫生服务的需求。

2. 强化对科技人才发展环境建设的认知

首先，深圳要实现科技人才发展环境建设的快速发展，就必须把科技人才作为第一生产力。在经济转型加快的关键时期，要把科技人才发展环境建设与经济建设有机结合，充分发挥科技人才的潜在价值。其次，深圳市政府要加强科技人才发展环境建设。各区政府主要领导是科技人才发展环境建设的第一责任人。各级领导、各部门要把科技人才发展环境建设摆在重要位置，给予足够重视。应结合科技人才发展环境指标体系，分解责任目标，明确年度阶段目标和战略目标，建立科技人才环境绩效评价体系，对宏观环境和微观环境进行评价。

3. 促进科技人才工作机制的优化

首先，应明确科技人才工作责任主体，制定具体实施方案，建立综合考核评价机制。其次，应构建市场化人才工作体系，对科技人才的引进和配置实行市场化管理。最后，应从宏观层面入手，通过制定科技人才市场政策，建立公平、公正、开放的科技人才市场机制，为各类科技人才的可持续发展和创新提供新动力。

参考文献

[1] 陈广汉, 谭颖. 构建粤港澳大湾区产业科技协调创新体系研究 [J]. 亚太经济, 2018 (6): 127 - 134, 149.

[2] 陈建军, 刘月, 邹苗苗. 产业协同集聚下的城市生产效率增进: 基于融合创新与发展动力转换背景 [J]. 浙江大学学报 (人文社会科学版), 2016, 46 (3): 150 - 163.

[3] 陈晓峰, 陈昭锋. 生产性服务业与制造业协同集聚的水平及效应: 来自中国东部沿海地区的经验证据 [J]. 财贸研究, 2014, 25 (2): 49 - 57.

[4] 程桢. 人才聚集环境效应与中西部地区人才聚集环境的优化 [J]. 管理现代化, 2006, (3): 46 - 48.

[5] 程中华. 产业集聚对区域创新影响的空间计量分析 [J]. 华东经济管理, 2015, 29 (11): 59 - 65, 87.

[6] 董晓庆, 赵坚, 袁朋伟. 国有企业创新效率损失研究 [J]. 中国工业经济, 2014, (2): 97 - 108.

[7] 杜娟, 霍佳震. 基于数据包络分析的中国城市创新能力评价 [J]. 中国管理科学, 2014, 22 (6): 85 - 93.

[8] 范剑勇. 产业集聚与地区间劳动生产率差异 [J]. 经济研究, 2006, (11): 72 - 81.

[9] 范剑勇, 冯猛, 李方文. 产业集聚与企业全要素生产率 [J]. 世界经济, 2014, 37 (5): 51 - 73.

[10] 傅利平, 周小明, 张烨. 高技术产业集群知识溢出对区域创新产出的影响研究: 以北京市中关村科技园为例 [J]. 天津大学学报 (社会科学版), 2014, 16 (4): 300 - 304.

[11] 高洋, 宋宇. 生产性服务业集聚对区域制造业技术进步的影响 [J]. 统计与信息论坛, 2018, 33 (4): 75 - 84.

［12］韩峰，阳立高. 生产性服务业集聚如何影响制造业结构升级？：一个集聚经济与熊彼特内生增长理论的综合框架［J］. 管理世界，2020，36（2）：72 - 94.

［13］韩术斌. 基于生产性服务业集聚的知识溢出对区域创新产出影响的研究［D］. 北京：北京物资学院，2016.

［14］何守超，陈斐. 生产服务业聚集与技术创新：理论及实证：基于2003—2015 年省级面板数据［J］. 经济体制改革，2017（5）：188 - 194.

［15］黄培伦，李鸿雁. 知识型员工激励因素研究述评［J］. 科技管理研究，2007，27（1）：138 - 140.

［16］黄依梵，丁小浩，陈然，等. 人力资本和物质资本对经济增长贡献的一个实证分析：纪念人力资本理论诞生六十周年［J］. 华东师范大学学报，2020，38（10）：21 - 33.

［17］赖一飞，覃冰洁，雷慧，等."中三角"区域省份创新要素集聚与经济增长的关系研究［J］. 科技进步与对策，2016，33（23）：32 - 39.

［18］李胜会，李红锦. 要素集聚、规模效率与全要素生产率增长［J］. 中央财经大学学报，2010，（4）：59 - 66.

［19］李正风，张成岗. 我国创新体系特点与创新资源整合［J］. 科学学研究，2005，23（5）：703 - 707.

［20］连蕾，卢山冰. 科技资源区域集聚效应与创新效率研究［J］. 科学管理研究，2015，33（2）：40 - 43.

［21］梁林，刘兵，于树江. 基于内容分析法的区域人才聚集效应研究［J］. 技术经济与管理研究，2011，42（11）：7 - 10.

［22］刘军，李廉水，王忠. 产业聚集对区域创新能力的影响及其行业差异［J］. 科研管理，2010，31（6）：191 - 198.

［23］刘琦. 知识流动与区域协同创新关系的实证检验［J］. 统计与决策，2020，36（23）：81 - 84.

［24］刘思峰，王锐兰. 科技人才集聚的机制、效应与对策［J］. 南京航空航天大学学报（社会科学版），2008，10（1）：47 - 51.

［25］刘信恒. 产业集聚与出口产品质量：集聚效应还是拥挤效应［J］国际经贸探索，2020，36（7）：33 - 51.

[26] 刘修岩, 王璐. 集聚经济与企业创新: 基于中国制造业企业面板数据的实证研究 [J]. 产业经济评论, 2013, 12 (3): 35 - 53.

[27] 刘璇, 邓向荣. 技术空间扩散范围测度研究: 以我国四大直辖市为例 [J]. 科学学研究, 2010, (9): 1331 - 1337, 1346.

[28] 罗永泰, 张威. 论人力资本聚集效应 [J]. 科学管理研究, 2004, 22 (1): 81 - 84.

[29] 马建龙, 刘兵, 张培. 新兴工业区人才聚集关键影响因素实证研究: 以曹妃甸工业区为例 [J]. 科技进步与对策, 2012, 29 (7): 147 - 151.

[30] 马兴超. 区域产业集聚的经济增长效应及技术创新机制实证分析 [D]. 沈阳: 辽宁大学, 2017.

[31] 毛艳华. 粤港澳大湾区协调发展的体制机制创新研究 [J]. 南方经济, 2018, 20 (12): 129 - 139.

[32] 穆晓霞, 牛冲槐. 基于灰色聚类的人才聚集效应评价研究: 以我国中部六省为例 [J]. 科技管理研究, 2014, 34 (1): 71 - 76.

[33] 牛冲槐, 曹阳, 郭丽芳. 科技型人才聚集环境及聚集效应分析 (三): 社会环境对科技型人才聚集效应的影响分析 [J]. 太原理工大学学报 (社会科学版), 2008, 26 (1): 22 - 26.

[34] 牛冲槐, 高祖艳, 王娟, 等. 科技型人才聚集环境评判及优化研究 [J]. 科学学与科学技术管理, 2007, 28 (12): 127 - 133.

[35] 牛冲槐, 江海洋, 王聪. 科技型人才聚集环境及聚集效应分析 (一): 制度环境对科技型人才聚集效应的影响分析 [J]. 太原理工大学学报 (社会科学版), 2007, 25 (3): 16 - 20.

[36] 牛冲槐, 接民, 张敏, 等. 人才聚集效应及其评判 [J]. 中国软科学, 2006, (4): 118 - 123.

[37] 牛冲槐, 李乾坤, 张永红. 科技型人才聚集环境及聚集效应分析 (六): 组织环境对科技型人才聚集效应的影响分析 [J]. 太原理工大学学报 (社会科学版), 2008, 26 (4): 1 - 5.

[38] 牛冲槐, 张敏, 段治平. 人才聚集现象与人才聚集效应分析及对策 [J]. 山东科技大学学报 (社会科学版), 2006, 8 (3): 13 - 17.

[39] 牛冲槐, 唐朝永, 芮雪琴. 科技型人才聚集环境及聚集效应分析 (二): 经济环境对科技型人才聚集效应的影响分析 [J]. 太原理工

大学学报（社会科学版），2007，25（4）：1-5.

[40] 牛冲槐，王燕妮，杨春艳.科技型人才聚集环境及聚集效应分析（四）：文化环境对科技型人才聚集效应的影响分析［J］.太原理工大学学报（社会科学版），2008，26（2）：1-4.

[41] 牛冲槐，张帆，封海燕.科技型人才聚集、高新技术产业聚集与区域技术创新［J］.科技进步与对策，2012，29（15）：46-51.

[42] 牛冲槐，张敏，张洪潮，等.人才聚集效应研究［J］.山西高等学校社会科学学报，2006，18（2）：16-19.

[43] 牛冲槐，张永胜.科技型人才聚集环境及聚集效应分析（七）：市场环境对科技型人才聚集效应的影响分析［J］.太原理工大学学报（社会科学版），2009，27（1）：10-12.

[44] 牛冲槐，赵彩艳，樊艳萍.科技型人才聚集环境及聚集效应分析（五）：科技环境对科技型人才聚集效应的影响分析［J］.太原理工大学学报（社会科学版），2008，26（3）：5-9.

[45] 彭向，蒋传海.产业集聚、知识溢出与地区创新：基于中国工业行业的实证检验［J］.经济学（季刊），2011，10（3）：913-934.

[46] 齐讴歌，赵勇，王满仓.城市集聚经济微观机制及其超越：从劳动分工到知识分工［J］.中国工业经济，2012，（1）：36-45.

[47] 齐亚伟，陶长琪.环境约束下要素集聚对区域创新能力的影响：基于 GWR 模型的实证分析［J］.科研管理，2014，35（9）：17-24.

[48] 芮雪琴，牛冲槐，陈新国，等.创新网络中科技人才聚集效应的测度及产生机理［J］.科技进步与对策，2011，28（18）：146-151.

[49] 宋磊，牛冲槐，黄娟.我国各省人才聚集效应非均衡评价研究：基于相对偏差模糊矩阵法［J］.科技进步与对策，2012，29（16）：103-109.

[50] 宋美丽，孙健.国外人才集聚模式的经验及对我国的启示［J］.经济纵横，2010，19（2）：119-122.

[51] 孙健，孙启文，孙嘉琦.中国不同地区人才集聚模式研究［J］.人口与经济，2007，（3）：13-18.

[52] 孙丽丽，陈学中.高层次人才集聚模式与对策［J］.商业研究，2006，15（9）：131-134.

[53] 汪彩君，唐根年.长江三角洲地区制造业空间集聚、生产要素拥挤

与集聚适度识别研究 [J]. 统计研究, 2011, 28 (2): 59 - 64.

[54] 王春晖. 区域异质性、产业集聚与创新: 基于区域面板数据的实证研究 [J]. 浙江社会科学, 2017, (11): 34 - 41, 156.

[55] 王聪, 牛冲槐, 杨彦超. 社会资本对人才聚集的影响分析 [J]. 科技管理研究, 2012, 32 (22): 145 - 148.

[56] 王奋, 杨波. 科技人力资源区域集聚影响因素的实证研究: 以北京地区为例 [J]. 科学学研究, 2006, 24 (5): 722 - 726.

[57] 王乐杰, 崔沪. 制造业人才集聚模式与对策 [J]. 山东商业职业技术学院学报, 2009, 9 (3): 16 - 18.

[58] 王萍, 章守明. 区域人才集聚策略研究 [J]. 经济问题, 2006, (11): 14 - 15.

[59] 王文翌, 安同良. 产业集聚、创新与知识溢出: 基于中国制造业上市公司的实证 [J]. 产业经济研究, 2014 (4): 22 - 29.

[60] 吴殿廷, 陈向玲, 刘超, 等. 我国高级科技人才空间集聚的初步研究: 以两院院士为例 [J]. 中国科技论坛, 2006, (6): 108 - 112.

[61] 习近平. 努力成为世界主要科学中心和创新高地 [J]. 求是, 2021 (6): 4 - 11.

[62] 徐茜, 张体勤. 基于城市环境的人才集聚研究 [J]. 中国人口资源与环境, 2010, 20 (9): 171 - 174.

[63] 薛晔, 牛冲槐, 赵欣, 等. 基于模糊重心的广义虚拟经济视角下人才聚集效应评判 [J]. 广义虚拟经济研究, 2013, 14 (3): 84 - 88.

[64] 原毅军, 郭然. 生产性服务业集聚、制造业集聚与技术创新: 基于省级面板数据的实证研究 [J]. 经济学家, 2018, (5): 23 - 31.

[65] 约瑟夫·熊彼特. 经济发展理论: 对于利润、资本、信贷、利息和经济周期的考察 [M]. 何畏, 易家详, 等译. 张培刚, 易梦虹, 杨敬年, 校. 北京: 商务印书馆, 1990.

[66] 约瑟夫·熊彼特. 经济周期 [M]. 张云辉, 李石强, 译. 北京: 中国大百科出版社, 2023.

[67] 张萃. 产业集聚与创新: 命题梳理与微观机制分析 [J]. 科学管理研究, 2010, 28 (3): 1 - 4.

[68] 张萃. 制造业区域集聚与技术创新: 基于负二项模型的实证分析 [J]. 数理统计与管理, 2012, 31 (1): 105 - 111.

[69] 张杰, 刘志彪, 郑江淮. 产业链定位、分工与集聚如何影响企业创新: 基于江苏省制造业企业问卷调查的实证研究 [J]. 中国工业经济, 2007 (7): 47 – 55.

[70] 张璐, 牟仁艳, 胡树华, 等. 专业化、多样化集聚对制造业创新效率的影响 [J]. 中国科技论坛, 2019, (1): 57 – 65.

[71] 张敏, 陈万明, 刘晓杨. 中小企业人才聚集效应的虚拟化实现 [J]. 管理学报, 2010, 7 (3): 386 – 390.

[72] 张同全, 王乐杰. 我国制造业基地人才集聚效应评价: 基于三大制造业基地的比较分析 [J]. 中国软科学, 2009, 30 (11): 64 – 71.

[73] 张昕. 产业聚集对区域创新绩效的影响: 以我国电子通讯设备制造业面板数据为例 [J]. 软科学, 2007, (6): 112 – 115.

[74] 张振刚, 李云健, 陈志明. 科技服务业对区域创新能力提升的影响: 基于珠三角地区的实证研究 [J]. 中国科技论坛, 2013, (12): 45 – 51.

[75] 赵青霞, 夏传信, 施建军. 科技人才集聚、产业集群和区域创新能力: 基于京津冀、长三角、珠三角地区的实证分析 [J]. 科技管理研究, 2019, 39 (24): 54 – 62.

[76] 赵世柯. 安徽省产业集聚对经济高质量发展的影响研究 [D]. 蚌埠: 安徽财经大学, 2023.

[77] 赵娓. 人力资本集聚: 农业科技园区可持续发展的路径选择 [J]. 科技进步与对策, 2010, 27 (6): 40 – 43.

[78] 周明, 李宗植. 基于产业集聚的高技术产业创新能力研究 [J]. 科研管理, 2011, 32 (1): 15 – 21, 28.

[79] 周四清, 庞程. 产业集聚及协调发展对区域科技创新水平的影响: 基于粤港澳大湾区制造业、金融业、教育的实证研究 [J]. 科技管理研究, 2019, 39 (19): 104 – 114.

[80] 朱良华, 张堂云. 西部地区"三位一体"人才集聚模式的构建 [J]. 商场现代化, 2009, 20 (12): 285 – 286.

[81] 朱杏珍. 人才集聚过程中的羊群行为分析 [J]. 数量经济技术经济研究, 2002, 19 (7): 53 – 56.

[82] ADALAT P. Technological trajectories and regional innovation in europe [M]. London: Routledge, 1988: 22.

[83] ASHEIM B T, ISAKSEN A. Localization, agglomeration and innovation: towards regional innovation systems in Norway? [J]. European Planning Studies, 1997, 5 (3): 299 – 330.

[84] ASHEIM B T, ISAKSEN A. Regional innovation systems: the integration of local "Sticky" and global "Ubiquitous" knowledge [J]. The Journal of Technology Transfer, 2002, 27 (1): 77 – 86.

[85] ASHEIM B T, LARS C. Knowledge bases and regional innovation systems: comparing Nordic clusters [J]. Research Policy, 2005, 34 (8): 1173 – 1190.

[86] AUTIO E. Evaluation of RTD in regional systems of innovation [J]. European Planning Studies, 1998, 6 (2): 131 – 140.

[87] BAPTISTA R, SWANN P. Do firms in custers innovate more? [J]. Research Policy, 1998, 27 (5): 525 – 540.

[88] BROERSMA L, DIJK J V. The effect of congestion and agglomeration on multifactor productivity growth in Dutch regions [J]. Journal of Economic Geography, 2008, 8 (2): 181 – 209.

[89] BUENA M, HEIJS J, PELLITERO M M, et al. Regional systems of innovation and the knowledge production function: the Spanish case [J]. Tech-innovation, 2006, (26): 463 – 472.

[90] CAMPAGNA R. Innovation networks: spatial perspective [M]. London: Belhaven Press, 1991: 18 – 19.

[91] CARLINO G A., CHATTERJEE S, HUNT R M. Urban density and the rate of invention [J]. Journal of Urban Economics, 2007, 61 (3): 389 – 419.

[92] CARLSSON B. Innovation systems: a survey of the literature from a schumpeterian perspective [R]. Paper for the Elgar Companion to Neo-Schumpeterian Economics, 2003.

[93] COOKE P. Regional innovation systems, asymmetric knowledge and the legacies of learning [C]. The Learning Region: Foundations, State of the Art, Future, 2007.

[94] COOKE P. Regional innovation systems: general findings and some new evidence from biotechnology clusters [J]. Journal of Technology Transfer, 2002, 27 (1): 133 – 145.

[95] COOKE P, URANGA M G, ETXEBARRIA G. Regional systems of innovation: an evolutionary perspective [J]. Environment and Planning, 1998, 30 (9): 1563 - 1584.

[96] DOLOREUS D. What we should know about regional systems of innovation [J]. Technology in Society , 2002, 24 (3): 243 - 263.

[97] ESWARAN M, KOTWAL A. The role of the service sector in the process of industrialization [J]. Journal of Development Economics, 2002, 68 (2): 401 - 420.

[98] FAGGIAN A, MCCANN P. Human capital, graduate migration and innovation in British regions [J]. Cambridge Journal of Economics, 2009, 33 (2): 317 - 333.

[99] FRANZEN P D. Economic cost of Guillain-Barré syndrome in the United States [J]. Neurology, 2008, 71 (1): 21 - 27.

[100] GIANNETTI M. Skill complementarities and migration decisions [J]. Labour, 2001, 15 (1): 1 - 32.

[101] HICKS J R. The theory of wages [M]. London: Macmillan, 1932: 2 - 4.

[102] ISAKSEN A. Building regional innovation systems: is endogenous industrial development possible in the global economy? [J]. Canadian Journal of Regional Science 2001, 24 (1): 101 - 120.

[103] JACKSON D, CARR S, EDWARDS M, et al. Exploring the dynamics of New Zealand's talent flow [J]. New Zealand Journal of Psychology, 2005, 34 (7): 110 - 118.

[104] KENNEY M, FLORIDA R. Japanese maquiladoras: production organization and global commodity chains [J]. World Development, 1994, 22 (1): 27 - 44.

[105] KIRAT T, LUNG Y, Innovation and proximity: territories as loci of collective learning processes [J]. Europen Urban and Regional Studies, 1999, 6 (1): 27 - 38.

[106] KRUGMAN P. Development geography and economic theory [M]. Cambridge: The MIT Press, 1995: 123 - 150.

[107] KRUGMAN P. Increasing returns and economic geography [J]. Journal

of Political Economy, 1991, (99): 483 – 499.

[108] LAMBOOY J. G. The transmission of knowledge, emerging networks and the role of universities: an evolutionary approach [J]. European Planning Studies, 2004, 12 (5): 643 – 657.

[109] MAILLAT D. Innovation milieu and new generations of regional untraded interdependencies [J]. Entrepreneurship and Regional Development, 1998, (10): 1 – 6.

[110] MASKELL P, MALMBERG A. Localized learning and industrial competitiveness [J]. Cambridge Journal of Economics, 1999, (23): 167 – 186.

[111] MIHN K H. An analysis of agglomeration economies in the manufacturing sector of Korea [R]. KIET Occasional Paper NO. 56, 2004.

[112] MOBLEY W H, GRIFFETH R W, HAND H H, et al. Review and conceptual analysis of the employee turnover process [J]. Psychological Bulletin, 1979, 86 (3): 493 – 522.

[113] PALIVOS T, WANG P. Spatial agglomeration and endogenous growth [J]. Regional Science and Urban Economics, 1996, 26 (6): 645 – 669.

[114] SAHIN F. Manufacturing competitiveness: different systems to achieve the same results [J]. Production and Inventory Management Journal, 2000, 41 (1): 56 – 64.

[115] SCOTT A J. New industrial space: flexible production organization and regional development in North America and Western Europe [M]. London: Pion, 1988: 58 – 89.

[116] SCOTT A J, STORPER M. High technology industry and regional development: a theoretical critique and reconstruction [J]. International Social Science Journal, 1987, 39 (112): 215.

[117] SEDGLEY N, ELMSLIE B. Agglomeration and congestion in the economics of ideas and technological change [J]. The American Journal of Economics and Sociology, 2001, 60 (1): 101 – 121.

[118] SIMON C J. Human capital and metropolitan employment growth [J]. Journal of Urban Economics, 1998, 43 (2): 223 – 243.

[119] STORPER M. The resurgence of regional economies, ten years later: the

region as a nexus of untraded interdependencies [J]. European Urban and Regional Studies, 1997, (3): 191 – 192.

[120] SVEN I. Are service jobs as bad as theory says? Some empirical findings from Denmark [J]. Service Industries Journal, 2002, 22 (4): 1 – 18.

[121] TAYLOR L R, TAYLOR R A J. Aggregation, migration and population mechanics [J]. Nature, 1977, 265 (5593): 415 – 421.

[122] TODTLING F, KAUFMANN A. Innovation systems in regions of European: a comparative perspective [J]. European Planning Studies, 1999, 7 (6): 699 – 717.

[123] TZINER A. Assessing employee turnover costs: a revised approach [J]. Human Resource Management Review, 1996, 6 (2): 113 – 122.

[124] WETERING S A, BOSCHMA R. Does spatial proximity to customers matter for innovative performance? evidence from the Dutch software sector [J]. Research Policy, 2009, 38 (5): 746 – 755.

[125] YUAN F, GAO J, WANG L, et al. Co-location of manufacturing and producer services in Nanjing, China [J]. Cities, 2017, 63: 81 – 91.